中国国情调研**丛书**·**村庄卷**

China's National Conditions Survey Series · Vol. Villages

主 编 蔡 昉
　　　张晓山

农村基本公共服务均等化研究
——以 北 房 村 为 例

Research on the Equalization of Rural Basic Public Services:
Based on the Survey of Beifang Village in Beijing

王广州　戈艳霞　张立龙
丁　玉　王璟琳　　　著

中国社会科学出版社

图书在版编目(CIP)数据

农村基本公共服务均等化研究：以北房村为例 / 王广州等著 . —北京：中国社会科学出版社，2019.9

（中国国情调研丛书·村庄卷）

ISBN 978-7-5203-3217-0

Ⅰ.①农…　Ⅱ.①王…　Ⅲ.①农村—公共服务—研究—中国　Ⅳ.①D669.3

中国版本图书馆 CIP 数据核字（2018）第 220436 号

出 版 人	赵剑英
责任编辑	任　明
责任校对	张依婧
责任印制	李寡寡

出　　　版	中国社会科学出版社
社　　　址	北京鼓楼西大街甲 158 号
邮　　　编	100720
网　　　址	http：//www.csspw.cn
发 行 部	010-84083685
门 市 部	010-84029450
经　　　销	新华书店及其他书店

印刷装订	北京君升印刷有限公司
版　　　次	2019 年 9 月第 1 版
印　　　次	2019 年 9 月第 1 次印刷

开　　　本	710×1000　1/16
印　　　张	23.25
插　　　页	2
字　　　数	310 千字
定　　　价	128.00 元

总　序

　　为了贯彻党中央的指示，充分发挥中国社会科学院思想库和智囊团作用，进一步推进理论创新，提高哲学社会科学研究水平，2006年中国社会科学院开始实施"国情调研"项目。

　　改革开放以来，尤其是经历了40年的改革开放进程，我国已经进入了一个新的历史时期，我国的国情发生了很大变化。从经济国情角度看，伴随着市场化改革的深入和工业化进程的推进，我国经济实现了连续40年高速增长。我国已经具有庞大的经济总量，整体经济实力显著增强，到2006年，我国国内生产总值达到209407亿元人民币，约合2.67万亿美元，列世界第四位；我国经济结构也得到优化，产业结构不断升级，第一产业产值的比重从1978年的27.9%下降到2006年的11.8%，第三产业产值的比重从1978年的24.2%上升到2006年的39.5%；2006年，我国实际利用外资为630.21亿美元，列世界第四位，进出口总额达1.76万亿美元，列世界第三位；我国人民生活不断改善，城市化水平不断提升。2006年，我国城镇居民家庭人均可支配收入从1978年的343.4元人民币上升到11759元人民币，恩格尔系数从57.5%下降到35.8%，农村居民家庭人均纯收入从133.6元人民币上升到3587

元人民币，恩格尔系数从 67.7% 下降到 43%，人口城市化率从 1978 年的 17.92% 上升到 2006 年的 43.9% 以上。经济的高速发展，必然引起国情的变化。我们的研究表明，我国已经逐渐从一个农业经济大国转变为一个工业经济大国。但是，这只是从总体上对我国经济国情的分析判断，还缺少对我国经济国情变化分析的微观基础。这需要对我国基层单位进行详细的分析研究。实际上，深入基层进行调查研究，坚持理论与实际相结合，由此制定和执行正确的路线方针政策，是我们党领导革命、建设与改革的基本经验和基本工作方法。进行国情调研，也必须深入基层，只有深入基层，才能真正了解我国国情。

为此，中国社会科学院经济学部组织了针对我国企业、乡镇和村庄三类基层单位的国情调研活动。据国家统计局的最近一次普查，到 2005 年底，我国有国有农场 0.19 万家，国有以及规模以上非国有工业企业 27.18 万家，建筑业企业 5.88 万家；乡政府 1.66 万个，镇政府 1.89 万个，村民委员会 64.01 万个。这些基层单位是我国社会经济的细胞，是我国经济运行和社会进步的基础。要真正了解我国国情，必须对这些基层单位的构成要素、体制结构、运行机制以及生存发展状况进行深入的调查研究。

在国情调研的具体组织方面，中国社会科学院经济学部组织的调研由我牵头，第一期安排了三个大的长期的调研项目，分别是"中国企业调研""中国乡镇调研""中国村庄调研"。"中国乡镇调研"由刘树成同志和吴太昌同志具体负责，"中国村庄调研"由张晓山同志和蔡昉同志具体负责，"中国企业调研"由我和黄群慧同志具体负责。第一期项目时间为三年（2006—2008 年），每个项目至少选择 30 个调研对象。经过一年多的调查研究，这些调研活动已经取得了初步成果，分别形成了《中国国情调研丛书·企业卷》《中国国情调研丛书·乡镇卷》《中国国情调研丛书·村庄卷》。今后这三个国情调研项目的调研成果，还会陆续收录到这三部书中。

我们期望，通过《中国国情调研丛书·企业卷》《中国国情调研丛书·乡镇卷》《中国国情调研丛书·村庄卷》这三部书，能够在一定程度上反映和描述在 21 世纪初期工业化、市场化、国际化和信息化的背景下，我国企业、乡镇和村庄的发展变化。

国情调研是一个需要不断进行的过程，今后我们还会在第一期国情调研项目的基础上将这三个国情调研项目滚动开展下去，全面持续地反映我国基层单位的发展变化，为国家的科学决策服务，为提高科研水平服务，为社会科学理论创新服务。《中国国情调研丛书·企业卷》《中国国情调研丛书·乡镇卷》《中国国情调研丛书·村庄卷》这三部书也会在此基础上不断丰富和完善。

陈佳贵

2007 年 9 月

编 者 的 话

　　2006 年中国社会科学院开始启动和实施"国情调研"项目。中国社会科学院经济学部组织的调研第一期安排了三个大的长期调研项目，分别是"中国企业调研""中国乡镇调研""中国村庄调研"。第一期项目时间为三年（2006—2008 年），每个项目至少选择 30 个调研对象。

　　经济学部国情调研的村庄调研工作由农村发展研究所（以下简称"农发所"）和人口与劳动经济研究所牵头，负责组织协调和从事一些基础性工作。农发所张晓山同志和人口与劳动经济研究所的蔡昉同志总体负责，工作小组设在农发所科研处，项目资金由农发所财务统一管理。第一期项目（2006—2008 年）共选择 30 个村庄作为调研对象。2010 年，在第一期国情调研村庄项目的基础上，中国社会科学院经济学部又组织开展了第二期国情调研村庄项目。第二期项目时间仍为三年（2010—2012 年），仍选择 30 个村庄作为调研对象。

　　农发所、人口与劳动经济研究所以及中国社会科学院其他所的科研人员过去做了很多村庄调查，但是像这次这样在一个统一的框架下，大规模、多点、多时期的调查还是很少见的。此次村庄调查的目的是以我国东中西部不同类型、社会经济发展各异的村庄为调查对象，对每个调查的村庄撰写一部独立的书稿。通过问卷调查、深度访谈、查阅村情历史资料等田野式调查方法，详尽反映村庄的农业生产、农村经济运行和农民生活的基本状况及其变化趋势、农村生产要素的配置效率及其变化、乡村治理的现状与变化趋势、农村剩余劳动力转移的现状与趋势、农村社会发展状况等问题。调研成果一方面旨在为更加深入地进行中国农村研究积累村情案例资料和数据库；另一方面旨在真实准确地反映40年来中国农村经济变迁的深刻变化及存在问题，为国家制定科学的农村发展战略决策提供更有效的服务。

为了圆满地完成调查，达到系统翔实地掌握农村基层经济社会数据的预定目标，工作小组做了大量的工作，包括项目选择、时间安排、问卷设计和调整、经费管理等各个方面。调查内容包括"规定动作"和"自选动作"两部分，前者指各个课题组必须进行的基础性调查，这是今后进行比较研究和共享数据资源的基础；后者指各个课题组从自身研究兴趣偏好出发，在基础性调查之外进行的村庄专题研究。

使用统一的问卷，完成对一定数量农户和对调查村的问卷调查是基础性调查的主要内容，也是确保村庄调查在统一框架下开展、实现系统收集农村基本经济社会信息的主要途径。作为前期准备工作中最重要的组成部分之一，问卷设计的质量直接影响到后期分析和项目整体目标的实现。为此，2006年8月初，农发所组织所里各方面专家设计出调查问卷的初稿，包括村问卷、农户问卷等。其中，村问卷是针对调查村情况的详细调查，涉及村基本特征、土地情况、经济活动情况、社区基础设施与社会服务供给情况等十三大类近500个指标；农户问卷是对抽样农户详细情况的调查，涉及农户人口与就业信息、农户财产拥有与生活质量状况、教育、医疗及社会保障状况等九大类，也有近500个指标。按照计划，抽样方法是村总户数在 500 户以上的抽取 45 户，500 户以下的抽取 30 户。抽样方法是首先将全村农户按经济收入水平好、中、差分为三等，其次在三组间平均分配抽取农户的数量，各组内随机抽取。问卷设计过程中，既考虑到与第二次农业普查数据对比的需要，又吸取了所内科研人员和其他兄弟所科研人员多年来的村庄调查经验，并紧密结合当前新农村建设中显露出来的热点问题和重点问题。问卷初稿设计出来之后，农发所和人口与劳动经济研究所的科研人员共同讨论修改，此后又就其中的每个细节与各课题组进行了集体或单独的讨论，历时半年，经过四五次较大修改之后，才定稿印刷，作为第一期村庄调研项目统一的农户基础问卷。

在第二期村庄调研项目启动之前，根据第一期调研中反映的问题，工作小组对村问卷和农户问卷进行了修订，以便更好地适应实际调研工作的需要。今后，随着农村社会经济形势的发展，本着"大稳定、小调整"的原则，还将对问卷内容继续进行修订和完善。

在项目资金方面，由于实行统一的财务管理，农发所财务工作的负担相对提高，同时也增加了管理的难度，工作小组也就此做了许多协调工作，保障了各分课题的顺利开展。

到 2010 年 7 月为止，第一期 30 个村庄调研已经结项 23 个；每个村庄调研形成一本独立的书稿，现已经完成 11 部书稿，正在付梓的有 5 部。第一期村庄调查形成的数据库已经收入 22 个村 1042 户的基础数据。

国情调研村庄调查形成的数据库是各子课题组成员共同努力的成果。对数据库的使用，我们有以下规定：（1）数据库知识产权归集体所有。各子课题组及其成员，服务于子课题研究需要，可共享使用数据资料，并须在相关成果关于数据来源的说明中，统一注明"中国社会科学院国情调研村庄调查项目数据库"。（2）为保护被调查人的权益，对数据库所有资料的使用应仅限于学术研究，不得用于商业及其他用途，也不得以任何形式传播、泄露受访者的信息和隐私。(3) 为保护课题组成员的集体知识产权和劳动成果,未经国情调研村庄调查项目总负责人的同意和授权,任何人不得私自将数据库向课题组以外人员传播和应用。

国情调研是中国社会科学院开展的一项重大战略任务。其中村庄调研是国情调研的重要组成部分。在开展调研四年之后,我们回顾这项工作,感到对所选定村的入户调查如只进行一年,其重要性还体现得不够充分。如果在村调研经费中能拨出一部分专项经费用于跟踪调查,由参与调研的人员在调研过程中在当地物色相对稳定、素质较高、较认真负责的兼职调查员,在对这些人进行培训之后,请这些人在此后的年份按照村问卷和农户问卷对调查村和原有的被调查的农户开展跟踪调查,完成问卷的填写。坚持数年之后,这个数据库将更具价值。

在进行村调研的过程中,也可以考虑物色一些有代表性的村庄,与之建立长远的合作关系,使它们成为中国社会科学院的村级调研基地。

衷心希望读者对村庄调研工作提出宝贵意见,也希望参与过村庄调研的同志能与大家分享其宝贵经验,提出改进工作的建议。让我们共同努力,把这项工作做得更好。

编者

2010 年 7 月 28 日

目　录

前　言

　　在过去的 150 多年，中国经历了内忧外患，列强侵略、积贫积弱，新中国成立并走向民族复兴和繁荣发展轨道的历史。在新中国成立以来的 60 多年里，中国更是经历了探索民族振兴，国家繁荣富强道路的曲折历史。在改革开放以来的 30 多年里，中国社会经济发展更是经历了跌宕起伏和翻天覆地变化的黄金时代。对中国社会发展历史规律的观察与总结的方式有很多，既可以站在亲历者的角度，也可以站在观察者的角度。观察的目的是记录历史，然而，任何观察都或多或少带有个人立场、观点和方法的局限。正是由于受到各种局限，我们更希望在能力所及的范围内，深入研究一个小区域，从一个村庄的发展变化折射出中国社会发展的历史进程和存在的问题。

第一节　调查目的与意义

一　研究目的

　　改革开放以来，中国经济社会进入前所未有的快速发展阶段，人民物质得到不断改善，生活水平有了显著提高，人民群众对社会保障需求、对公共政策的要求和对公共服务需求也发生了根本性变化。基本公共服务需求与基本公共服务供给之间的矛盾日渐凸显。随着经济问题和社会问题的不断变化，社会管理和社会治理面临中等收入陷阱、收入差距扩大和社会不平等问题显性化，妥善解决社会问题，维持社会稳定，是社会经济平稳发展的前提条件。中国过去30多年快速发展的显著特征是工业化、城镇化和信息化，但同时也伴随着农村社区的空心化、少子化、高龄化进程的加速，因此，这对于相对分散的、规模较小的农村基本公共服务带来巨大挑战，尤其是面对我国农村地区基本公共服务比较薄弱的现实，不可避免地给农村地区的经济、社会和人类发展带来了严重的负面影响。如何改善农村面临的基本公共服务现状，促进城乡和谐和可持续繁荣与发展，提供基本而有保障的公共产品和公共服务，已成为一项重要的研究课题。

面对复杂的人口、经济和社会发展变化，本课题将从人口学研究的角度，分析农村人口快速转变，家庭结构变动和人口老龄化加速等社会发展的人口自然结构基础变动对农村经济社会发展及基本公共服务需求的影响；从社会学研究的角度，分析人口城镇化进程加速、大规模人口迁移流动等社会发展变化以及社会阶层变化对农村基本公共服务体系建设的影响。

二　政策意义

党的十八大报告提出"基本公共服务均等化"的要求，北京市怀柔区率先提出"融合式"农村社会管理服务中心作为统筹城乡发展、提高农村公共服务水平的重要方式。因此，研究怀柔基本公共服务模式和试点工作，为探索在人口结构快速转变，经济快速发展和城镇化进程快速推进过程中传统模式面临问题和挑战具有重要的典型意义。

三　学术价值

改善农村公共服务是农村全面建成小康社会的重要内容，农村人口、经济与社会结构变化、农民意愿与需求是基本公共服务定位的出发点。通过典型调查对农村基本公共服务发展状况和发展方向进行观察，研究农村在快速老龄化和人口迁移流动过程中需要提高基本公共服务能力的资源优化配置机制以及对农村社会和谐稳定的重要意义。

第二节　调研内容、地点、方法与步骤

一　调研内容

根据研究目的，《农村基本公共服务研究》课题的主要调研内容如下：（1）调查了解村民基本公共服务需求增长的原因、影响因素和发展趋势；（2）调查了解当前农村基本公共服务的基本供给情况以及城镇差距和地区差距；（3）调查了解本地村民、流动地人口对农村基本公共服务认知水平以及福利差异；（4）调查了解当前农村基本公共服务的配置机制，分析基本公共服务配置不均和配置不足背后的原因；（5）制定有针对性的改善农村基本公共服务的政策建议。

二　调研地点

北京是我国经济社会文化发展水平较高的地区，但辖区内也有偏远贫困地区。怀柔则是北京辖区内发展相对比较落后的地区，整区农业人口、山区人口比重较高，经济社会发展水平相当于京外周边省份中等发展水平的县城。而我们的具体调研地点北房村毗邻怀柔中心城区、雁栖经济开发区，是一个具有"城乡接合部"初期特征的生机勃勃的村庄。作为新农村建设发展较快的

村庄，北房村在研究农村现代化和城镇化过程中具有一定的典型性。同时，北房村较一般农村具有更快的发展速度，有利于我们在短期内观测到经济社会发展对村民基本公共服务需求变动的影响。

选择北京市怀柔辖区内北房村作为本研究的典型个案，进行重点解剖和深度研究。试图通过对北房村全面深入的调查（包括走访、座谈和问卷调查），了解农村地区基本公共服务需求增长的原因、影响因素和发展趋势；当前农村基本公共服务的基本供给情况以及城乡差距；不同人群对农村基本公共服务认知水平以及福利差异；当前农村基本公共服务配置不均和配置不足背后的原因，目的是在充分了解农村基本公共服务需求和供给的基础上，制定有针对性的改善农村基本公共服务的政策建议。

三　调研方法与步骤

调研方法采取定性和定量相结合的方式。定性研究主要是通过开展区、乡镇、村和农户访谈、组织专题座谈会，深入了解农村基本公共服务的基本状况、面临的困境和迫切需要解决的问题，分析农村社区和农村人口对基本公共服务内容、质量的评价，判断与农村经济社会发展相适应的基本公共服务模式和发展方向。定量研究主要是通过全国统一的标准化问卷和专题调查问卷，实证分析农村社区基本公共服务需求，意愿和投入机制，基本公共服务对解决农村社会问题，解除农民后顾之忧，增加农民收入，全面建成小康社会，实现农村的长期的和谐稳定和可持续发展等方面的重要意义，从而提出深化改革的政策建议。

（一）课题组准备情况

课题负责人王广州曾参与全国多次大规模人口抽样调查设计和数据分析，积累了比较丰富的调研经验，长期研究农村养老等社会问题。课题组成员要么生长于农村，要么长期致力于农村养老保障、职业教育和农村丧偶老人等农村社会问题和公共服务研究,在学习和研究实践过程中,一直关注农村问题,并在该领域积累了大量材料,具有从事农村社会调研的丰富经验。

课题组对农村义务教育、农村养老保障、农民收入和农村医疗等有关农村基本公共服务方面问题已经做了大量前期研究准备,这对于本项课题的顺利开展无疑有很大的帮助。

之所以选择怀柔区北房村作为调研典型村庄,除了北房村是新农村建设发展的典型个案外,还因为有许多对深入典型调研开展的有利条件。首先,课题负责人和参与者在该村进行调查的前期预试验,对当地情况有一定的了解,与行政机构、村干部保持着良好的关系,便于联系沟通,并易于取得当地的信任与合作。其次,距离北京中心城区较近,交通成本较低,便于访员多次反复观测,对调查过程中的新问题和研究疏漏及时改进与补充。

(二)调研方法

本次调研采取宏观数据收集、焦点组访谈,入户访谈、入户问卷测量等点面相结合的方法,深入分析农村基本公共服务的现状、问题和发展方向。我们选择北房村为点,进行"解剖麻雀",达到深入研究的效果。同时,收集怀柔区、北房镇统计、历史资料,做到点面结合,具体的研究方法如下。

政策文献回顾。通过对北京市和怀柔区农村基本公共服务规划、相关政策文献的梳理,掌握农村基本公共服务的内容、模式、目标和薄弱环节等。

乡村基本情况调查。主要了解北房镇和北房村的人口总量结构和劳动力结构、经济发展水平、乡镇企业情况、乡卫生院和村卫生所情况、小学和中学情况、农田基础设施、道路交通和公共投资等情况。根据调查,将与其他乡村进行对比,了解北房村的基本特征和代表性。

乡镇、乡村干部和村民入户访谈等。通过不同层面的访谈,了解干群对农村基本公共服务内容的看法，发展方向和发展模式的建议，了解农村基本公共服务发展规划的执行过程和具体情况。

问卷调查。通过问卷抽样调查形式，全面收集北房村的农户信息，分析和评估农村基本公共服务对村民教育、医疗、就业、社会保障等农村公共服务评价、需求和意愿。尽管已有中国社会科学院农村发展研究所研制、专用于村庄调查项目的《行政村入户调查表》（每个村庄调查项目必须完成 50 份农户问卷调查），但基础调查表的信息量远不足以支撑整个项目研究对数据的需要。为此，我们还设计了《农村基本公共服务供需状况及满意度调查》问卷作为补充，并在 2013 年 9 月底实施调查。

（三）调查计划

1. 调查步骤

北房村定性和定量调查包含四个主要步骤：

第一步，结合政策文献回顾和区县资料，拟定调查提纲和调查计划。

第二步，在与当地干部交流的基础上，设计访谈提纲内容和座谈会主题。

第三步，设计农户问卷调查表，通过抽样的方式，选取有代表性的样本户。

第四步，根据设计座谈提纲和问卷，组织座谈会和深入农户进行调查。

2. 调研进度安排

2013 年 3 月至 2013 年 5 月　收集区县、乡镇等社会经济发展的统计资料、农村基本公共服务资料。

2013 年 5 月至 2013 年 7 月　开展乡镇干部、乡镇卫生机构医护人员和学校教育工作者等座谈会，收集北房村基本资料，开展农户深度访谈，了解农村基本公共服务现状，并设计《农村基本公共服务供需状况及满意度调查》问卷。

2013年7月至2013年8月　研究抽样方法及实施方案，进行《农村基本公共服务供需状况及满意度调查》预调查，以及问卷修订工作。

2013年8月至2013年12月　实施农户抽样问卷调查，并完成农户问卷数据输入和清理。

2014年1月至2014年12月　整理资料，分析数据，撰写总调查报告及政策摘要。

第三节　各章内容提要及相关说明

一　各章内容提要

《农村基本公共服务均等化研究》报告的撰写，以《农村基本公共服务供需状况及满意度调查》和农户深度访谈获得的第一手丰富资料为基础，以农村经济社会发展为背景，以农村基本公共服务供需及满意度为主线，此《调查》是《行政村入户调查表》的补充。具体调查内容包括对北房村的基本情况、土地流转和农村劳动力转移、村民生计方式变化和就业服务状况、教育需求和公共教育服务状况、基本医疗与公共卫生服务、基础公共设施供需、社会保障方面、公共文化体育与社会安全管理服务等方面以及当前新农村建设中出现的新情况和新问题进行全面、深入、细致的分析和研究。

本书各章节所用现场收集资料和抽样调查数据均为项目组全体成员共同参与筹划、实地调查、搜集整理，凝聚了项目组全体成员和参与现场调查的所有中国社科院的研究生们的艰辛劳动和集体智慧。全书由绪论和七章内容组成，全部调研成果之间既有相互关联，又自成体系。因此，读者既可以按顺序阅读，亦可以直接翻阅感兴趣的章节。为方便读者阅读，现将各章节要点简述如下：

第一章是对北房村基本情况的描述。本章主要介绍北房村自然、人口、经济与社会情况及经济社会发展中所处的位置。内容结构分为四个部分：第一部分，从历史的角度，详细介绍了北房村的地理区位、自然条件和历史沿革。第二部分，从城镇化和工业化的角度，以地后村民的户籍变化和外来农民工等位分析视角，描述北房村人口基本结构和主要特征。第三部分，从土地生产资料丧失和周边地区第二、第三产业发展状况，描述北房村的经济产业结构；第四部分，从不同人群发生联系的方式描述北房村的人口社会结构。

第二章是对北房村就业环境和就业服务需求的分析研究。本章从就业问题出发，探讨当前就业环境与就业服务需求的新变化，以及就业服务供给中存在的问题及未来调整方向。近年来的几次大规模征地使得村民的农业生产用地所剩无几，原来的农民变成了失业人口，而征地后的再就业服务并没能明显减轻农村的失业程度。尤其是，户籍人口农转非指标不足，仅极少数村民可以享受较完善的就业服务和失业保障，而绝大多数村民无法获得任何有效的就业和再就业服务。这在很大程度上加重了村民之间就业与再就业服务获得状况的不平等。此外，大批外来农民工的到来也对本地村民的就业和生活带来了重要影响。一方面，由于本地失业人口不如外来农民工具有竞争力，外来农民工进入劳动力市场加重了本地村民的失业；另一方面，外来农民工的到来导致住房、生活必需品需求大幅增长，本地一部分村民的财产性收入大幅增长，导致自愿失业增长，意味着再就业服务需求的减少。但是，近年来村容整治过程中，大批违章房屋被拆，致使一部分村民财产性收入有所减少，一定程度上增长了村民的就业意愿和再就业服务需求。总而言之，村民对就业服务的需求是随自身状况而变化的。

第三章对北房村教育服务的分析研究。本章从当地经济生产方式升级、就业方式改变出发，对北房村义务教育和基础教育服务需求增长及原因、教育服务供给现状、满意度及原因进行分析。由于当地产业升级和村民就业方式转变，非农就业压力和非农就业市场上教育收益差异都激励父母应该让子女接受更多的教育，而教育需求的快速增长，尤其是高中以上教育需求，极大地增加了农村家庭的教育负担。虽然目前农村义务教育阶段的教育条件较好，但是由于教育需求已经增长到高中以上，绝大多数村民对当前的基础公共教育服务不满意，而认为应该将基础公共教育扩展到学前、高中和大学阶段。在当前农村基本公共服务供给不能满足教育需求的情况下，有经济条件的家庭多选择将孩子送到城区上学，而经济条件较差的学生只能留在农村学校。这种教育获得的不平等将给他们带来一生的深远影响。此外，由于严格户籍限制，外来农民工子女义务教育和基础教育服务获得状况比本村学生更差，绝大多数外来农民工子女都会在初升高阶段辍学，前期教育不足将导致他们在劳动力市场上的工资和待遇较低。

第四章以北房村的基本医疗与公共卫生服务为研究对象，旨在从城乡基本公共服务均等化的视角下，分析北房村基本医疗与公共卫生的现状、问题、原因与趋势。本章首先分析了由于北房村地理位置以及人口构成的特殊性，其医疗机构功能的变化，医疗保障在当前国家政策背景下表现出的碎片化特征以及人们对健康保健的逐步重视等。在此基础上，利用调查数据和访谈记录，定量和定性地分析了北房村基本医疗和公共卫生服务存在的问题。并结合当前国家的政策，对问题存在的原因以及未来的发展趋势进行了研究。

第五章是对北房村养老与生活保障的分析研究。本章从北房村土地流转所带来的社会变迁切入，尝试分析城镇化进程给村民社会保障方面带来的相关影响，认为土地流转在短期内给村民带来了丰厚的物质保障，但仍有待于制定长远的生活保障方案。同时，本章还分析了北房村村民的其他生活保障和养老保障，如对弱势群体中老年、残疾人群的特殊保障，外来农民工租房等对村民的"额外性补助保障"等。对于北房村外来农民工，本章也着重探讨其生活和养老保障来源情况。最后，笔者从建立多元化社会公共服务和完善社会公共服务保障类型两个方面，提出了本章的政策建议。

第六章是对北房村公共文化体育与社会安全管理服务方面的分析研究。本章首先从北房村的文化体育服务入手分析，对文化资源和体育资源的使用现状和北房村特色的文体资源进行整理介绍。认为，总的来看村庄的公共文化体育设施基本上不存在非均等现象，只是在利用效率上有群体差异。在第二节的安全保卫服务中，分析了政府职能、村落管理、村民家庭三个层面的安保落实情况。第三节从生活卫生、村容整治与街道绿化、食品监管方面简单介绍了北房村的环境卫生服务状况。最后提出笔者在北房村公共文化体育与社会安全管理服务方面的一点反思。

第七章是对北房村的基础公共设施的分析研究。本章从基本公共设施的供需角度出发，对农村基本公共设施的现状、问题及原因进行分析，并探讨了公共基础设施未来的调整方向。笔者首先从不同类型的农村基础设施出发，分析了目前农村基础设施的供给现状；然后从供给需求、规划管理、外来人口与本地人口均等化等角度分析了目前农村基本公共设施出现的问题；其次从财政资金、设立机制、监督管理机制等方面分析了产生问题的原因；最后就农村基本公共设施的未来发展提出了相关建议。

二 关于抽样调查问卷的说明

(一) 调查问卷设计及份额分配

除了全国统一的行政村入户调查问卷外，本项研究还对抽样调查专题内容予以补充。抽样调查问卷设计的初衷是搜集与农村基本公共服务供需现状及居民满意度有关的数据，目的是了解民众的基本生活情况，及其对就业、教育、医疗、养老等社会基本公共服务的需求状况和实际获得状况。

调查内容主要包括：住户成员基本情况；15—64 岁成员的工作状况，就业服务需求和获得现状；3—24 岁成员的教育状况，公共教育服务需求及获得现状；个人公共卫生医疗服务需求及获得情况；基本养老保障需求及获得状况；农村基本公共设施建设现状及需求状况；农村基本公共服务满意度评价。

我们根据研究需要和资金确定调查问卷数量，并根据各类人群规模确定份额分配情况。本次调研发放了两种问卷，共计195份。其中，中国社会科学院农村发展研究所研制、专用于村庄调查项目的《行政村入户调查表》50份，全部由本村居民填写；本课题组设计、专用于搜集农村基本公共服务信息的《农村基本公共服务供需状况及满意度调查》问卷145份，由本村居民和外来人口共同填写。由于本地居民是重点关注群体，我们给本村居民分配了更多的问卷份额，而外来人口份额相对较少。最终问卷分配情况是本村居民101份，外来人口44份（外来经商户22份，外来打工户22份）。文中涉及总体状况的数据均为笔者根据人口结构进行加权后的数据。

（二）抽样方法

由于基本公共服务需求与家庭收入水平有很大的关系，本书主要以家庭收入水平为标准进行抽样。在实际执行中，考虑到可操作性，针对本村居民和外地人口分别采用了不同的抽样方法。其中本地居民严格遵照家庭收入标准进行抽样。而外来人口由于家庭收入信息不全，本书对抽样标准适当放宽。

针对本村居民，以家庭收入水平为标准进行系统抽样，目标抽样100户。第一，从村委会获得本村居民户编码、住址及户主信息；第二，根据家庭收入水平进行排序并编号；第三，根据总体容量和样本量计算抽样间距，并从第一个间距中选择一个随机起点，以随机起点作为开端，按照计算的抽样间距等距离地选取样本，得到需要填写《农村基本公共服务供需状况及满意度调查》问卷的100户居民；第四，再次采用系统抽样方法从100户居民中抽取50户居民填写《行政村入户调查表》。

针对外来人口，由于家庭收入和户登记信息不全，我们改用先分层抽样后系统抽样的方法选取样本，目标抽样 44 份。首先，根据外来人口在北房村的身份将外来人口分为个体户和租房客两类，分别从中抽取 22 户填写《农村基本公共服务供需状况及满意度调查》问卷。

首次抽样后共访问到 114 户，其中本地居民 81 户，外地居民 33 户。对于抽中但是拒访或不在家的被访者，团队进行重新抽样，最终获得问卷 195 份，其中《行政村入户调查表》的本地居民问卷 50 份，《农村基本公共服务供需状况及满意度调查》的本地居民问卷 101 份，外地居民问卷 44 份。

（三）调查问卷评估

1. 问卷有效性评估

本次调研发放两种问卷，共计 195 份，回收 195 份，其中有效问卷 192 份，拒访 3 份，回收率为 100%，有效率为 98%。

中国社会科学院农村发展研究所研制、专用于村庄调查项目的《行政村入户调查表》发放 50 份，回收 50 份，有效问卷 50 份，回收率为 100%，有效率为 100%。本课题组设计、专用于搜集农村基本公共服务信息的《农村基本公共服务供需状况及满意度调查》问卷发放 145 份，回收 145 份，其中有效问卷 142 份，拒访 3 份，回收率为 100%，有效率为 98%。

《农村基本公共服务供需状况及满意度调查》还同时搜集了本地村民和外来人口的基本公共服务状况。其中，本地村民问卷发放 101 份，回收 101 份，有效问卷 99 份，拒访 2 份，回收率为 100%，有效率为 98%；外来人口问卷发放 44 份，回收 44 份，有效问卷 43 份，拒访 1 份，回收率 100%，有效率 98%。

2. 样本代表性评估

为了评估样本对总体的代表性，我们将 2013 年问卷调查获得的家庭成员的年龄—性别分布与村委会提供的 2010 年本村居民的性别—年龄分布做比较。

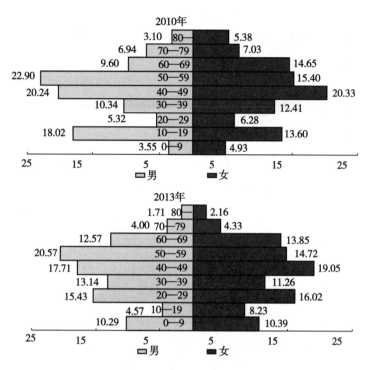

图 1　2013 年农村基本公共服务调查和

2010 年北房村人口年龄—性别结构

　　图 1 中是 10 岁分组的人口性别—年龄金字塔。左侧是根据村委会提供的 2010 年北房村人口的年龄性别绘制的人口金字塔；左侧是根据 2013 年《农村基本公共服务供需状况及满意度调查》问卷数据中家庭成员的年龄—性别绘制的人口金字塔；二者相隔 3 年。比较每个队列人口在 2010 年和 2013 年的比例发现，30 岁及以上队列人口年龄性别分布非常吻合，而 30 岁以下人口的吻合度较差，其中 2013 年的 20—29 岁人口比例较 2010 年 20—29 岁人口明显增加，2013 年 10—19 岁人口比例较 2010 年 10—19 岁人口明显较少，而 2013 年 0—9 岁人口比例较 2010 年 0—9 岁明显增加。20—29 岁和 0—9 岁人口增加的原因是 2010 年 20—29 岁进入婚育

高峰期，结婚导致 2013 年 20—29 岁人口比例增加，而生育导致 0—9 岁人口比例增加；10—19 岁人口比例减小的原因是该队列人口正处于外出接受高等教育的高峰期，人口迁移和户籍变动导致该年龄组人口比例减小。

三 其他补充说明

最后补充说明一点，由于项目组成员分别执笔不同章节，为了各章行文格式的统一，在本稿撰写中我们统一做出如下约定：书中图表或分析论述过程中使用的数据，若来自本课题问卷调查或相关整理数据，一律不必说明来源；而当引用本课题问卷调查资料之外来源的数据，则用表下注或脚注的方式注明出处。

本书研究主题、研究内容及调研方法由王广州研究员提出，问卷设计、抽样方法、数据处理和初稿起草均由王广州研究员和本课题组成员共同研究确定。课题组成员负责执行现场调查和调研报告撰写起草任务，包括问卷设计、问卷调查、数据处理和初稿起草等工作。初稿起草完成后，成员之间相互交换修改意见，再由王广州对每个章节提出多轮修改意见，主要起草者进行多轮反复修改形成初稿。初稿形成后，王广州对全部初稿进行全面、反复修改并形成最终的研究成果。各部分调研负责和起草分工如下：前言：王广州（中国社科院人口与劳动经济所）、戈艳霞（中国社科院社会发展战略研究院）；第一、二、三章：戈艳霞；第四章：张立龙（首都经济贸易大学劳动经济学院讲师）；第五章：王琭琳（中国社科院研究生院硕士生）；第六、七章：丁玉（中国社科院研究生院硕士生，安徽省妇女干部学校教师）。问卷入户调查的实施主要由中国社会科学院研究生院的博士生和硕士生完成，他们是张立龙、王琭琳、徐渊、史毅、冯珺、范圆圆、徐善水、牛宗栋、张赫赫、徐靖、李洁、陈醒、杨琦、戈艳霞。北房村村委会提供了入户员，她们是周淑伶、钟大菊、王书雯、王俊兰、刘艳、李海荣、孙玉芹。

　　从课题确定到终稿形成，本课题组曾遇到多重困难，但凭着团结合作的精神最终一一克服。在此，非常感谢课题组成员的辛勤工作和行政机构及村委会的大力支持！

　　由于时间仓促，作者水平有限，书中错误、纰漏之处在所难免，敬请广大读者批评指正。

第一章

北房村的历史变迁与发展现状

北房村行政隶属于北京市怀柔区北房镇。全村约 500 户居民，1700 人，多为汉族，有满族十几人。明初成村，山西洪洞移民迁至该地，建南北二村，以姓氏及方位命名。初称房家庄，明、清均为房家里驻地。北房村因在北房镇北，故称北房家庄，后简称"北房"，因为清代京师至承德避暑山庄御道必经之处，设驿站，称小务铺。①

第一节 地理条件与资源禀赋

一 区位条件

北房村地处北京东北部，怀柔区东部，镇域西部，沙河东岸，京承铁路南侧，地理坐标为东经 116°17′，北纬 40°14′，海拔高度 46 米。西距怀柔城区 4.6 公里，东南距黄吉营 1.8 公里，南距南房 1.2 公里。村域面积 3.32 平方千米。聚落略呈方形，面积 45.6 平方千米，东西向主街 3 条，全部为沥青路，长约 1000 米、宽约 14 米。南北向沥青主街 2 条，长约 1000 米、宽 6 米。全村约 500 户居

---

① 王建富、黄春海：《怀柔县地名志》，北京出版社 1993 年版。

民，人口 1700 人左右。

从经济区位看，北房村还处于北京两轴两带多中心的东部发展带上，村西毗邻北京经纬工业园区、雁栖开发区，距怀柔城区4.6 公里，距北京市区 50 公里，距首都机场 32 公里，距天津新港 180 公里。京承铁路、京密公路、101 国道经村北，设长途汽车站，中（富乐）高（各庄）公路北至安各庄、宰相庄，南达杨宋庄。地理环境优越，交通便捷，区位优势明显。

二　自然条件

北房村地处山前洪冲积扇平原，潮白河西岸。地势略有倾斜，北高南低，平均海拔 46 米，一般海拔在 43—50 米之间。土壤为细沙质褐潮土，村西沙河已干涸，村东有灌渠 1 条，有机井40 眼，地下水埋深 6—10 米。年平均气温 11℃—12℃，年降水量平均 650 毫米，多集中于七八月，无霜期 212 天，平均日照时数2700 小时。原有林地 600 亩，乔木以杨树为主，用材树及四旁树132151 株，林木覆盖率 18%，木材蓄积量 3276 立方米。春季风害严重。

三　历史沿革

据史料记载，明洪武元年（1368 年）怀柔建县后，北房村辖域属房家里。清代沿袭明制，仍属房家里。民国初年属怀柔县第五区房家里，1939 年改属第一区。1949—1958 年仍属怀柔县第一区。1958 年成立东风人民公社，属北房管理区。1960 年划归王化公社，1961 年 5 月成立驸马庄公社，后改称北房公社，属北房公社。1983年改社建乡，1990 年 3 月改乡为镇，辖域未变。该村曾为清代京师至承德避暑山庄御道必经之处，设驿站，称小务铺。1939 年大水，粮食所收无几；1972 年旱灾，粮食严重减产，1969 年水灾，3 小时暴雨，降水 150 毫米，农田积水多日，大部农作物无收。①

近年来，随着我国经济社会发展速度加快，北房村变化很大，其中最主要的变化是逐渐从农村向小城镇发展。影响北房村变化的主要重大历史事件如下。

1. 经济社会发展政策规划

1992 年，成立北京雁栖经济开发区；

1995 年，加宽公路，建设"五里庄十里堡"，西扩怀柔接壤；

1996 年，现代化小城镇建设，建起"七横八纵"交通网络；

2004 年，北房镇被确定为北京市小城镇建设试点镇、首都绿化美化园林式小城镇、全国小城镇经济综合开发示范镇；

2005 年，北房镇被国家发改委确定为全国小城镇建设重点镇；

2006 年，雁栖开发区成为北京市 19 家被保留的开发区之一。

2. 土地承包与流转

1997 年，第二轮土地承包后，人均耕地约 0.7 亩；

2004 年，北房合作社为了响应上级关于为雁栖开发区预留土地的号召，将一小部分集体土地流转给雁栖开发区；

2009 年，近 900 亩土地，人均 0.5 亩，转为建设用地，由雁栖开发区实施怀柔新城雁栖组团产业用地的一级开发；

2012 年，360 多亩土地，人均 0.2 亩，继续流转给雁栖开发区。

四　土地资源与农业生产

20 世纪末，北房村原有土地 5000 亩，包括耕地、林地、果园、沙土地等。其中耕地 3480.4 亩。直到 20 世纪末仍以农业为主，兼营畜牧业。以种植玉米、小麦为主，有一部分花生。年产粮 152.3 万公斤。种花生 805 亩，年产 18 万公斤。农业产值 130.5 万元。有果林 100 亩，苹果、梨、红果、板栗等果树 5000 株。果品产值

---

① 王建富、黄春海：《怀柔县地名志》，北京出版社 1993 年版。

3.2 万元。年末大牲畜存栏 127 头，鸡、鸭 1270 只，交售肉鸡 1000 只，产鲜蛋 3.5 万公斤。曾与海拉尔多种经营办公室合营奶牛场，养奶牛 112 头，年产奶 26 万公斤。畜牧业产值 70.8 万元。全年农林牧副各业总收入 319.4 万元，纯收入 182.7 万元，人均收入 1102 元。[1]

1997 年第二轮土地承包后，人均耕地约 0.7 亩。2004 年，北房合作社为了响应上级关于为雁栖开发区预留土地的号召，将一小部分集体土地流转给雁栖开发区。2009 年 8 月 25 日，北京市人民政府以京政地字（2009）150、151 号批复，将北房村近 900 亩土地，人均 0.5 亩，转为建设用地，由雁栖开发区实施怀柔新城雁栖组团产业用地的一级开发。2012 年将 360 多亩土地，人均 0.2 亩，继续流转给雁栖开发区。

截至 2013 年，北房村绝大部分村民已无耕地，极少部分有耕地村民，人均也不足 0.3 亩。三口之家可经营耕地面积不到 1 亩。目前，全村农民几乎不再种粮，粮食生产全面停止。个别农户尚留有部分果园，出产少量苹果、梨、板栗，也只供应自家使用，而无余出售。

五　人口概况

2013 年调查时，北房村本村居民约 1700 人。从户籍分化情况看，农转非人员 300 人左右，小城镇户籍人口 70 人左右，失地农业人口 1300 人。从人口年龄结构看，北房村 15—59 岁劳动年龄人口 1173 人，占 69%；60 岁及以上老年人口 391 人，占 23%，14 岁及以下少儿 136 人，占 8%。人口总抚养比为 31%。从人口性别结构看，北房村总人口性别比为 101，其中，14 岁及以下少儿性别比为 95；劳动年龄人口性别比为 114；60 岁及以上老年人口性别比为 73。

---

[1]　王建富、黄春海：《怀柔县地名志》，北京出版社 1993 年版。

此外，在北房村登记的外来人口约 2100 人。由于毗邻怀柔城区、雁栖经济开发区等，北房村吸引了许多外来人口，人口规模超过本地户籍人口。当前外来人口已经占到了北房村常住人口的六成，在外来人口中，80% 以上的人都来自北京以外的农村地区，60% 的人居住时间超过 2 年，20% 的人居住生活时间超过 5 年。

从年龄构成来看，外来人口的年龄构成非常年轻，主要以劳动年龄人口为主，而且具有劳动能力的低龄老人也占一定的比例。从外来人口的构成来看，16—59 岁劳动年龄人口 1422 人，占 68%；60—79 岁中低龄老年人口 397 人，占 19%；80 岁及以上老年人口 26 人，占 1%；15 岁及以下少儿 256 人，占 12%。

从性别构成来看，外来人口男女比例接近平衡。外来人口中，男性人口 1012 人，占 48%；女性人口 1088 人，占 52%。总人口中男女比例大体均衡。1422 名劳动年龄人口中，男性 644 人，占 45%；女性 778 人，占 55%。劳动年龄人口中的女性多于男性。423 个老年人口中，男性 202 人，占 48%；女性 221 人，占 52%。老年人口中的女性略多于男性。在 256 个少年儿童人口中，男孩 164 人，占 64%；女孩 92 人，占 36%，少年儿童人口中男孩明显多于女性。

由于社会经济发展和生产方式转化，北房村大部分村民失去了土地，不再以农业为主，而是以外出务工、房屋租赁和个体经营为生。外来人口和本地居民共同生活和工作在这个村庄，不仅给村庄注入了新的活力，而且促进了当地的经济发展和消费，为新农村建设和发展贡献了力量。

第二节　经济与社会发展现状

一　经济发展现状

（一）经济发展水平

北房村是怀柔区北房镇所辖 16 个行政村之一，人口规模在全镇排名第二,聚落面积排名第二。2010 年以来,北房村村民人均纯收入超过 10000 元,经济发展水平高于全镇平均水平,但低于近邻的杨宋和大中富乐。

从北房村所在的北房镇来看,2012 年北房镇常住人口 22811人,户籍人口 17779 人,其中农业户籍人口 12486 人。全镇实现财政收入 5572 万元,较 2011 年增长 14%,怀柔区 14 个所辖镇中排名第 7。农村居民人均纯收入 17605 元,较 2011 年增长 10%,全区排名第 4。从业人员 10653 人,其中,农业 2819 人,工业 3680 人,交通运输邮电通信及仓储业 1078 人,批发与零售业 551 人,住宿和餐饮业 195 人。①

(二)劳动力资源

2013 年,北房村本地劳动力有 1200 人。从年龄构成上看,35 岁及以下的劳动力占 43%;36—49 岁的劳动力占 30%,而 50—59 岁的劳动力占 28%。从受教育程度构成上看,初中及以上文化程度的人占 42%;高中和中专文化程度的人占 38%;大专及以上文化程度的人占 20%。劳动年龄人口的受教育构成为"四四二"结构。

此外,北房村外来劳动年龄人口 1400 余人,从年龄构成上看,35 岁及以下劳动年龄人口占 51%,35—59 岁劳动年龄人口占 49%。从受教育程度构成看,外来劳动年龄人口中,初中及以下文化程度的人占 41%;高中、中专及职高文化程度的人占 33%;大专及以上文化程度的人占 26%。外来人口中,老年人口初中及以下文化程度的人占 84%;高中及以上文化程度的人的比例占 15%。与本地劳动力相比,外来劳动力更年轻,且受教育水平更高,在劳动力市场上更具有竞争力。

(三)非农产业

北房村主要的非农产业是房屋出租和店铺租赁。2013 年,房屋出租 224 户,涉及房屋 683 间,建筑面积 10000 平方米,年租金

---

① 数据来自《2013 北京怀柔区统计年鉴》,下同。

收入 150 万元。其中，有 1—3 间出租房的家户占 32%；有 4—6 间出租房的家户占 8%；有 7—9 间出租房的家户占 2%，10 间及以上出租房的家户不到 1%。

店铺租赁 70 余间，涉及建筑面积 3550 平方米，年租金收入 270 万元。其中水果店 5 家，平均面积 30 平方米；蔬菜店 5 家，平均面积 20 平方米；早餐店 8 家，平均面积 30 平方米；饭馆 9 家，平均建筑面积 60 平方米；小吃店（面饼铺子、卤肉店、驴肉火烧店等）11 家，平均面积 20 平方米；家电维修店 5 家，平均面积 30 平方米；服装店 3 家，平均面积 30 平方米；便利超市 7 家，平均面积 80 平方米；其他店铺 24 家，平均面积 30 平方米。

除村内小商业活动外，北房村西建有远期总体规划面积达 40 平方千米的雁栖经济开发区。其中距离北房村最近的开发区为规划面积为 3 平方千米的"经纬工业小区"。目前已实现"六通一平"，水、电、路、通信等基础设施配套。现有入区企业 300 余家，来自 17 个国家和地区，包括中科合成油、碧水源、有研粉末、玛氏、红牛、奥瑞金等一大批知名企业。截至 2006 年底，雁栖开发区累计吸引投资 83.9 亿元，吸纳就业 10000 余人。

图 1-1　北房村周边知名企业

二 社会发展现状

（一）基础设施建设

北房村有东西向主街 3 条，原只有一条沥青路，长约 1000 米、宽约 14 米。南北向主街 2 条，长约 1000 米、宽 6 米。2007 年和 2008 年，由村委会组织村民按照人数出资，实施道路硬化建设。2011 年启动"二街三路"的修复工作，完善周边村际道路的道路硬化及道路环境。目前北房村村内和外出通道均达到良好硬化，距离 101 国道和京承高速公路不到 3000 米，驱车仅需 10 分钟。另，北房村以及周边公交站点多达 10 个，公交线路多达九条，出行非常方便。

当前北房村已实现生活用水、用电以及污水排放全覆盖。2011 年北房村启动自来水改造、铺设雨污管线等工程，改水改厕、铺设雨污水管道等大小工程 10 多件，全村统一铺设下水道，实现了污水集中排放。同时，开展村庄环境整治工作，设置垃圾集中处理点 1 个，增设垃圾箱至 60 多个，公共卫生厕所 5 所，实现生活垃圾处理现代化。取消"路边摊"，消除交通安全隐患，并改扩建农贸市场一所，用于摊贩经营。实现路面硬化 3 万余平方米，绿化街道 5000 米。开展查处拆除违章非法建设活动，拆除违章建筑 300 余处，18600 余平方米。

2010 年建成文化活动中心和村图书馆 1 处，计算机室有 47 台电脑全部免费供村民上网使用；棋牌室供老年人打扑克、看报纸；还建了乒乓球室、篮球场。村里的文艺骨干还组建了舞龙队和空竹队，多次参加市、区、镇举办的比赛。此外，北房村还有户外健身设施 3 处，占地面积 300 平方米，拥有健身器材 30 多台，但因年久失修，多数无法继续使用。

（二）教育事业

村域内设有公办完全小学 1 所——北房镇中心小学，下属一个中心园——北房镇中心幼儿园。中心小学校园面积约26亩，校舍面积约5532平方米，建有现代化教学大楼，多媒体教室、微机室、200米环型塑胶环保跑道。现有在校学生数800余人，30个教学班。在职教师140余人，教师学历达标率为100%。学生图书藏量16471本。人均27本。①

目前学校一至六年级，30个教学班，800多名学生，其中本地户口400人，外地借读500人。借读生占总人数56%，来自多个省、市的打工子女，他们的知识结构、所学教材、健康状况、日常习惯参差不齐，且有一定流动性。预计到2015年，学生结构复杂化问题依然突出，学生人数预计少量增加，总数约900人左右，按25人的标准化小班设计，需要开设36个教学班。

北房镇中心园现有5个教学班，一个早教班，共计300多名幼儿。幼儿大部分为北房镇各村村民的孩子，多为农业户口，还有一些是居住北房镇的城镇户口幼儿。由于北房镇大力发展招商引资，外来人口逐年递增，许多外来打工人员的孩子需要入园。入园幼儿数量增加较快，目前幼儿园的实际情况已不能满足当地幼儿入园的需求。预计到2015年，幼儿数量将会突破400名。北房镇中心园占地面积3600平方米，使用面积1080平方米。现有大中小班5个和一个早教班，幼儿220人。现在还有迫切要求入园的儿童。因校舍不足无法满足社会需求，急需扩建，现正在筹划。

北房镇现有教师142名，中学高级职称1人，小学高级职称92人，小高以上人数占总人数的66%，从职称看，是一支职称层次较高的教师队伍；大专以上学历121人，占总人数的86.6%；2011年市级骨干1人，占0.7%，区级学科带头1人，占0.7%，区级骨干教师7人，占总人数的4.9%，镇级骨干教师11人，占总人数的7%，数据显示校学科骨干比例不足，提升空间较大；35岁以下教师66人，占46.5%，36—45岁教师49人，占34.5%，46岁以上

① 怀柔区北房镇中心小学"十二五"发展规划（2011—2015）。

教师 28 人，是一支结构比较合理，年轻有为，精力充沛，有非常大发展潜力的教师队伍。

（三）卫生事业

北房村设村卫生室一所，有医生 3 人，均具有医师资格。除了村卫生室外，村域内设有社区服务中心一所，即北房镇社区卫生服务中心。中心在编职工 36 人，编外用工 12 人，总计 48 人。其中卫生技术人员 43 人，副高职称 4 人，中级职称 9 人，初级职称 30 人，行政工勤人员 5 人。2010 年成立 4 支家庭医生式服务团队为辖区居民建立健康档案，通过与服务家庭签订协议建立相对稳定的服务关系，为居民提供主动、连续、综合的健康责任制管理。

社区卫生中心服务区域的服务半径为 15 公里，包括幸福东园小区居委会、16 个行政村依次为安各庄村、北房村、大罗山村、大周各庄村、驸马庄村、梨园庄村、南房村、胜利村、韦里村、小罗山村、小周各庄村、小辛庄村、新房子村、郑家庄村、宰相庄村、黄吉营村。

社区卫生中心内设科室 14 个，包括预防保健科，全科医疗科，内科，外科，妇产科，妇女保健科，儿科，儿童保健科，口腔科，急诊医学科，医学检验科，医学影像科，心电图室，中医科。服务项目包括：社区健康信息管理，染病管理，慢性非传染性疾病管理，精神病管理，免疫接种，儿童保健，妇女保健，计划生育，老年保健，社区残疾康复，健康教育，常见病、多发病、慢性病的诊疗，家庭卫生服务，会诊和双向转诊，突发公共卫生事件应急处理，寄生虫病管理，地方病管理，托幼园所，急诊、院前急救，临终关怀。

基本服务流程包括六项。患者前来就诊→挂号→就医→医生开具处方及处置单→结算→取药、治疗、检查或其他。若需转诊，卫生服务中心可转诊医院包括，北京市怀柔区第一医院、北京市怀柔区中医院，对口支援三级医院为首都医科大学附属北京安贞医院。

（四）社会管理事业

北房村设社会管理服务中心一所，为本村居民和外出流动人口提供社会管理服务。中心可为本村居民和外出流动人口办理婚育证明和婴儿出生落户证明，如一胎生育服务证、二胎生育服务证、外出流动人口婚育证明、超计划生育出生婴儿入户证明、独生子女证明；为本村村民办理建房翻修手续，如新建房手续、翻新房手续；为本地村民办理出租房屋登记；为外来人员办理暂住证明；为本村村民办理新型农村合作医疗报销手续以及农村社会养老保险手续；为村民提供产业发展咨询服务；为农村失业人口办理农村劳动力转移就业登记证；为镇居民下岗职工、失业人员申请城镇居民最低生活保障金；为本村居民提供民事纠纷调解和合同纠纷调解服务；为本地村民办理死亡证明；此外，还负责处理干部勤政廉政举报工作。

第二章

北房村的就业环境与就业服务需求

　　本章将对北房村的就业环境与就业服务需求进行分析。就业服务归根结底是为了解决人们的生计问题，而在生计方式快速更替的大环境下，人们的就业服务需求在随之快速变化，就业服务供给也应随之及时调整。因此，从生计方式新变化的视角出发，能够更好地探讨当前就业服务需求的新变化，以及就业服务供给中存在的问题及未来调整方向。

　　具体到此次调查地点，北房村正处于从农村向小城镇的快速转型过程中，一方面，受城市经济域外扩的影响，北房村经济发展势头良好，就业机会较多且生计方式丰富；另一方面，土地被紧急征收，失地村民急需向非农产业转移；此外，大量外来人口迁入在很大程度上冲击了当地的劳动力市场，并改变了村民的就业环境和生计方式。以上三要素都在很大程度上促使村民生计方式和就业服务需求不断发生变化，因此，笔者将从征地开始，围绕以上三要素分析当前的农村就业服务，具体内容安排如下：第一节，就业环境的新变化；第二节，就业服务获得状况；第三节，就业服务供给与村民再就业状况；第四节，外来农民工对本地村民就业的影响；第五节，收入渠道增多与就业服务需求减少；第六节，违章房屋拆除、重新失业与就业服务需求增加。

第一节 就业环境的新变化

一 征地后北房村剩余劳动力析出

由于土地征收，人均耕地面积锐减，剩余劳动力大量析出。根据村主任回述，2005 年征地前平均每人 0.7 亩，2005 年、2009 年和 2012 年三次征地后，大部分村民没有土地了，少部分村民还有地，但最多不过 3 分地，对于一个三口之家而言，全家可经营土地面积仅 1 亩左右，生产资料太少，根本无法满足全家从事农业劳动的需求。而从全村范围而言，人均耕地面积太少，已经无法支撑全村 1300 农业人口的农业生产，大量剩余劳动力从土地中析出，急需向非农产业领域转移。

村主任：村里原来一共有 5000 亩地儿，包括林地、耕地、旱地啥的，口粮田是一人 7 分地。前些年，雁栖搞开发（雁栖开发区）、建厂子，征过村里的地，2005 年、2009 年和 2012 年各征了一次地。2005 年征的是艳阳路的集体用地，没征多少个人的地。2009 年差不多一人征了有半亩地。2012 年一人征了也就 2 分地。大部分人都没地了，有的还有点，多着 3 分地，一家按三口大人算，剩下不到 1 亩地，种的粮食根本不够吃。整个村子，差不多 2000 人，只剩了那点儿地，根本不够种。这几年村里人基本上都不种了。粮食太贱，种粮不如买粮。

二 征地后北房村就业状况恶化

（一）农业土地劳动承载力减少

征地后，绝大多数农民失去了继续从事农业生产的土地，剩余农田仅能满足四分之一农民耕种。依照我国公民的户籍性质及职业分类的关系，户口性质是城镇户口和小城镇户口的人原则上不再分给土地，主要从事非农工作，因此，农转非人员和小城镇户口的居民都不再拥有本村的农田，不再从事农业生产劳动，转为从事非农业的生产劳动。而农业户口的人，国家规定应该分配给一定的土地，主要从事农业生产劳动。

由于农田多被征收，北房村仅剩农田不足300亩，人均耕地面积不足2分地，并且使用权分散在近1300多人之间，碎片化特征明显。即使村民转让土地使用权，将农田加以整合，只能保证一小部分人的农业生产。按照村民原有农田0.7亩进行转让整合，剩下的农田只能满足430名农民耕种，仅占原有村民的1/4。至少有1270名失地农民急需转移到非农产业，这部分村民占到了原有居民的71%。

> 村主任：现在村里一共剩下不到300亩耕地。大部分人家都没地了，个别的还有，一人多着3分地儿了，一家不到1亩地。有地也不种了，太麻烦。种一丁点儿地，买种子、耕地、播种、打药、收割，一样也少不了，收不了多少粮食，还折腾。地太小，种点儿菜，自己吃，还凑活儿，种粮食不划算。有的地，荒着，啥都没种。村里年轻人都不种地，进城打工了。就老头、老太太，个别的还种点儿地。种了也收不了多少，一亩地能收个600斤麦子、500斤棒子，算好的。刨了化肥、农药、收割钱儿，地里折腾一年，也挣不了1000块钱。

（二）北房村村民的不在业比例达70%

征地后，农村的失业问题严重。土地是农民开展农业生产活动最基本的生产资料。土地被征收后，农村剩余劳动力从农业生产中大量析出，急需向其他非农产业进行转移。但是，由于缺乏技能、经验，劳动力非农就业转移不畅，调查失业率很高。并且，这种农村剩余劳动力无处转移的现象，并非个别现象，而是普遍存在的现象。至少从村民的谈话中得知，附近其他村子也有许多中青年人像他们一样闲散在家，无所事事。

村主任：没地了，地里活儿不干了，工作没安置，厂子进不去，只能在家待着！在家待的，多了去了，男的，女的，老的，年轻的都有。不光这村，隔壁村也多得是。地征走了，厂子也进不去，只能在家待着呗。

农村剩余劳动力无处转移的现象非常突出，土地征收工作中的失地农民安置工作力度不够，或者说，就业安置环节就像一个狭窄的瓶颈，不能及时将农村剩余劳动力输送出去，造成了剩余劳动力大量堆积的现象。

为了估计征地刚结束时，北房村劳动力人口的失业程度，笔者在问卷中请18—62岁的被访者回忆了2010年的就业状况。2010年正是2009年大规模征地后的头一年，基本上可以反映征地后村民们的就业状况。再根据2010年第六次人口普查数据，推测征地后全村劳动年龄人口的就业状况。

表2-1　　　　　　征地后农村劳动年龄人口的就业状况　　　　单位：人、%

2010年		样本			总体		
		人数	相对比例	绝对比例	人数	相对比例	绝对比例
全部村民	总计	95	—	100	1433	—	100
	在业	29	30.53	30.53	437	30.53	30.53
	不在业	66	69.47	69.47	996	69.47	69.47
非农	小计	32	100	33.68	268	100	18.7
	在业	9	28.13	9.47	75	27.99	5.26
	不在业	23	71.88	24.21	193	72.01	13.44

续表

2010 年		样本			总体		
失地农民和小城镇	小计	63	100	66.32	1165	100	81.3
	在业	20	31.75	21.05	370	31.76	25.81
	不在业	43	68.25	45.26	795	68.24	55.49

*注：本表中人数指 2010 年 15—59 岁之间的劳动年龄人口。

根据调查结果推算（见表 2-1），征地刚结束时，北房村劳动年龄人口不在业率（指劳动年龄人口中没有工作的人的比例）高达 69.47%。全村 1400 多劳动年龄人口中仅 400（30.53%）人在业，近 1000（69%）人不在业。其中，近 300 名非农劳动年龄人口中仅 75（28.13%）人在业，近 200（71.88%）人不在业；近 1200 名农业和小城镇劳动年龄人口中仅 370（32%）人在业，近 800（68%）人不在业。征地刚结束时，北房村村民失业问题非常严重，且非农人口、农业人口及小城镇人口失业严重程度接近。

三 征地为何加重农村失业

（一）就业安置政策规定不清晰，法律约束力不够

征地后，就业安置工作不到位是导致失业问题恶化的重要原因之一。拥有城镇户籍是享受公共就业服务的关键条件，而在北房村征地过程中，仅极少数人（300 人左右）转成城镇户籍身份，可以享受"北京市征地补偿安置办法中的就业促进规定"，绝大多数村民（1300 人左右）仍然是农村户籍身份，无资格享受"北京市征地补偿安置办法中的就业促进规定"，亦无其他就业安置办法可循。

> 村民：没工作，就该算失业吧。我们家的地全征走了，我抓阄抓上农转非了，没有工作，算是城镇失业，现在发着失业保险呢，区里还叫去参加就业培训去，培训考试合格后，给发

---

* 说明：为便于叙述，全书文中一些数字采用了四舍五入的方式，因此与表中相应数字略有出入，敬请谅解。

毕业证，国家再给交一部分保险。

　　村民：我们家一点儿地都没了，运气不好，农转非抓阄没抓上，现在也没活干，国家不管，只能在家歇着。以前种地，地征了，也就种不了了。占了地的厂子，也不让去厂子里上班。国家不管工作的事，就得自己解决，可我啥都不会，哪能找得上啊？找不上只能歇着了。

《北京市建设征地补偿安置办法（148号令）》第二十三条规定，转非劳动力的就业应当坚持征地单位优先招用、劳动者自主择业、政府促进就业的方针；第二十四条规定，征地单位招用人员时，应当优先招用农转非劳动力，乡镇企业、农村集体经济组织有条件的，可以吸纳转非劳动力就业，鼓励用人单位招用转非劳动力。但是，从村民的就业状况及就业安置中存在的问题判断，这些规定并没有发挥出实际作用。一方面，由于这些规定只是建议性质的，执行弹性较大，导致实际操作中用人单位并没有明确义务履行就业安置责任；另一方面，由于转非劳动力的用工成本高于外来农民工，企业出于用工成本考虑而尽量减少雇佣本地村民。就业安置政策规定不清晰，法律约束力不够，使得征地单位松懈了对失地村民的就业安置，从而在很大程度上加重了村民的失业问题。

　　村民：征地，没给解决工作，都是自己找。文件说的好，鼓励厂子在村里招工，没地的，转非的，优先进厂子上班。实际根本不那么做。农业户口招的多，非农的招的少。非农的，除了工资，还得交五险一金，成本高啊。农业户口的，只发工资，交点儿三险，就行。那外地的，有的连三险都不给，只给发点儿工资。成本摆着，你说，招谁？

（二）自主就业效果不理想

由于缺乏知识技能，不熟悉生产纪律，没有工作经验，失地农民自己解决就业比较困难。少数村民虽能自己解决就业问题，但工作往往不稳定，频繁更换工作，且失业周期较长。多数村民只会种地，根本不具备其他非农就业的能力，土地被收走后，仅依靠自己根本无法顺利找到工作，失业时间也随之延长。

村民：没有安置，都是自己解决。除了种地，啥都不会，啥也不懂，工作不好找。你要是有个技术，还好找工作。在这厂子里，按时按点儿，安安稳稳上班。没技术，不习惯人家那上下班时间，只能给人打散工，今天张家，明天李家，饥一顿，饱一顿，没个安稳。我们几个的，这几年，给人打散工，活，断断续续的，不常有，我大部分时间找不上活儿。以前在北京城的桥头找活儿，给人刷墙、搬东西、装车、卸车。那活也不是每天都能找上，碰运气，好的时候，一个月能干十几天，不好的时候，也就只干几天。我们还有力气，能干了这活儿，有人连这活儿都找不上。

(三) 就业服务效果不理想

就业服务是农民就业的最后助力器，然而实际就业服务效果并不理想。《北京市建设征地补偿安置办法（148号令）》第二十五条规定："公共就业服务机构应当为转非劳动力提供职业指导、职业介绍、职业技能培训等促进就业服务。征地后，政府还应该为转非劳动力提供促进就业服务。"北房村征地后，虽然区劳动局和村委会及时开展了技能培训、就业招聘会等工作，但由于培训内容与实际需求不匹配，招聘岗位与村民技能不匹配等问题，这些就业服务并没能帮助村民顺利走上就业岗位。

村民：农转非的，抓完阄，公示完了，就搞得技能培训。村里、区里都给开过，啥时候想学都能学，方便。区里那个还好，能选的项目也多，开班也勤。月月都开班，啥时候想学都成。村里也开，以前开得多，现在开的少了，没人听，开的就少了。每期教的都一样，还不实用，人听的就少了。就说我学的财务管理吧，学了，离开超市也还远呢。卖菜，算账，也用不着财务管理。瓜果花卉栽培听着适用，咱学学也能学会，可村里现在都不支持大棚种植了，过不了几年，怀柔区第五大道就修过来了，村里的那点儿地就都得占了，搞大棚就是浪费材料。

村民：招聘会也搞过，村里区里都搞来。区里隔两三天就有一次。去找来着，看了，都不行。工资我觉得满意的，活儿我干不了。我能干的，工资又给太低。好多还不愿意要当地的人呢，就说要找找个合适的，还不容易。

四 农村失业人口形成机制

农民在失地以后是如何变成失业人员的呢？根据征地过程中的劳动力转移状况，笔者绘制的一张农村从失地到失业的形成机制示意图（图 2-1）。图中的实框表示实施到位的部分，而虚框表示实施不力的部分；实线表示该过程较为流畅，而虚线部分表示该过程不通畅；小方框表示村民身份和状态，菱形表示政府干预。

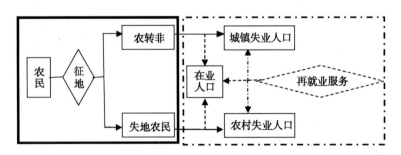

图 2-1 征地后农村失业人口形成示意图

从示意图看，影响农村人口就业状况的关键因素有二：一是征地，二是则是公共就业服务。征地导致农民失去土地，无法从事农业生产，对就业状况有消极影响。而公共就业服务则是为了避免村民失业人口产生，政府采用经济、财政、税收、金融等政策加快失地农民的非农产业转移，对就业状况有积极影响。

从实际情况看，当前土地流转多具有当地政府强制执行的色彩，而并不取决于村民的自我意志。然而，失地农村自主解决就业能力不足，就业服务成为帮助失地农民走出失业泥沼的关键。从北房村村民从失地到失业的转变历程看，就业安置政策规定不清晰，法律约束力不足，自主解决就业能力差，就业服务不到位都在很大程度上导致了农村失业人口堆积，加重了农村的失业问题。以下我们将对失地农民的失业、就业问题和农村就业服务做进一步的细致分析。

第二节　就业服务获得状况

一　征地带来的户籍分化

土地征收后，由于户籍变更不一，村民出现户籍分化现象。《北京市建设征地补偿安置办法（148 号令）》第十九条：征用农民集体所有土地的，相应的农村村民应当同时转为非农业户口。按照被征用土地数量除以村民原有土地数量计算，北房村几乎所有的人，将近 2000 人，都应该转为非农业户口，但实际名额仅有 300多人。实际操作中，通过"抓阄"的方式，一小部分村民转为城镇户籍身份，而绝大多数村民还是农业户籍身份。2012 年征地后，村民分化为三类，一类是城镇户口 300 多人，一类是小城镇户口 70多人，还有一类是农业户口 1700 多人。户籍分化进一步导致村民就业服务获得出现不平等现象。

村主任：征地补偿金几乎人人有份。除了那十几户小城镇的，没地，就没给补偿金。说起那十几户，九几年那会儿流行小城镇户口，为了一个月七毛五分钱的菜补，自己不要地了，交钱转的户口。现在，啥都没捞着，后悔死了。农转非不是人人都有，抓上才给转。2000人里，只有300个指标，其他1700个人都转不了。地没了，种不了了，还是农业户口。以前，除了那十几户小城镇，其他都是农业户口。现在，小城镇、非农、农业都有。小城镇六七十个人，非农业就300多个，其他的都是农业户口。

二 就业服务获得的不平等

北房村不同户籍身份的人可享受的就业服务存在明显差异。300多个非农户口的人可以享受到周全的就业服务，在失业期间，可以领到一定数额的失业保险金，还可以参加一系列再就业服务项目，享受相关就业优惠条款。但是这部分人仅占全村人口的18%，其余1300多个农业户口的人和70多个小城镇户口的人享受不到周全的公共就业服务。他们既没有失业保险金，也没有相关的再就业服务和优惠条件的照顾。这部分人约占全村人口的81%。

> 村民：户口不一样，待遇就不一样，差多了。抓上农转非的，有失业保险，不干活，国家还给钱。农业的，没工作，就没收入，国家不给钱。就业培训也不一样，农转非的，月月问，就业了没，要不要再去参加就业培训，有专门的社保的人给组织，不用操心。农业的，没人问这事，都是自己找。想培训了，就自己去。非农的自主就业了，国家给补交保险，给奖励。农业的，就不就业没人管。

> 村民：就靠那点儿地活呢。地征了，一人给个十几万块钱，就了事啦。也不给转户口，安排工作，上养老保险。等钱花干了，我们靠什么活？国家不是说，这地世世代代不变吗，不征，我们世世代代都有地；征了，我们就再也没地了，国家

应该给个保障，大家伙儿都迁户口，安排工作，上保险。不能
有的有，有的没有。转了农转非的，有养老保险、医疗保险，
失业保险，日子就好过，有事了，还能有个保障。我们呢，啥
都没有，没个保障，日子就难过。

三　"农转非"人员的就业服务相对完善

"农转非"人员享受的就业服务比较周全。根据《北京市建设
征地补偿安置办法（148号令）》第二十三条，关于转非劳动力的
就业促进工作是一个三方积极参与，共同促进的过程，不再是仅仅
依靠个人的力量解决就业，而是征地单位和政府都积极参与了进来
的周全的就业促进工作。从第二十五条至第三十二条的相关规定也
可以发现，转非劳动力享受与城镇人口相同的就业服务，是一种较
周全的就业服务：

首先，转非劳动力可以享受到与城镇劳动力相同的就业服务。
就业服务机构应当为转非劳动力提供职业指导、职业介绍、职业技
能培训等促进就业服务。

其次，对于就业的转非劳动力，可以享受到与城镇职工相同的
福利待遇。招用转非劳动力的单位，应当按照劳动管理法律、法
规、规章的规定，对转非劳动力实行同工同酬、进行岗前职业技能
培训等。

最后，对于失业的转非劳动力，可以领取失业保险金，并享受
再就业优惠。转非劳动力失业的，可以将本人档案转到户籍所在地
的区、县失业保险经办机构，并办理失业登记、申领失业保险金手
续。有关部门应当按照规定为其发放《北京市再就业优惠证》。并
且，失业的转非劳动力和招用失业转非劳动力的单位，享受本市促
进就业的各项优惠政策。

除此之外，农转非劳动力还有优先就业的权利，并且政府也鼓
励企业招收转非劳动力。根据《北京市建设征地补偿安置办法

（148号令）》第二十四条的规定，征地单位招用人员时，应当优先招用转非劳动力，乡镇企业、农村集体经济组织有条件的，可以吸纳转非劳动力就业，鼓励用人单位招用转非劳动力。

从北房村实际情况看，近300名农转非劳动力享受和城镇居民一样周全的公共就业服务。失业了，可以从政府那里领取每月896元的失业保险金，可以保障失业状态下的基本生活。同时，还能享受一系列再就业服务项目和再就业优惠政策。其中，企业雇佣农转非人员的优惠政策在很大程度上降低了企业用工成本，有利于农转非人员实现他雇就业；而灵活就业优惠政策也在很大程度上鼓励了转非人员自主解决就业问题。总体而言，转非劳动力享受到的就业服务比较周全，并且实实在在的优惠政策非常有助于他们重新走上就业岗位。

> 村民：待遇好不好，全在一手抓。我抓上农转非了，保障挺好。自谋职业的，给就业补助费。没有工作，办了个失业证，失业登记了，给失业保险，一个月900块钱，最多领两年。两年够了，区劳动局组织就业培训，叫我们去学。学完了，给发个毕业证书。在厂子里找上工作了，国家给用人单位补贴。自主就业的话，还给我们奖励，免缴一部分社保费。找不到工作，再去培训。一般，我们都选自主就业，保姆、保洁、卖菜，啥的都算就业了，我们还可以少交点社保金。

四 失地农民的就业服务非常薄弱

重要的就业服务政策均未覆盖到失地农民，失地农业劳动力可获得的就业服务非常薄弱。从北京地区执行的征地就业安置政策来看，无论是2004年7月1日以前执行的《北京市建设征地农专非人安置办法(市政府16号令)》，还是2004年7月1日以后执行的《北京市建设征地补偿安置办法（148号令）》，以及其他配套政策①，均未涉及失地农民的就业安置办法。虽然和转非劳动力一样，失地农民失去了农业生产资料，但是却没有周全的公共就业服务，帮助其向非农产业转移。或者说，由于户籍限制，失地农民没有资格享受到与农转非人员相同的公共就业服务。他们没有失业保险金，也没有周全的再就业服务和优惠政策。

农村就业服务主要针对的是有土地的农民，很多项目并不适用于失地农民。虽然近年来农村陆续开展了一些"4050"就业培训②，但项目体系尚不完善，培训内容和执行程序中仍然存在一些问题需要改进。

首先，农村就业服务中的技能培训仍然主要针对农业生产活动，例如，瓜果蔬菜种植技术、家禽养殖等，而非农就业服务项目很少，这一点不利于失地农民顺利就业。

村民：区里、村里都有培训。农村嘛，主要是农业技术，手工技术很少。农业技术，在老年活动中心讲过几次，大棚蔬菜种植、果树修建、花卉园艺、家禽养殖的。刚开始听得人还挺多的，后来就没啥人来听了。听了也无用武之地啊。地都没了，没地儿种。怀柔第五街区，快的话，这两年就过来了。再搞大棚养殖，刚建好就得拆，都是浪费。搞了也是浪费，村里也不提倡搞。

村民：区里有农村"4050"就业培训，也是农业多，非农

---

① 相关政策：《北京市建设征地农转工人员安置办法（16号令）》，《北京市建设征地补偿安置办法（148号令）》，《关于本市建设征地农转工自谋职业人员社会保险有关问题的处理办法（京劳社养发〔2004〕78号）》，《北京市人民政府办公厅转发市国土局关于处理北京市建设征地农转工人员安置办法实施期间批准征地项目人员安置有关遗留问题意见的通知（京政办发〔2006〕17号）》，《关于未按〈北京市建设征地农转工人员安置办法〉规定进行安置的建设征地农转工人员参加社会保险相关问题的处理办法〔2006〕20号》。

② 自2008年开始实施的《京郊农村"4050"人员培训就业工程》。

少。果树种植、大棚蔬菜、花卉、家禽养殖、家电维修、手工编织、厨师烹饪、电脑应用，好多，我都记不过来。

其次，非农就业技能培训服务不到位，保障力度不够，导致再就业效果差。虽然近年来农村开展了"4050"就业培训服务，但是服务主要集中在技能培训环节，其他环节的就业服务严重缺失，经常导致参加技能培训后仍然无法顺利走上就业岗位。

> 村民：没转非的待遇差远了，就那么点儿就业服务，不全面，也不到位。
>
> 村民：只有技能培训，别的都不管，也就不了业。就业培训，也不能说少，挺多的。就是培训完，没啥用处。农业技术，没地了，没用。非农技术，学了，也不见得就能用上。我学的幼儿教育，去幼儿园找工作，不要我。我自己开个托儿所，也没资金，也不懂手续，不知道从哪儿下手。我这几年就是给人看看孩子吧。我那伙伴儿，学财务管理，去超市当收银员，人不要她。自己开个小超市，还得学进货、管理，事太多，也就算了，没开成。

从北房村的情况看，近1500多名失地农民无法获得较周全的公共就业服务。在失业情况下，没有失业保险金，基本生活无保障。而再就业服务不周全，除了就业培训环节以外，其他环节的公共就业服务严重缺失，往往无法顺利就业。失地农民可获得的公共就业服务总体很差。

五 小城镇户籍人员的公共就业服务无章可循

除了失地农民之外，小城镇人员也无法获得周全的就业服务。小城镇户籍是介于农业户籍和非农户籍之间的一种户籍身份，有学者称其为非农户籍下的二等户籍身份。与农业户籍不同的是，小城镇户籍人口不享有土地承包权；而与非农户籍不同的是，小城镇户籍人口不享有城镇社会保障。目前的政策规定都没有明确涉及小城镇户籍的社会保障问题，小城镇劳动力既不能获得城镇就业服务，也不具有享受农业就业服务的户籍资格，处于一种尴尬的三不管地带。

北房村约有15—20户人家，约60—70个小城镇户籍人员。由于不是农业人口，小城镇人员无法享受农村就业服务，而同时由于小城镇人员被排除在城镇基本公共服务之外，小城镇劳动力也无法获得城镇就业服务。小城镇劳动力就业服务的获得状况非常糟糕。

> 村民：九几年的事了，当时城市户口吃香，我花几万块钱买的城镇户籍，当了"城里人"，可到现在，没有享受到城镇社会保障。要享受社保，缴费得全交。不和转非的一样，国家给交一大部分。现在户口还挂在街道，可村里的土地、征用费、青苗费，啥也没了。十年河东，十年河西，世道变得太快。

> 村民：九几年，流行小城镇户口，为了一个月七毛五分钱的菜补，他们自己不要地了，交钱转的户口。现在看，啥都没捞着，后悔死了。现在村里最苦的不是转非的，也不是农民，是小城镇的，自己花钱买的户口，没工作，没土地，没补偿金。

总体而言，户籍性质直接关系到基本公共服务的获得。转非人员基本实现了以"土地换身份"、"以土地换职业"、"以土地换保障"的愿景。但是对于失地农民和小城镇人员来说，境况却没有得到实质性的改善。尤其是失地农民，境况反而变得更糟了。在征地过程中，失地农民服从集体利益的安排，失去了旧有的生产资料和生活保障，但没有被城镇户籍社会所接纳，没能换来将来生活的保障，他们对就业服务的需求是最为迫切的。

第三节　就业服务供给与村民再就业状况

从村民的就业状况看，就业服务对就业的帮助效果并不理想。那么什么原因导致就业服务效果不好呢？本部分将进一步分析其中的原因，而在此之前，需要充分了解就业服务的供给现状。我们选择从村民的实际获得情况分析就业服务的供给现状。

一　就业服务供给现状

就业服务供给状况及村民获得情况是反映就业服务水平的主要内容。为了了解就业服务的提供情况，我们在调查问卷中设计了一些问题，请被访者回答他们找工作的主要途径、所熟知的公共就业服务项目、实际获得过的服务项目和来源以及服务效果和影响因素。通过分析这些问题的回答结果，可以大致了解就业服务的提供情况以及村民对就业服务的了解程度和获得情况。

（一）北房村劳动力产业转移过程中政府职能缺失

农村劳动力产业转移过程中，政府职能缺失。在问及找工作的主要途径时（见表2-2），38%的村民回答的是没有任何途径，排在第1位；22%的村民主要靠亲戚熟人介绍，排第2位；17%的村民主要从劳动管理部门找工作，排第3位；11%的村民通过传媒中介找工作，排第4位。此外，通过非政府组织的招聘会、私人职业中介机构找工作的村民占9%；而自己亲自去企业门口寻找工作的占3%。总体而言，近四成村民没有任何求职途径，村民找工作的途径较少，这也是导致失业问题严重的一个原因。而从当前村民找工作的途径看，政府劳动部门发挥的作用不及私人社会网络，说明农村剩余劳动力产业转移过程中存在政府职能缺失的现象。

表 2-2　　　　　　　　村民获得工作信息的主要途径　　　　　单位：人次、%

找工作的主要途径	频次	比例
没有任何途径	36	37.89
亲戚朋友熟人	21	22.11
人力资源市场等劳动管理部门	16	16.84
互联网、报纸和电视等媒介	10	10.53
非政府组织的招聘会	5	5.26
私人职业中介机构	4	4.21
自己亲自去企业门口询问	3	3.16
合计	95	100

资料来源：《农村基本公共服务调查项目》。

（二）政府职能缺失的另一个表现是村民对就业服务知之甚少

从调查到的情况看（见表2-3），40%的村民完全不了解就业服务的项目；知道就业失业登记服务的占14%；知道职业培训、创业培训和职业技能鉴定服务的占14%；知道职业供求信息发布的占13%；其余五项就业服务的知晓率不足6%。总体而言，四成的村民完全不了解公共就业服务，表明政府就业服务的宣传工作在农村地区存在明显缺位现象。

表 2-3　　　　村民对就业服务的了解程度及可获得的程度　　　单位：人次、%

就业服务项目	知道的服务项目		获得过的服务项目	
	频次	比例	频次	比例
不清楚或没有获得过	48	40.34	63	63.64
就业失业登记	17	14.29	12	12.12
职业培训、创业培训和职业技能鉴定	17	14.29	7	7.07
职业供求信息发布	15	12.61	5	5.05
公共职业介绍	7	5.88	4	4.04
就业政策法规咨询	5	4.20	3	3.03
劳动事务代理	5	4.20	3	3.03

就业服务项目	知道的服务项目		获得过的服务项目	
	频次	比例	频次	比例
劳资纠纷援助	3	2.52	1	1.01
小额担保贷款	2	1.68	1	1.01
合计	119	100	99	100

资料来源:《农村基本公共服务调查项目》。

(三) 参加过就业服务的村民更少

村民对政府就业服务项目的了解程度不高,而参加过就业服务的村民更少。调查结果显示,64%的人没有参加过任何就业服务;12%的人接受过就业失业登记服务;7%的人参加过政府组织的职业培训、创业培训和职业技能鉴定服务,另有5%的人获得过职业供求信息,获得过其余5项就业服务的比例不足5%。从就业服务获得情况看,一半村民并不了解就业服务,不清楚就业服务内容,也不清楚自己可以获得哪些就业服务。实际参加就业服务的村民比例很低,大多数村民没有享受到任何就业服务。总体而言,北房村剩余劳动力产业转移过程中,政府职能缺位的现象是非常明显的。

二 就业服务效果评价及原因

村民对就业服务效果的评价是反映就业服务水平与实际需求差距的一个重要方面。通过分析村民对就业服务效果的评价,我们可以了解,相对于需求,就业服务供给的相对水平以及村民对就业服务的满意度,进而有助于改进就业服务质量。

(一) 就业服务效果评价

以下主要从三项评价分析就业服务的效果。其一是村民对就业服务效果的总体评价,可以反映总体评价概况。但是,由于村民对就业服务了解甚少,在总体评价之外,有必要选取几项村民接触较多、较熟悉的分项目进行二次评价。此处,笔者选取招工信息发布和技能培训进行二次评价。

1. 就业服务解决就业的效果总体评价不高

村民对就业服务解决就业的效果认可度不高。由于对就业服务缺乏了解和参与，当我们进一步询问被访者就业服务对解决就业问题的帮助程度和实际效果的评价时（见表2-4），有超过一半的村民回答的是"不清楚"，只有不到一半的村民给出了明确的主观评价。其中，四成村民认为就业服务还是有助于解决就业问题的，一成村民认为没帮助；一成半的村民认为实际效果比较好，两成村民认为实际效果一般，一成村民认为实际效果不好。总体而言，村民们认为就业服务对解决就业问题是有帮助的，但是实际效果平平。

表2-4　　　就业服务对解决就业问题的帮助程度和效果评价　单位：人、%

主观认为的帮助程度			实际效果的评价		
帮助程度	频数	比例	效果	频数	比例
不清楚	47	52.81	不清楚	48	53.93
很有帮助	5	5.62	比较好	13	14.61
有点帮助	29	32.58	一般	18	20.22
没有帮助	8	8.99	不好	10	11.24
合计	89	100	合计	89	100

资料来源：《农村基本公共服务调查项目》。

2. 招工信息发布效率较高

招工信息发布频繁及时，效果评价较好。区人力资源和社会保障局，每逢周三、周五都举办招聘会，基本上每隔两天就大规模公布一次招工信息，能够给求职者及时提供招工信息。村民普遍认为，招工信息公布及时，效果评价较好。

　　　村民：招工信息，及时，也多。招聘会，隔两天就有一次。

　　　村民：县劳动局，周三、周五，招聘。企业招聘都在那。大企业、政府、事业单位，招聘，都门里面，正规工作，待遇好。小企业，私企，招聘，在门外，不是正规的，工资不低，待遇不行。

村民：信息好找，劳动局，隔三岔五，招工。每周两次，挺方便的。

村民：招聘会，挺多。区里隔两天就有一次。

3. 再就业培训效果评价较差

再就业培训的实际效果较差，中年群体再就业培训效果尤其糟糕。就业服务中心对每期参加就业培训的村民及其实际就业状况的记录反映出，再就业培训的效果并不理想。2013年全年共发生就业培训91人次，其中绝大多数是中年及以上人群。而实现就业的仅17人次，成功率为19%。区分不同年龄段来看（见表2-5），16—35岁青壮年人口的就业成功率达到71%，而35—50岁人的成功率快速下降到18%，50岁及以上人的就业成功率仅为11%。年龄大于35岁的人，就业培训成功率快速下降到很低的水平。

表 2-5　　　　　　　　再就业培训的状况及成功率　　　单位：人次、人次、%

年龄	参加培训的人	实现就业的人	成功率
16—35 岁	7	5	71.43
35—50 岁	38	7	18.42
50 岁及以上	46	5	10.87
总计	91	17	18.68

资料来源：该数据来自就业服务中心 2013 年全年的就业培训和就业状况登记信息。

从村民对就业服务效果的评价看，无论是主观评价还是客观实际效果，村民的认可度都不高。从村民较熟悉的项目看，虽然招工信息发布效率较高，但技能培训实际效果较差。中年群体的就业培训效果尤其不佳，然而，中年群体是急需就业培训的主要群体。

（二）再就业服务效果不好的原因分析

分析再就业服务效果不好的原因，是改进再就业服务的出发点。再就业服务效果不好，既与再就业培训内容与市场需求不匹配等客观原因有关，也与参加培训的人的工作积极性以及身体健康状况等自身原因有关。

1. 再就业服务效果不好的客观原因

岗位要求与自身条件或期望存在差距是再就业服务效果不好的客观原因。针对再就业服务效果不好的问题，我们在调查问卷中列举了一些常见的原因，试图通过被访者的回答，来探索其中的主要原因。但是由于大多数村民都不了解再就业服务项目（见表2-6），75%的人并不了解再就业服务效果不好的原因。而15%的人认为岗位条件与自身条件有差距、提供岗位待遇太差是再就业服务效果不好的原因，表明岗位与自身条件或期望存在差距是再就业服务效果不好的一部分原因。

表2-6　　　　　　　　　再就业服务效果不好的原因　　　　　　单位：人次、%

原因	频次	比例
不清楚	74	74.75
岗位要求与自身条件有差距	8	8.08
提供岗位待遇太差	7	7.07
就业信息不通或不及时	6	6.06
提供岗位太少	4	4.04
合计	99	100

资料来源：《农村基本公共服务调查项目》。

2. 再就业服务效果不好的主观原因

找工作积极性不高、不习惯工作纪律、自身条件不允许等主观原因也严重影响再就业服务的效果。由于问卷调查的结果不能充分反映出再就业服务效果不好的原因，我们深度访谈了6位参加过再就业服务的村民，寻找再就业效果不好的主要原因。这6位接受访谈的村民分别是36岁的李大姐，40多岁的李叔、王叔和刘阿姨、50多岁的华婶和徐婶。其中访谈时，李叔和王叔已经有工作了，其余4位女性没有工作。归纳再就业效果不好的其他原因如下：

其一，找工作的积极性不高，主观能动性差。有些失业村民，家庭负担很轻，就业愿望不强烈，参加技能培训的积极性不高，也无主动寻找工作的行动，从而找到工作的概率大大降低。

李叔：我们一家四口，就我一人挣钱，全家的重担都压在我一个人身上，我不工作，家里就过不下去了。两个女儿都在上学，媳妇儿得给孩子做饭，也没时间上班。我得赶紧再找份工作挣钱，要不，孩子下半年的学费就得找亲戚借了。

王叔：我们家也四口人，俩女儿都大学毕业，参加工作了，没啥负担。我媳妇手气好，抓上农转非了，不工作，每月能领一千多块钱。她们都不用问我要钱，我自己也不缺钱，找工作只是为了打发时间，解闷。

其二，对工作纪律了解甚少，不习惯固定单一的工作方式，缺乏工作技能，也影响再就业培训的效果。绝大多数失业农民，征地之前一直以种地为生，缺乏对现代工业生产技能的了解，并且由于农业劳作基本上都由自己安排，对工作纪律的了解也很少。缺乏工作技能和纪律意识是影响农民再就业的另一个主观原因。

李叔：我在北京市里四星环卫干了8年，扫大街，工作累，也没啥技术含量。刚上班，扫得不干净，领导批评，不习惯。时间长了就适应了。不认真干活儿，是不对的。上班就得按点儿来，该你上夜班了就得去，工作就要认认真真的干好，遵守公司的纪律。

王叔：给别人打工不自由，没有自己干得好。我这三四十年了，都是自己干，自己想啥时候干就啥时候动，自在。临到快 60 了，让我给别人打工，每天按点儿上班，干不好还得听人训，受那窝囊气，不干。我现在自己跑出租，多自在。有活儿了，就拉个活儿，没客人了，我就打会儿牌，歇着。

其三，自身条件不足，严重影响工作获得。中年妇女健康状况不允许，影响体力劳动型岗位的获得；而受教育水平低，缺乏现代操作技术，也严重影响脑力型岗位的获得。虽然保洁、月嫂等体力劳动型岗位的入职门槛很低，但是由于中老年人"身体健康状况不允许"，很多人还是不能就业。我们总结了 40 多例被访者的健康状况发现，超过一半的中老年妇女或多或少都患有一些慢性疾病，如高血压、心脏病等。不能负重、登高，甚至不能长时间站立，严重影响了个体获得体力劳动型岗位的机会。而受教育程度偏低，缺乏现代化操作技能也严重影响了中年妇女获得脑力劳动型岗位的机会。

　　村民：我有高血压，心脏病的，低头儿、登高儿、转圈的活儿，我都干不了。人就是让我在电脑前面待着，我这眼神儿不好，也瞅不见那鼠标小箭头。像我这 50 多岁的，身体都多少有点毛病，身体不好，好多体力活儿就干不了。不会电脑，识字也不多，轻快活儿也干不了。

3. 影响再就业服务效果的环境因素

劳动力市场上的年龄门槛和学历门槛，是阻碍失业农民再就业的客观环境因素。虽然就业培训项目可以让村民掌握一些专业技能，但是有些职业的年龄门槛和学历门槛比较严格，并非只要技能在身，就能实现就业的。正是由于存在入职门槛较高的壁垒，诸如管理类、财会类，就业培训项目的就业成功率很低。而对于学历要求和技能要求较低的工作岗位，多有年龄不超过 35 岁的限制，中年失业农民仍然无法顺利就业。年龄太大、受教育程度太低也是中年人就业道路上的两道极难逾越的门槛。

> 村民：像我们年纪大点的，没啥文化的，找班上，没地儿要，自己创业没能力。就业培训，我学的幼儿看护，去幼儿园看看孩子，人家要幼师证，还嫌我岁数大。要是我自己开个托儿所吧，办证还得要大专幼师证，我没钱，脑子也不好用了，那能开起来啊？参加就业培训也不见得就有班上，不是学历不够，就是年龄太老。厂子招工都有年龄限制，18—35 岁，超过 35 岁的不要，大一点，人家也不愿要。

总体而言，再就业培训效果不好，既有再就业培训项目方面的客观原因，也有被培训人方面的主观原因，还有劳动力市场方面的环境原因。其中，客观原因是再就业培训项目设置与市场需求不匹配；主观原因是村民求职意愿不强烈、健康状况、教育状况等自身条件不佳；环境因素是劳动力市场上严格的年龄壁垒、学历壁垒等。

三 劳动力市场壁垒对村民再就业的影响

劳动力市场的招聘壁垒到底会在多大程度上将失业村民排挤在岗位之外呢？笔者从怀柔区人力资源和社会保障局的招聘会入手，了解怀柔区的劳动需求情况和岗位招聘要求，以分析劳动力市场招聘壁垒对村民失业的影响程度。

劳动力市场上的硬性壁垒

笔者从区人力资源网站上搜集到 2014 年 2 月 11 日至 2014 年 5 月 1 日期间 1224 个岗位招聘的信息，通过整理得到岗位要求的分布情况，可以大致了解劳动力市场上的硬性壁垒。

表 2-7　　　　　　　　岗位招聘条件的分布情况　　　　　　单位：人、%

学历	年龄	特殊要求	岗位个数	相对比例	绝对比例
初中及以下	不限	有	97	22.15	7.92
		无	30	6.85	2.45
	36—50 岁	有	62	14.16	5.07
		无	50	11.42	4.08
	35 岁以下	有	49	11.19	4.00
		无	150	34.25	12.25
	小计	有	208	47.49	16.99
		无	230	52.51	18.79
	共计		438	100.00	35.78
高中或中专	不限	有	183	48.54	14.95
		无	12	3.18	0.98
	35 岁以下	有	103	27.32	8.42
		无	79	20.95	6.45
	小计	有	286	75.86	23.37
		无	91	24.14	7.43
	共计		377	100.00	30.80
大专及以上	不限	有	78	19.07	6.37
		无	207	50.61	16.91
	35 岁以下	有	29	7.09	2.37
		无	95	23.23	7.76
	小计	有	107	26.16	8.74
		无	302	73.84	24.67
	共计		409	100.00	33.41
			1224	—	100.00

资料来源：岗位招聘信息来自怀柔人力资源网 2014 年 2 月 11 日至 2014 年 5 月 1 日的信息。

通过初步筛选发现，岗位要求中出现次数最多的是学历、年龄和工作技能经验。因此，我们按照这三个主要条件来整理岗位要求的分布情况，分析劳动力市场上的硬性壁垒。

首先看劳动力市场上的学历门槛。在1224个招聘岗位中，要求大专及以上文化程度的岗位数为409个，占33%；高中或中专文化程度的岗位数为377个，占31%；初中及以下文化程度的岗位数为438个，占36%。总体上，三种文化程度的岗位数各占1/3（见表2-7）。

其次看劳动力市场上的年龄门槛。在1224个招聘岗位中，没有年龄限制的岗位有607个，基本上占到了一半的比例；其余617个岗位有一定的年龄限制。虽然总体而言，没有年龄限制的岗位并不少，但是进一步学历门槛来看，可以发现，随着学历门槛的降低，有年龄限制的岗位在逐渐增加，没有年龄限制的岗位在快速减少。在要求大专及以上文化程度的岗位中，无年龄限制的岗位比例高达70%；在要求高中或中专文化程度的岗位中，无年龄限制的岗位比例下降到52%；而在初中及以上文化程度的岗位中，无年龄限制的岗位比例进一步下降到29%。

再看特殊技能以及轮班和倒班的要求，前者反映了劳动力市场上的技术门槛，而后者反映的是劳动者身体素质门槛。在1224个招聘岗位中，有601个岗位有职业技能或者有轮班、倒班的要求，占49%；有623个岗位无特殊要求，占51%。而且随着学历门槛的降低，对职业技能和身体素质有较高要求的岗位比例在增加，没有特殊要求的岗位比例在减少。在要求大专及以上文化程度的岗位中，无特殊要求的岗位比例高达74%；在要求高中或中专文化程度的岗位中，无特殊要求的岗位比例快速下降到24%；而在初中及以上文化程度的岗位中，无特殊要求的岗位比例为53%。

总体而言，区县以下的基层劳动力市场上岗位招聘主要有三道门槛，其中最高的门槛是学历门槛；其次是年龄，最后是特殊技能或身体素质要求。如果岗位对学历要求较高，那么对年龄的限制和其他职业技能和身体素质的要求就会明显降低，而如果岗位对学历要求不高，那么往往会对年龄上限加以限制，或者对工作技能和身体素质有较高的要求。

四　岗位招聘条件对村民再就业的影响

那么，北房村村民的自身条件与招聘岗位的匹配度又是怎样的呢？将劳动力市场上的岗位要求与村民们的自身条件进行对比，可以大致判断村民与招聘岗位的匹配度和就业的难易度。

表 2-8　　　　劳动年龄人口的年龄构成和学历构成情况　　　　单位：人，%

年龄	15—59 岁		50—59 岁		36—49 岁		16—35 岁	
学历	人数	比例	人数	比例	人数	比例	人数	比例
初中及以下	97	42.36	40	63.49	48	70.59	9	9.18
高中和中专	86	37.55	22	34.92	17	25.00	47	47.96
大专及以上	46	20.09	1	1.59	3	4.41	42	42.86
小计	229	100	63	100	68	100	98	100

资料来源：《农村基本公共服务调查项目》。

首先，从学历构成来看（见表 2-8），劳动年龄人口中，初中及以下学历的人占 42%；高中和中专文化程度的人占 38%；大专及以上文化程度的人占 20%。劳动年龄人口的学历构成为"四四二"结构，而招聘岗位的学历构成为"三三三"结构。与招聘岗位的学历要求相比，劳动年龄人口的学历构成明显偏低，表明学历偏低可能是村民找不上工作的一个主要原因。

其次，从年龄构成上看，劳动年龄人口中，35 岁以下的人占 43%；36—49 岁的人占 30%，而 50—59 岁的人占 28%。招聘岗位年龄要求 35 岁以下的占 41%；要求 50 岁以下的占 50%。但看年龄构成，与招聘岗位的年龄要求相比，劳动年龄人口的年龄构成相对较为年轻，有利于就业。但是综合考虑学历和年龄后，劳动年龄人口的结构并不利于解决就业问题。对于没有学历要求的岗位，往往要求应聘者年龄不超过 35 岁，这一比例达到 45%。但是，初中及以下劳动年龄人口中，符合该年龄要求的人仅有 9%，其余 91% 的人年龄都偏大，不满足岗位的年龄限制条件。在劳动力供给比较充足的情况下，这部分劳动力很难实现就业。

总体而言，劳动力市场上有严格的三道门槛。而采用学历和年龄的双重门槛对北房村村民进行筛选后，完全符合条件的村民很少。大多数村民的自身条件达不到招聘岗位的要求，从而加大了失业风险。

五 再就业服务项目设置对村民再就业的影响

（一）再就业服务项目与劳动力市场需求的对比

再就业服务项目与劳动力市场需求不匹配，导致就业效果不好。其中，农业技能培训的就业效果很差，非农技能培训的效果略好。从就业服务项目内容与市场需求的匹配程度看再就业效果。自2008年起，北京市农委、市财政局等6部门开始联合实施京郊农村"4050"人员培训就业工程。① 主要目的在于创造一个关爱和帮助农村"4050"人员的社会氛围和政策环境，搭建一个为"4050"人员培训就业的服务平台，建立一个促进人员培训就业的长效工作机制，引导和帮助农村"4050"人员提高就业增收的能力，拓展就业门路，促进就业增收。农民的就业培训场地就在村委大院的老年活动中心举行，培训项目主要有果蔬栽培、畜产养殖、手工编织缝纫、旅游休闲服务、厨师餐饮、幼儿教育、财务管理、电脑应用等9项。刚开始培训的时候，村民们的积极性很高，参加培训的人也很多。但是到了后期，参加的人就越来越少了，甚至人太少没法开课，就不开课了。"每次项目都一样，重复学习没意思"，组织培训者说，"很多项目也不实用，培训了也找不上活儿干"！笔者将2014年2月11日—2014年5月1日期间的主要就业培训项目和劳动力市场上对于岗位的招聘情况进行匹配，分析参加完就业培训项目的村民是否有机会就业。

———————————

① 具体内容详见《京郊农村"4050"人员培训就业工程》（京乡企办字 [2008] 1号）。

表 2-9　　　　　主要就业培训项目与对应的岗位招聘情况　　　单位：人、%

主要就业培训项目		对应的劳动力市场上招聘岗位的情况		
		对应的招聘岗位	个数	比例
农业技能	果蔬栽培	果林技术员、园林绿化员、园艺师	3	0.25
	畜产养殖	无	0	0.00
	小计	—	3	0.25
非农技能	手工编织缝纫	缝纫工、编织工	22	1.80
	维修电工	维修电工、电焊工、维修工、钻床工、机电工、钣金工	47	3.84
	厨师餐饮	厨师、配菜工、饭店服务员	23	1.88
	财务管理	出纳员、会计、会计助理	34	2.78
	电脑应用	网络客服、淘宝客服、电脑文员、客服专员	39	3.19
	小计	—	165	13.49
服务类	旅游休闲服务	酒店客服、导游员	5	0.41
	幼儿教育	幼师、保姆	16	1.31
	老年护理	老年护工	7	0.57
	小计	—	28	2.29
以上招聘岗位个数合计			196	16.03
劳动力市场上的全部招聘岗位个数			1224	100

资料来源：岗位招聘信息来自怀柔人力资源网 2014 年 2 月 11 日—2014 年 5 月 1 日的信息。

　　将频次最高的 9 项培训项目与劳动力市场上的岗位招聘情况进行比较也发现（见表 2-9），与培训项目相对应的岗位招聘人数较少，仅占全部招聘人数的 15%，不利于培训后的就业安置。农业技能培训对应的岗位数不足 1%，表明在这种城乡接合部地区农业技术培训已经变得不再实用了。而非农专业技能的培训对应的岗位数相对加多，占到了全部招聘岗位的 13%，这里培训相对较实用。服务类培训项目对应的岗位数也较少，约占全部招聘岗位的 2%，表明目前怀柔服务类产业的发展水平仍然较低。比较农业技能和非农业技能培训对应的岗位数发现，随着城市化的迅速发展，城乡接合部地区的可提供的主要就业岗位类型已经不再是农业岗位，而是非农岗位，这也决定了农业技能培训的就业效果很差，而非农业技能培训效果相对会好一些。

（二）再就业服务项目与自主创业需求对比

即使从自主创业的角度看，某些再就业培训项目也不实用。就农业类创业而言，北房村不具备土地环境。由于距离怀柔市区很近，北房村被规划为怀柔区的"第五街区"。为了避免资源浪费，村里 2000 年以来就开始禁止村民添置农业设施了，既不提倡大棚蔬菜种植业，也不提倡畜产养殖业，从而也导致农业类技术培训项目不再实用。

> 村民：村里开展的农业技术扶持，在老年活动中心给村民们讲，大棚蔬菜种植、果树修建、花卉园艺、家禽养殖的。刚开始听得人还挺多的，后来就没啥人来听了。听了也无用武之地啊。怀柔第五街区，快的话，这两年就过来了。再搞大棚养殖，刚建好就得拆，都是浪费。搞了也是浪费，村里也不提倡搞。农业技术培训了，也不能创业。

就生活服务类的创业而言，北房村不具备社会环境。即使学到技术，也没有适宜的创业环境，即使勉强开业，也很快面临倒闭。实地调研中，笔者发现北房村经营早餐店、饭馆、超市、蔬菜水果店或家电维修店的都是外地人，几乎看不到本地人的踪影。按理说，如果本地有新的商业机会，本地人应该更容易抓住时机。自己的房屋可用来做店铺的门脸，而且利用自己的社会关系和国家的优惠政策还可以不用缴纳税负。与外地人相比，本地人占尽了天时和地利，那又为什么没有自己创业经营的呢？多次访谈的结果发现，其中的原因就在于缺少"人和"因素。"买卖不养当乡人，外来的和尚会念经"。在北房村，本地人对本地商人持一种不信任的态度，认为本地商人不诚信，提供的商品质量有问题，提供的服务不好，就会骗钱，从而导致本地人创业多经营不下去。

> 村民：买卖不养当乡人，外来的和尚会念经！本地人，见不得好，邻居不能比自己好。不相信熟人，以为本村人买的东西质量次。酱油掺水，衣服啥的，偷工减料，坑他，骗他钱。本村人的活不长。外地人，觉得，东西好，质量好，潮流，时髦，效果好。瞧见对面菜市场，老头老太太买假药了吗？没办法小喇叭吹得响，破草烂叶，也金贵。老头老太太，压箱底儿的钱，舍不得花，全叫人给骗了。

> 村民：这村儿人，浑！浑得很！死认外地人，不认本地人。外地人开的店，一准儿红火，本地人开的店，就等着关门儿吧。

总体而言，目前北房村就业培训项目普遍存在与实际需求脱轨的问题。一部分表现为培训的项目与劳动力市场上的岗位需求不相符；一部分表现为培训项目与当地的发展规划相矛盾；还有一部分表现为培训项目重复单调虚走形式。造成这种现象的原因与培训项目的组织单位对村情缺乏了解，缺乏因地适宜，缺乏"据症下药"，缺乏部门间的协调统筹有很大的关系。

六　就业意愿对村民再就业的影响

除了以上因素外，就业意愿也是影响就业的内在因素之一，因此有必要从不在业人员的就业意愿出发，分析不在业人口的失业情况。

表2-10　　　　　不在业人口的健康状况和就业意愿　　　　单位：人、%

项目		人数	绝对比例	相对比例
不在业的劳动年龄人口	共计	21	100	—
打算找工作的人	小计	4	17.24	—

续表

项目		人数	绝对比例	相对比例
不打算找工作也不打算创业的人	小计	17	82.76	100
其中：	有劳动能力	13	62.07	75.00
	患病无劳动能力	4	20.69	25.00

资料来源：《农村基本公共服务调查项目》。

从不在业人员的就业意愿看（见表 2-10），绝大多数不在业人员没有就业意愿，虽然绝大多数不在业人员具备劳动能力。目前北房村不在业的劳动年龄人口中只有 17% 的人打算找工作，而其余 83% 的人并不打算找工作也不打算创业。在这些没有就业意愿的人中，只有 25% 的人是由于患有疾病丧失劳动能力才打消工作念头的，而其余 75% 具备劳动能力的人却不想工作或创业，属于自愿失业。总体而言，丧失劳动能力导致不在业的人口比例很小，绝大多数不在业人口的失业原因是没有就业意愿，属于自愿失业。为什么自愿失业的人口比例那么高？其中很重要的原因是村民有其他生计方式可以支持生活。

生计方式是影响就业状况的重要因素。笔者发现，北房村房屋、店铺租赁生意非常流行。部分村民即使不外出打工，也可以通过出租店铺和房屋获得一笔可观收入，让日子过得不错。尤其是近十年来，村中外来人口快速增多，房屋、店铺出租需求增长很快，几乎家家户户都搞出租，每月千块钱的财产性收入，并不比外出打工差很多，从而部分村民开始自愿失业。

对于城镇化过程中的京郊农村而言，财产性收入增加对村民就业意愿的影响将会越来越大。城郊接合部的广大农村，正处于从传统农村向小城镇的快速过渡中，人口集聚增多，致使土地资源越来越稀缺，可以预见财产性收入将成为本地村民收入的主要组成部分。村民生活环境变化、生计方式变更是影响就业的根本因素之一，笔者将在第五节和第六节对其进行分析。而下一部分，笔者先要对外来务工人员对本地村民就业的影响进行分析。

第四节 外来农民工对本地村民就业的影响

北房村周边企业的快速扩张，吸引了大批外来农民工前来寻找就业机会。而大规模外来农民工的迁入，也给当地劳动力市场以及村民就业造成了影响。我们知道，任何一家企业吸纳普通劳动力的能力都是有限的。在普通劳动力供给过剩的情况下，必定要有一部分人找不到工作，变成失业人口。在大量外来农民工不断涌入的情况下，相对企业有限的劳动力需求来讲，劳动力的供给显然明显过剩。而在激烈的就业竞争中，外来农民工为何能获得雇主青睐，本地村民输在哪里呢？本节将对外来农民工的就业状况进行分析，并通过比较外来农民工与本地村民就业差异来分析外来农民工对本地村民就业的影响。

一 外来农民工的基本现状

在对外来农民工和本地村民就业差异进行比较之前，有必要对北房村外来农民工的规模、年龄性别结构、受教育状况、精神风貌和就业概况进行介绍。

所谓的农民工是指，常年或大部分时间从事第二、第三产业的劳动力，但是户口性质仍然是农业户口，户籍在农村，有承包田，身份还是农民，不享受城镇居民的各种补贴，不享受公费医疗等劳保待遇，通常离土又离乡，在城市的厂矿、机关、企业、商业和服务业劳动的人（陆学艺，2002：170）。

由于毗邻 C 城区和北京雁栖经济开发区，北房村自然而然成了很多外来农民工的栖息地。截至 2013 年 7 月，在北房村登记居住的外来人口约有 2100 人，80% 以上的人都来自北京以外的农村地区，60% 的人居住时间超过 2 年，20% 的人居住生活时间超过 5 年。

"这些外地人都很年轻，白天在开发区上班，晚上回村租的屋里睡觉休息。"从村主任介绍的情况看，外来农民工都很年轻，且规模超过了本地村民规模。绝大多数是出于工作原因来此居住，而与本地村民最主要的联系是租赁房屋。

（一）外来农民工的人口学特征

外来农民工中劳动年龄人口比例很高，并且性别比平衡。笔者根据抽样调查得到的不同性别和年龄段的人口比例推测了外来人口的年龄构成。截至2013年7月共有外来人口2100人，其中16—59岁劳动年龄人口1422人，占68%；60—79岁中低龄老年人口397人，占19%；80岁及以下老年人口26人，占1%；15岁及以下少儿256人，占12%。总体而言，外来人口的年龄构成非常年轻，主要以劳动年龄人口为主，而且具有劳动能力的低龄老人也占一定的比例（见表2-11）。

表 2-11　　　　　　　　　外来人口的年龄构成　　　　　　单位：人、%

| | | 样本 | | | | | 总体 | | | | | |
| | | 合计 | | 男 | | 女 | | 合计 | | 男 | | 女 | |
	年龄组	人数	比例	人数	比例	人数	比例	人数	比例	人数	比例	人数	比例
儿童少年	0—15	20	12.2	13	16.25	7	8.24	256	12.17	164	16.23	91	8.24
劳动年龄人口	16—35	58	35.37	27	33.75	31	36.47	743	35.36	341	33.76	402	36.47
	36—59	53	32.32	24	30.00	29	34.12	679	32.32	303	30.00	376	34.12
	小计	111	67.69	51	63.75	60	70.59	1422	67.68	644	63.76	778	70.59
老年人口	60—79	31	18.9	14	17.50	17	20	397	18.90	177	17.52	220	20
	80+	2	1.22	2	2.50	1	1.18	26	1.24	25	2.48	13	1.18
	小计	33	20.12	16	22.50	18	21.18	423	20.13	202	20.00	233	21.18
全部人口		164	100	80	100.00	85	100.00	2101	100.00	1010	100.00	1088	100
		—	100	—	48.17	—	51.83	100	—	48.17	—	51.83

资料来源：《农村基本公共服务调查项目》。

从外来人口的性别构成来看，男女比例接近平衡。2100个外来人口中，男性人口1012人，占48%；女性人口1088人，占

52%。总人口中男女比例较为均衡。1422 个劳动年龄人口中，男性 644 人，占 45%；女性 778 人，占 55%。劳动年龄人口中的女性多于男性。423 个老年人口中，男性 202 人，占 48%；女性 221 人，占 52%。老年人口中的女性略多于男性。256 个儿童少年之中，男孩 164 人，占 64%；女孩 92 人，占 36%。未成年人中男孩明显多于女孩。

大批年轻外来人口的涌入将给本地劳动力市场带来一系列不可忽视的影响。当一大批年轻的外来人口涌入时，劳动力市场上的求职者将明显增多。在就业岗位无法快速增加的情况下，由于求职者的增多，找到工作的概率将下降，失业风险将上升。

（二）外来农民工教育程度构成

外来农民工的受教育程度以初高中文化程度为主，并且越年轻的人口受教育水平越高。总体来看，16—59 岁外来劳动年龄人口中，初中及以下文化程度的人占 41%；高中、中专及职高文化程度的人占 33%；大专及以上文化程度的人占 26%。老年人口中，初中及以下文化程度的人占 84%；高中及以上文化程度的人的比例占 16%（见表 2-12）。

表 2-12　　　　　　　　　外来人口的年龄构成　　　　　　　　单位：人、%

受教育程度	劳动年龄人口						老年人口	
	小计		16—35 岁		36—59 岁			
	人数	比例	人数	比例	人数	比例	人数	比例
初中及以下	44	41	8	14	36	69	31	84
高中、中专和职高	35	33	23	42	12	23	5	14
大专及以上	28	26	24	44	4	8	1	3
合计	107	100	55	100	52	100	37	100

资料来源：《农村基本公共服务调查项目》。

劳动年龄人口中，年龄相对偏老的 36—59 岁人口的受教育程度相对较低，而年轻的 16—35 岁人口的受教育程度较高。在年龄偏老的 36—59 岁人口中，初中及以下文化程度的人占 69%，高中、中专和职高文化程度的人占 23%，大专及以下文化程度的人仅占 8%。年龄较年轻的 16—35 岁人口中，初中及以下文化程度的人的比例下降到 14%；高中、中专及职高文化程度的人的比例上升到 42%，大专及以上文化程度的人的比例上升到 44%。绝大多数 36—59 岁人口的受教育程度都没达到高中，而绝大多数 16—35 岁人口的受教育程度都超过了高中，表明年轻一代的外来农民工具有更高的受教育水平，在劳动力市场上更具有竞争力。

将外来劳动年龄人口的受教育程度和本地劳动年龄人口的受教育程度进行比较可以发现，外来劳动年龄人口的受教育程度水平要高于本地劳动年龄人口，表明在学历水平上外来劳动年龄人口较本地劳动年龄人口更具竞争力，从而进一步加大了本地村民的失业风险。

(三) 外来农民工的吃苦耐劳精神

外来农民工还具有吃苦耐劳的精神，非本地人可比，这一点备受雇主青睐。北房村的外来农民工多来自经济落后、自然环境恶劣的边远农村地区，他们自愿离开家乡到城市闯荡，身上的那股吃苦耐劳的劲头是本地人所无法企及的。三伏天的正午，太阳毒辣的很，路边还经常能够看到外地来的做买卖的人辛勤劳作的身影。

> 外来农民工：一家四口都在这儿住，我、媳妇、闺女、儿子。租的房子 30 平，小了点，弄了两隔断，就更小了。孩子大了，分开睡。房租一个月 600 块钱，水电费按人头另算。我做两份工，在轧钢厂上班，装卸车，黑白倒班，一班 12 小时，下班了卖凉皮。只要不下大雨，天天出摊。三伏天，中午四十度，烤人冒烟，也出摊，天儿热，买的多嘛。天儿凉快，买的少。没歇过几天。歇一天，一二百块钱没了，舍不得歇。下午 6 点的班，一会儿媳妇从厂子里下班了，来接摊子，我就去上

班。我一天工作 16 小时，我媳妇一天工作 12 小时，身体还好，能扛住，抓紧时间多挣钱，多攒钱啊。没钱，干不动了，花啥？

在外来农民工中，像这家河南夫妇一样，每天超长时间的劳动，同时做多份工作的人并不少见。而这一点与本地村民是略有不同的。上面的分析中，我们发现，本村村民中有一部分人是不愿意工作的，而工作的那部分人也多是"朝九晚五"的相对清闲的工作模式，很少有村民会超时工作或同时做几份工作。下了班的时间，本地人多在家看电视、聊天、打麻将，而外地人还在家外奔波打拼。外地人吃苦耐劳的精神是本地人所不具备的。而他们年龄、体力、学历上的优势，以及吃大苦耐大劳的精神，都获得了雇主的青睐。来到这里，他们都能很快找到一份工作。即使工作待遇不及当地人，但是由于收入明显比家乡多，他们也愿意接受这份工作，认真做下去。

外来农民工：不能比，条件不一样。这儿的人，有房、有车、有存款，政府还给钱。我们什么都没有，政府也不给，只能拼命干。我房东，下班了，在家歇着，看看电视，打打麻将，挺舒服。我们，还得干活挣钱，没闲工夫。家里孩子上学得花钱、老人也得给点不，自己在外头，租房、吃饭都得花钱。不挣钱不行，挣慢了也不行。给人老板好好干活儿，下班再加加班，就能多挣点。趁年轻，还能干，得抓紧时间挣钱。

（四）外来农民工的就业现状

绝大多数外来农民工都有工作。1422 个劳动年龄人口中，有1202 个人有工作在业，占 85%；220 个人没有工作不在业，占15%。区分不同年龄段来看，16—35 岁和 36—59 岁劳动年龄人口的就业构成基本相同，无明显差异（见表2-13）。

表 2-13 　　　　　　外来劳动年龄人口的就业状况 　　　　单位：人、%

年龄组		样本（调查值）			总体（推测值）		
		合计	在业	不在业	合计	在业	不在业
16—59	人数	72	61	11	1422	1202	220
	比例	100	84.72	15.28			
16—35	人数	25	21	4	743	624	119
	比例	100	84.00	16.00			
36—59	人数	47	40	7	679	578	101
	比例	100	85.11	14.89			

资料来源：《农村基本公共服务调查项目》。

二　外来农民工与本地村民就业状况比较分析

理论上讲，大规模年轻劳动力的迅速迁入，势必会对一个地区的劳动力市场带来很大的冲击。外来劳动力会降低本地村民的就业率，增加本地村民的失业率。但是由于课题调查时间的限制，我们无法回溯到外来人刚进入的时刻，从一个较长的时间跨度分析外来劳动力对本地村民就业的影响。但是，我们从目前的就业状况仍然可以发现，本地村民的就业状况确实不如外地人。与外地人相比，本地村民的在业率相对较低，而不在业率相对较高。本地村民较低的在业率与就业市场上外来劳动力对本地劳动力的挤出效应是不无关系的。那么在大量外来劳动力迁入的情况下，本地村民的就业状况又是怎样的呢？是否在业率太低，而不在业率过高，本地村民的生活无法维续呢？

（一）本地村民和外来农民工就业率比较

外来农民工在业率明显高于本地村民，尤其是中年群体差距明显。从2013年本地劳动年龄人口的就业状况看，八成在业，两成不在业。本地劳动年龄人口共有1173人，其中910人有工作在业，占78%；263人没有工作不在业，占22%。与外来农民工相比，本地村民的在业率低 7 个百分点，不在业率高 7 个百分点，表明本地村民的就业状况总体上不如外来农民工（见表 2-14）。

表 2-14 　　　　　　　本地劳动年龄人口的就业状况 　　　　单位：人、%

年龄组		样本（调查值）			总体（推测值）		
		合计	在业	不在业	合计	在业	不在业
16—59 岁	人数	95	74	21	1173	910	263
	比例	100	77.59	22.41			
16—35 岁	人数	25	21	4	309	259	50
	比例	100	83.87	16.13			
36—59 岁	人数	70	52	17	864	651	213
	比例	100	75.29	24.71			

资料来源：《农村基本公共服务调查项目》。

分年龄段来看，年龄增大，在业率下降，不在业率上升。劳动年龄人口中，年龄偏大的 36—59 岁人口共有 864 人，在业人口 651 人，在业率为 75%；不在业人口 213 人，不在业率为 25%。年龄偏小的 16—35 岁人口共有 309 人，在业人口 259 人，在业率为 84%；不在业人口 50 人，不在业率为 16%。比较这两个年龄段人口的就业情况可知，36—59 岁人口的在业率比 16—35 岁人口的在业率低 9 个百分点，表明劳动年龄人口中年龄偏大的人群失业率会高一些，而年轻群体的失业率会低一些。

将 36—59 岁群体和 16—35 岁群体的就业状况与外来人口的就业状况分别进行比较发现，在 36—59 岁年龄组中，本地村民的在业率为 75%，外来农民工的在业率为 85%，本地村民的在业率比外来农民工低 10 个百分点，表明该本地村民年龄组的就业状况明显不如外来农民工。而 16—35 岁年龄组中，本地村民和外来农民工的在业率基本上都是 84%，表明该年龄段本地村民和外来农民工的就业状况基本一样。就本地村民和外来农民工就业状况的差异而言，本地村民的就业状况不如外来农民工乐观。分年龄段来看，年龄偏大的劳动年龄群体中，本地村民的就业状况明显不如外来农民工；而在年龄偏小的劳动年龄人口中，本地村民的就业状况和外来农民工基本一样。这也暗示了，外来劳动力迁入对本地就业市场的冲击，主要表现在对本地年龄偏大群体就业状况的影响上。而外来劳动力的迁入，很可能降低了本地年龄偏大的群体的在业率，但是对年轻劳动力群体的影响很小。

（二）本地村民和外来农民工工作信息获得渠道比较

外来农民工作为外来人口，是否在就工作信息获得途径上，与本地村民也存在差异呢？本地村民找工作的首要途径是依靠自己的亲戚朋友熟人，然后才是政府劳动管理部门。而外来农民工找工作的首要途径却是政府劳动管理部门，然后才是依靠亲戚朋友熟人。

根据问卷调查的结果，26%的外来农民工没有获得工作信息的渠道，74%的外来农民工都有获得工作信息的途径。外来农民工获得工作信息的渠道以人力资源市场等劳动管理部门和亲戚朋友熟人介绍的方式为主，这两种途径共占54%。其中通过人力资源市场等劳动管理部门获得就业信息的比例占28%；通过亲戚朋友熟人获得就业信息的比例占26%。自己亲自去企业门口寻找工作的比例也占到了7%（见表2-15）。

表2-15　　　　　　外来农民工获得工作信息的主要途径　　　　单位：人次、%

获得工作信息的主要途径	频次	比例
人力资源市场等劳动管理部门	29	27.62
亲戚朋友熟人	27	25.71
非政府组织的招聘会	8	7.62
互联网、报纸和电视等媒介	7	6.67
自己亲自去企业门口询问	7	6.67
私人职业中介机构	0	0
都没有	27	25.71
合计	105	100

资料来源：《农村基本公共服务调查项目》。

　　比较外来农民工和本地村民获得工作信息的主要途径可以发现，本地村民找工作的首要途径是依靠自己的亲戚朋友熟人，然后才是政府劳动管理部门。而外来农民工找工作的首要途径却是政府劳动管理部门，然后才是依靠亲戚朋友熟人。这表明，本地的政府和企业是鼓励外来农民工来这里工作的，至少没有排斥和阻止外来人来此就业。而本地村民和外来农民工找工作途径的颠倒关系，也反映出他们在当地拥有社会网络资源上的差异。

　　本地村民，由于在这里生活的时间足够长，亲缘、地缘关系为其积累了丰富的社会资源。在找工作上，他们更愿意通过亲戚朋友熟人等社会网络关系，获得一些非公开招聘的待遇较好的稀缺型岗位，而非对政府劳动部门外公开招聘的普通型岗位。

　　　　村民：去周边的厂子上班，不用找关系，直接去劳动局，参加招聘会，就行。可要是，想找好工作，就得找门子，托关系。轻快点的，干净点儿的，多拿钱的，没门子，没关系，进不去。孩子毕了业，家里有亲戚，能说上话，给牵了线，请请客，送送礼，工作就成了。你要是不找关系，别人找了关系，那你不就吃亏了吗？

　　与本地村民相比，外来人在本地新建立的社会网络显得非常薄弱。外来人的社会网络主要是基于亲缘和地缘的初级群体网络，并且他们的社会网络基本位于社会的底层，其中几乎没有真正掌握社会资源的个体。这种社会网络不仅网络面比较狭窄，并且联络力度也比较弱小。因此，外来农民工通过亲戚朋友熟人找工作的比例会低于本地村民，而通过政府部门组织的公开招聘活动寻找工作的比例大于本地村民。此外，外来农民工在主动上门寻找工作机会的比例也明显高于本地村民，表明外来农民工较本地村民的工作积极性更高一些。

外来农民工：在这儿打工，除了一起上班的，认识的人不多，更不认识大人物啊。本地村民表面上不说，心里看不起我们，混的时间再长，也只是见面打个招呼，没有真心对你好的。一起打工的老乡，关系是好，可也跟我们一样是打工的，没啥本事，也不认识什么人。出来找工作的，老乡也只能给捎个信儿，说那招人的，你去看看吧。用不用的，老板说了算。我们都去劳动局找工作，招工信息多，工作不难找。

（三）本地村民和外来农民工工作待遇比较

虽然从总体就业状况看，外来农民工的在业率明显高于本地村民，但是从月基本工资水平、保险、福利待遇、工作环境以及工作时长上，外来农民工不如本地村民。

第一，外来农民工的基本工资水平低于本地村民。我们根据怀柔区2013年的月最低工资标准1400元和劳动力市场上的主要月工资水平2000元，将劳动者的工资水平分为三档，比较本地劳动力和外来劳动力工资水平的差异。

表2-16　　　　外来劳动力和本地劳动力的基本工资水平差异　单位：人次、%

工资水平	本地劳动力		外来劳动力	
	人数	比例	人数	比例
p<1400元	16	13.33	10	16.13
2000元>p≥1400元	17	14.17	13	20.97
p≥2000元	87	72.50	39	62.90
小计	120	100	62	100

资料来源：《农村基本公共服务调查项目》。

从月基本工资水平的分布情况看（见表2-16），本地劳动者中有13%的人月基本工资未达到怀柔区最低工资标准；14%的人月基本工资水平位于1400—2000元之间，有73%的人月基本工资水平超过了2000元。总体讲，七成以上的本地劳动者的工资水平都在

2000 元以上，只有一成多点的人工资水平没有达到月最低工资标准。外地劳动者中有 16% 的人月基本工资未达到怀柔区最低工资标准；20% 的人月基本工资水平位于 1400—2000 元之间，有 63% 的人月基本工资水平超过了 2000 元。总体上，约 6 成外地劳动者的工资水平都在 2000 元以上，一成半的人工资水平没有达到月最低工资标准。比较本地劳动者和外地劳动者基本工资水平的差异可以发现，本地村民中月工资水平大于 2000 元的比例比外来农民工高 10 个百分点，未达月最低工资标准的比例比外来农民工低 3 个百分点，表明本地村民的月基本工资水平高于外来农民工。

第二，外来农民工的社会保险福利待遇不如本地村民。从保险福利待遇的情况看（见表 2-17），本地劳动者中没有任何保险福利的劳动者占 32%，其余 68% 的劳动者的工作岗位都提供了一些保险福利。在提供保险福利的岗位中，有 60% 以上的岗位都提供了标准的"五险"，但是提供公积金的岗位比例不足 30%。外地劳动者中没有任何保险福利的劳动者占 41%，其余 59% 的劳动者的工作岗位提供了一些保险福利。在提供保险福利的岗位中，有 70% 以上的岗位都提供了标准的"五险"，而提供公积金的岗位比例仅 23%。

表 2-17　　外来劳动力和本地劳动力保险福利待遇的差异　单位：人次、%

岗位提供的保险福利	本地劳动力		外来劳动力	
	人数	比例	人数	比例
没有任何保险福利	41	32.28	27	40.91
有保险福利	86	67.72	39	59.09
其中：养老保险	57	66.28	32	82.05
医疗保险	55	63.95	34	87.18
失业保险	51	59.30	31	79.49
工伤保险	53	61.63	30	76.92
生育保险	51	59.30	27	69.23
公积金	24	27.91	9	23.08
其他商业保险	6	6.98	2	5.13

续表

岗位提供的保险福利	本地劳动力		外来劳动力	
	人数	比例	人数	比例
共计	127	100	66	100

资料来源:《农村基本公共服务调查项目》。

比较本地劳动者和外地劳动者工作岗位的保险福利差异可以发现,本地劳动者拥有保险福利的比例比外地劳动者高 9 个百分点,表明本地劳动者的工作岗位的保险福利待遇明显比外来农民工好。但是,在拥有保险福利的劳动者中再进行比较发现,外来农民工拥有的保险福利反而比本地村民多一些,说明外地劳动者中,岗位福利待遇具有明显的两极分化特征。外地劳动者中,有相当一部分人的工作岗位不提供任何保险福利,而也有一部分人的工作岗位提供了很完善的福利待遇。

第三,外来农民工在有害环境中的工作比例明显高于本地村民。从劳动工作环境看(见表 2-18),本地劳动者中 55% 的人在较好的环境中工作,另有 45% 的人工作环境较差,其中常见的不好的环境类型有倒班、噪声和户外,分别占 50%、36% 和 22%。而在外来劳动者中一半的人在较好的环境中工作,另有一半的人工作环境较差,其中常见的较差的工作环境类型有倒班、户外和有毒有害气体或粉尘,分别占 52%、18% 和 33%。

表 2-18   外来劳动力和本地劳动力工作环境的差异   单位:人次、%

工作环境	本地劳动力		外来劳动力	
	人数	比例	人数	比例
环境很好	72	55.38	33	50.00
环境较差	58	44.62	33	50.00
其中:倒班	29	50.00	17	51.52
噪声	21	36.21	6	18.18
户外	13	22.41	11	33.33
有毒有害气体或粉尘	10	17.24	7	21.21

续表

工作环境	本地劳动力		外来劳动力	
	人数	比例	人数	比例
高低温	10	17.24	5	15.15
井下	4	6.90	0	0.00
其他恶劣工作环境	6	10.34	3	9.09
合计	130	100	66	100

资料来源:《农村基本公共服务调查项目》。

比较本地劳动力和外来劳动力的工作环境可以发现,外来农民工在恶劣环境中工作的比例比本地村民高5%,表明本地村民在优良环境中工作的比例相对较高,而外来农民工在恶劣环境中工作的比例较高。比较工作环境较差的类型发现,外来农民工的工作环境相对更为恶劣。外来农民工在户外工作的比例以及工作环境中存在有毒有害气体或粉尘的比例都明显高于本地村民。

第四,外来农民工劳作时间长于本地村民。我们根据周劳作时间40小时(每周工作5天,每天工作8小时,周工作时间合计40小时)和70小时(每周工作7天,每天工作10小时,周工作时间合计70小时)将劳动者的劳作时间分为三档,比较本地劳动力和外来劳动力在劳作时间上的差异。从周劳作时间看(见表2-19),本地劳动者中,周劳作时间未超过40小时的人占48%,37%的人的周劳作时间在40—70小时之间,另有15%的人周劳作时间超过70小时。外来劳动者中,周劳作时间未超过40小时的人占44%,39%的人的周劳作时间在40—70小时之间,另有17%的人周劳作时间超过70小时。

表2-19 外来劳动力和本地劳动力周劳作时间的差异 单位:人次、%

周工作小时数	本地劳动力		外来劳动力	
	人数	比例	人数	比例
t≤40	53	48.18	29	43.94
40<t≤70	41	37.27	26	39.39

	本地劳动力		外来劳动力	
t>70	16	14.55	11	16.67
小计	110	100	66	100

资料来源:《农村基本公共服务调查项目》。

从周劳作时间看,外来劳动者的劳作时间和本地劳动者的劳作时间分布相似,但外地劳动者中劳作时间较长的人的比例高于本地劳动者,表明外地劳动者的劳作时间略长于本地劳动者。本地劳动者中有五成的人的劳作时间未超过每周 5 天每天 8 小时的标准劳作时间,有四成的人的周劳作时间在 40—70 小时之间,一成多的人周劳作时间超过 70 小时。而在外来劳动者中,标准劳作时间以下的人的比例不到四成半,有四成的人周劳作时间在 40—70 小时之间,另有超过一成半的人周劳作时间超过了 70 小时。

三 为何外来农民工能够得到就业机会?

上节的一个重要发现是,当地劳动力市场上的工作岗位的获得存在两大门槛,一是较低的年龄,二是较高的学历。而比较外来劳动力和本地劳动力的年龄构成和受教育程度构成发现,外来劳动力的年龄构成比本地劳动力年轻一些,并且受教育程度并不比本地劳动力差,这使得外来劳动力,与本地村民相比,在劳动力市场上更具有竞争力。

"软的怕硬的,硬的怕不要命的"。外来劳动力在年龄、体力和受教育水平上都具有优势,并且有吃大苦耐大劳的拼搏精神,而本地村民在年龄、体力和受教育水平上都处于劣势,许多人的吃苦耐劳精神不及外来农民工。并且,农民工的参照系是老家的农民,因此对收入和工作待遇的预期值不高,在劳动力市场上基本上对职业不挑剔,任何脏累差的工作都做;而本地村民的参照系是农转非的村民,在收入和工作待遇上的期望值较高,再就业有选择性,有些报酬低，脏累差的工作就不想做。在这种就业思想下，当大规模的具有竞争优势的外来劳动力的迅速迁入，势必会对当地劳动力市场带来巨大冲击。尤其是在劳动力供给力超过企业的吸纳能力后，必定会使一部分自身条件差的人失去工作机会，变成失业人口。与年轻又能吃苦耐劳的外来劳动者相比，本地劳动者更可能成为失业者，从而导致本地失业人口增加和失业率上升。

实际情况与逻辑推导结果相符，外来农民工导致本地村民失业增加，本地村民失业比例高于外来农民工。其中，青年群体影响较小，而中年群体失业比例明显偏高，公共就业服务需求也随之增加。本地劳动年龄人口的在业率比外地劳动年龄人口的在业率低7个百分点，表明本地村民的就业状况总体上不如外来农民工。并且，外来农民工对本地 16—35 岁青年劳动力的就业状况几乎没有影响，对本地劳动力就业的负面影响更多地表现在 36 岁以上中年劳动力上。外来农民工导致中年村民失业上升，从而导致中年村民公共就业服务需求增加。由于外来农民工在年龄、受教育水平方面都比中年村民更具竞争力，并且愿意降低工作待遇以换取就业机会，中年村民不具有竞争力，因此要使中年村民就业，公共就业服务存在很大的难度和挑战。

第五节　收入渠道增多与就业服务需求减少

第一节到第三节笔者从政府对农村就业状况的干预出发，分析了征地和公共就业服务对农村就业状况的影响。第四节笔者从外来农民工对本地劳动力市场的冲击，分析了外来农民工对本地村民失业和公共就业服务需求的影响。第五节和第六节笔者将从生计方式变化切入，分析农村就业状况和公共就业服务需求的变化。就业状况与生活环境的变化，尤其是生计方式的变更有直接关系。而生计方式变更将直接影响村民的就业状况和对公共就业服务的需求。在我国社会经济快速发展期，生计方式的变更速度比以往任何时期都快，从生计方式变化切入是分析基本公共就业服务需求变化的新视角。

在北京大都市经济圈不断外扩的过程中，周边的工厂企业逐渐兴起和繁荣，吸引来了大批外来人口。而外来人口的到来，不仅给企业带来了廉价的劳动力，也给村民带来了新的收入来源和新的生计方式。由于外来人口的积聚，房屋需求的增加，村民们的房屋和土地开始变得格外稀缺有用，价格也跟着水涨船高。农村里出现了一种新的生计方式，依靠出租房屋和店铺来获得财产性收入，并且这种生计方式成为村里一部分家庭的主要收入来源。房屋所有权比以往任何时候都更为宝贵，原因是拥有房屋所有权就有了获利的机会。外来人口对房屋的需求，给村民创造了新的收入来源和生计方式，房屋租赁和店铺租赁到处可见。对于拥有较多房屋所有权的村民来说，即使不劳动也有一笔相对可观的收入，找工作的积极性自然不足，一部分村民开始自愿失业在家。

有条件出租房屋的村民主要有两种，一种是街边有门脸可供租赁的，另一种则是家中有闲房可供租住的。后一种情况比较简单，既是村民出租自己的房屋给外地人居住，村民从中获得房租收入。但是前一种情况相对比较复杂。在调查中，笔者发现，所谓的"门脸租赁"，不仅出租的是场地，而且还出租配套的营业执照。表面上外地人从本地人手中租来的只是门脸，但是更确切地说，应该是店铺。本部分将对这两种生计方式对村民自愿失业和公共服务需求减少的影响进行分析。

一 店铺出租、财产性收入增加与自愿失业

(一) 房东与外地生意人的关系概况

外来人从本地人那里租来店铺后，生意打理和生产责任就都是自己的事儿了。外来人也从心里认为自己只是从本地人那里租了经

营场所，生意则是自己一手打理，而非是在房东的店铺里打工。本
地人也习惯称呼这些外地人为租房客，而不是自己的雇工。

　　外来农民工：我们租的是房东的房子，营业手续和执照也
　　是房东以自己的名义帮办的。还有些炉子、锅碗瓢盆的也是房
　　东的，我们只要去办个健康证，添了点儿碗筷，就开业了，前
　　后不到一星期。按着营业执照说，名义店主是房东，但是实际
　　经营都是我们自己负责。卫生不合格、安全检查不合格也都是
　　我们自己担。房东只管收房租，只要我们按时交房租，其他事
　　一概不管。

　　当然，出于自身利益考虑，房东也会利用自己在当地的社会网
络之便，给租户的店铺开张提供一些有用的帮助。比如，代办开业
手续、营业执照等证件以及避税减税等方便。而房东也能从中获得
一定的利益补贴，比如再就业补贴金①等。这种互惠互利式的租赁
模式已经相当成熟。对于外地人来说，手续齐全，设备全面，极大
地缩短了开张前的筹备时间，可以尽早开张盈利；而对于房东来
说，店铺可以很快地出租出去，也可以尽快从中获得稳定可靠的租
金收入。

_____

　　① 对持《就业失业登记证》（注明"自主创业税收政策"或附着《高校毕业生自
主创业证》）人员从事个体经营（除建筑业、娱乐业以及销售不动产、转让土地使用
权、广告业、房屋中介、桑拿、按摩、网吧、氧吧外）的，在3年内按每户每年8000元
为限额依次扣减其当年实际应缴纳的营业税、城市维护建设税、教育费附加和个人所得
税。详情参见财政部、国家税务总局《关于支持和促进就业有关税收政策的通知》财税
［2010］84号。对于女年满40周岁以上、男年满50周岁以上的失业人员（以下简称
"4050"人员），依法申领个体工商户营业执照，从事经营的人员，由就业再就业资金给
予最长不超过3年的社会保险补贴。社会保险补贴只对单位应缴的社会保险费部分予以
补助，个人应缴部分仍由本人负担。补贴标准：养老、失业保险以本市上年度最低工资
标准为缴费基数；基本医疗保险以本市上年度职工平均工资标准的70%为缴费基数。遇
本市社会保险缴费标准调整时，按调整后的标准执行。详情参见北京市人民政府贯彻落
实《国务院关于进一步加强就业再就业工作文件的通知》（国发［2005］36号）。

外来农民工：我这小餐馆，刚闲了一星期，就租出去了。包子走了，驴肉火烧来，紧俏得很。就做餐饮业，不用换营业执照。以前的锅碗瓢盆、桌子凳子的，也省的他重买了。以我的名义开店，只要他每月营业额不超过一万，还不用交税呢。我呢，也能领到再就业补偿金。手续，家具齐全，还能免税，好多人都想租我的店呢。只要他交了钱，再花几十块钱办个健康证，很快就能开张挣钱，特方便。

（二）自愿失业——自营与出租的博弈结果

为了搞清楚房东为什么选择将自己的店铺租给外地人经营，而不是自己管理经营，需要比较两种方式下，房东的收支和盈余情况。处于理性人的假设，如果雇工自营的净收益大于租营，那么房东将选择雇工自营的经营方式；如果租营的净收益大于雇工自营，那么房东将会选择租营。从店铺的营业内容上看，绝大多数以餐饮、日用副食和小家电维修为主。由于受季节时令的影响很小，这类生意在一年四季的波动和间断情况很少发生，因此我们可以假设一年之中的收支是均匀分布的，并且可以方便地计算出每个年度的收支情况。而为了具体得出可比较的数据，我们从中选择早餐铺进行分析。这种店铺在此地是最常见到的，并且对固定资本和技能的要求都比较小，店铺面积基本上有 30 平方米，处于中间水平，在所有的店铺中具有较好的代表性。

我们选取了主干道十字路口附近的一家早餐铺进行调查和记录。一方面，由于国家对失地农民、"4050"失业人员自主创业，特别是个体户的纳税有优惠政策，这些店铺的净利润往往达不到起征点；另一方面，吃早餐的人一般都不要发票，因此可以不用考虑税收影响。此外，在计算毛收入的时候，我们暂且假设雇工自营和出租店铺的资本收入是相同的，并且以当前外地人经营的毛收入和纳税额为准。由于这些都是小本小利的生意，我们也并不是税务部门派来的收税查税的人员,所以在多次访谈后,我们从店铺外地老板那里获得了每月的毛收入和纳税情况,最终整理出房东在雇工自营和直接出租店铺情况下的收支状况和净收益状况。

表 2-20　　　　　　早餐店的经营方式和收益状况比较　　单位:元/月、天

方式	毛收入		隐形成本						净收益	
	资本	闲暇	时间成本	资本成本					资本	闲暇
				小计	房租	工人工资	原材料	辅材料		
雇工	12500	0	30	10300	2500	2800	4500	500	2200	0
出租	2500	30	0	0	0	0	0	0	2500	30

资料来源:根据老板的口述整理得到。

　　我们选取了北边十字路口的早餐店对雇工自营和店铺出租方式下的收支情况进行比较。目前来自河南的 50 出头的李大叔和爱人共同经营着这家 30 平方米的早餐店。从收入看,早餐店平均每天收入 350 元。早餐店的主要经营种类有包子、油条、米粥、鸡蛋汤、豆腐脑、馄饨和鸡蛋。其中油条 0.5 元一个,素包子、鸡蛋 1 元一个,米粥、鸡蛋汤和豆腐脑 1.5 元一碗,肉包子、馄饨 2 元一份。一般只需要 3—7 元就能吃饱。其中,周一到周五的时候,顾客较多,每天大约有 100 个顾客,平均每天的收益为 300—700 元。而周六周日顾客较少,每天大约有 50 个顾客,平均每天的收益为150—350 元。每月收入约合 12500 元。从费用看,最主要的是早餐制作成本,约 2500 元,包括面、油、菜、米、蛋、煤气六项。其中,一天用面量为 30 斤,单价 1.5 元,计 45 元;花生油和其他菜油用量在 2 升左右,均价 5 元,计 10 元;白菜、韭菜、茴香苗、香菜等蔬菜用量在 20 斤,均价每斤 1 元,计 20 元;猪肉日消耗量在 2 斤左右,均价 10 元,计 20 元;牛肉消耗量在 1 斤左右,均价25 元,计 25 元;鸡蛋 1 斤 5 元左右,每斤七八个,单价按 0.7 元

计算，每天大概需要 50 个，计 35 元。此外，蒸包子、煮粥、馄饨、鸡蛋汤，每天需要灌装煤气 1 斤，单价 3.5 元，计 3.5 元；炸油条每天需要无烟煤炭 5 斤，单价 1 元，计 5 元。粗略算来，每月制作早餐的费用约合 5000 元。在不考虑纳税的情况下，早餐店每月毛收入有 12500 元，刨去 5000 元的早餐制作费，2500 元的房租后，李大叔夫妇每月的净收益为 5000 元，平均每人净收入 2500 元（见表 2-20）。

在早餐店出租的情况下，房东每月的收入为房租 2500 元。除了账面收益之外，房东还有另外一笔隐形收益，即套取就业的社会保险补贴。如果房东符合再就业社会保险补贴的相关条件，房东还可以获得相应的社会保险补贴。按照当前灵活就业社会保险补贴标准计算房东获得的社会保险补贴如下：（1）基本养老保险以本市上年末职工月最低工资标准 1400 元为缴费基数，按照 28% 的比例，补贴 20% 的话，则每月养老保险补贴计 280 元；（2）失业保险以本市上年末职工月最低工资标准 1400 元为缴费基数，按照 2% 的比例，补贴 1.5% 的话，则每月失业保险补贴即 21 元；（3）基本医疗保险以本市上年职工月平均工资标准的 70% 为缴费基数，按照 7% 的比例，补贴 6%，则基本医疗保险补贴计 59 元。总和以上三项补贴，房东一共可获得的社会保险补贴为 360 元。再加上房租 2500 元的收入，每月的资金收入合计 2860 元。将店铺转租出去后，除了以上资金收入外，房东还有整月的闲暇时间可以自由安排，完全满足其对悠闲温饱生活的追求。

如果将早餐店雇工自营，房东的收入会提高，但是闲暇和生活质量会明显下降。我们以李大叔夫妇的经营状况为标准的情况下，帮房东计算了雇工自营情况下的收益状况。在房东不参与劳动的情况下，早餐店需要雇佣 2 个工人，按照怀柔区最低工资标准 1400元发给工人工资，则房东的工资支出为 2800 元，在毛收入和早餐制作成本不变的情况下，早餐店给房东带来的净收入为 2200 元。

加上社会保险补贴后，总收益为 2560 元。此时的资金收入低于店铺转租时的收入，而闲暇时间相同。在房东参与劳动的情况下，早餐店需要雇佣 1 个工人，房东的工资支出为 1400 元，此时，早餐店给房东带来的净收入为 3600 元。加上社会保险补贴后，总收益为 3960 元。此时，资金收入高于店铺转租时的收入，但是房东的闲暇时间却完全被剥夺。并且，早餐摊劳作的辛苦并非房东所愿或所能承受。上一节的分析中，我们发现本地的"4050"失业村民的身体健康状况不好，或多或少都有一些慢性病，不能从事过于辛苦的工作。对于大部分人来说，工作的目的仍然停留在获得收入的基础层面上。虽然亲自经营店铺有更高的收入，但是由于此类工作过于辛苦劳累，房东宁愿将店铺转租，仅收获房租也是一种不错的选择。就在他做出选择的同时，其就业状况也变成了自愿性失业。

外来农民工：开早餐摊，每天早上 4 点钟就得起来，包包子、馄饨，蒸包子了，5 点开始做豆腐脑和米粥，6 点架油锅炸油条营业，一直会忙到 9 点。等客人都走了，我们开始吃早饭，然后洗碗刷盆，收拾卫生，买菜，洗菜，为明天的早餐做准备……起早摸黑准备饭，到了正常吃饭的钟点，我们更忙更累。

村民：开早餐店，估计半夜就得起来准备吧，我心脏不好，受不了这罪。白天还得在出去买菜，都没个自个的时间了。挣得多，我也不想干，太累太忙，身体受不了，也不自由，哪怕我少挣点儿钱呢，也得顾着自己的老命啊，吃不了这个苦的，干不了。

事实上，店铺的收益情况与经营者的用心付出有很大关系。不同的经营者，付出的心思和体力不同，经营的收益就会有明显的差别。对于一个每天把全部心思放在生意上兢兢业业的经营者来说，往往会思考如何提高商品的质量，满足顾客需求，提供服务质量，这样生意和收益自然就会多一些。而从管理效率看，店铺出租的方式在最大程度上调动了实际经营者的工作激情。对于这些外地人来说，剔除需要交给房东的固定金额的房租外，其他额外的收入都归自己所有。这种激励机制使得租入者更愿意往店铺的经营上投入时间和精力，从而提高店铺的经营效益。店铺转租方式下，本地人和外地人的总体收益得到了最大化。

表 2-21　　　　　　　　　店铺出租和租金收入情况

单位：个、平方米、元/平方米、元/月

店铺类型	个数	平均面积	平均租金	房租收入
水果店	5	30	83	2500
蔬菜店	5	20	83	1700
早餐店	8	30	83	2500
饭馆	9	60	83	5000
小吃店（面饼铺子、卤肉店、驴肉火烧店等）	11	20	83	1700
家电维修店	5	30	83	2500
服装店	3	30	83	2500
便利超市	7	80	83	6700
其他	24	30	83	2500
总计	77	2772		231420

资料来源：通过调查员排查获得。

从调查员排查的情况看（见表2-21），目前有各类出租店铺77家，营业面积从10平方米到200平方米不等。全部店铺出租面积加起来合计2772平方米，每月租金收入约合23.14万元。如果以怀柔区职工月最低工资标准1400元计算的话，出租店铺的收入可以保障165人不用外出工作，待在家里收房租就能和外出打工获得同样的收入。

二　住房出租、财产性收入增加与自愿失业

除了店铺出租，还有另外一种出租，即居住房屋的出租。与店

铺租营的方式有所不同，房屋出租全部都是自营，既不转租，也无雇工，这与租房不会占用房东很多时间、无须特殊技能和管理成本低有很大关系。村民的闲暇时间就是在家待着收拾家务、打打麻将，看看电视，以及做些十字绣之类的手头活。从各家户拥有的出租房屋个数和租金收入的分布情况看，可以推测有多少人可以不必去工作，依靠出租房屋就能维持生活。

表 2-22　　　各家户出租房屋间数和租金收入的分布情况

单位：户、%、间、元/年、元/月

可供出租的房屋间数	家户数	所占比例	实际收入（以 2013 年为标准）			
			去年平均每月房租	去年平均每月出租间数	年收入	月收入
0 间	283	53.6	—	—	0	0
1—3 间	158	29.92	200	2.71	6504	542
4—6 间	62	11.74	200	3.86	9264	772
7—9 间	21	3.98	200	5.23	12552	1046
10 间及以上	4	0.76	2400	6.15	177120	14760
总计	528	100		—	205440	17120

说明 1：本表中的家户只是居住在同一院内的家庭，而非户籍登记意义上的户数。由于很多家庭虽然在户籍册上分了户，但是实际上还住在一个院子里，因此本表中的家户数要明显小于户籍登记意义上的户数。

说明 2：房租中不含取暖费、水电费等杂费，只是房屋的财产性收入。2013 年的房租多在 150—250 元之间，此处取平均值 200 元。

资料来源：通过调查员排查获得。

从 2013 年的情况看（见表 2-22），528 家户中有 283 户人家没有出租房屋，占 54%；有 245 户人家有闲房出租，占 46%。在有房屋出租的家户中，有 1—3 间房屋出租的家户有 158 户，在全村占 30%；有 4—6 间房屋出租的家户有 62 户，在全村占 12%；有 7—9 间房屋出租的家户有 21 户，在全村占 4%；有 10 间以上房屋出租的家户有 4 户，不到 1%。家里有 10 间以上房屋可供出租的，多是乡村旅店，房租价格也相对较高，按照我们租住的谢发旅店的两人间客房价格，每天 80 元计算，一个月的房租为 2400 元。每月的平均出租间数为 6.15 间，月房租收入为 18300 元，年房租收入为 219600 元，相当于 10 多个人的工资收入水平。其余小于 10 间房的家户都是普通的房屋出租户，房价相对便宜很多。一般的用于出租的房屋，面积多在 30 平方米左右，每月的房租约为 200 元，水电取暖费另付。对于房东来说，这 200 元就是房屋财产性收入。从 2013 年实际出租情况看，部分家户的房屋都有闲置，并未租满。平均来看，1—3 间房的每月平均出租间数为 2.71 间，出租率较高，平均每户每月房租收入 542 元，每年收入 6504 元，基本上可以满足两个老人的吃饭问题；4—6 间房的每月平均出租间数为 3.86 间，平均每户每月房租收入 772 元，每年收入 9264 元；7—9 间房的每月平均出租间数为 5.23 间，平均每户每月房租收入 1046 元，每年收入 12552 元，接近怀柔区务工人员的最低工资水平。

从房租收入情况看（见表 2-23），家里有 7 间以上房屋可供出租的家户，仅房租的收入就接近一个务工的最低工资收入水平。假设村民们更偏好于闲暇而非工作，那么家里有 7 间以上房屋可供出租的家户，就有一人自愿失业，那么自愿失业的人最少也有 25 人。

表 2-23	2013 年自愿失业人数和比例推算结果	单位：人、%
类型	人数	比例
不在业人口	413	100
自愿失业	190	46
其中：店铺出租	165	40
房屋出租	25	6
失业	223	54

从以上的分析来看，通过店铺出租，有 165 人自愿失业，而通过房屋出租，有 25 人自愿失业。综合二者，大约有 190 人自愿失

业。他们即使不出去工作，在家里收房租就能维持生活。在 413 个不在业人口中，符合自愿失业条件的人口比例达到了 46%。其余 223 人属于失业，占到了全部不在业人口的 54%。这部分既没有房屋和店铺可以出租，又处于失业状态的人才是政府就业扶助项目的重点人群。

在城乡接合部地区，伴随着经济生产方式的快速更替和提升，旧的谋生方式开始快速瓦解，而新的谋生方式随着经济社会的变迁而不断涌现。生产方式从传统农业生产向现代工业生产的过渡和发展，导致了劳动力需求和供给的结构性失衡，使得一部分人拥有了更好的就业发展机会，而让另一部分人失去了工作机会，从而产生贫富差距。而外来人口的大量迁入，进一步加重了资源环境的承载负担，土地和房屋变得格外稀缺珍贵。本地人手中的土地使用权和房屋所有权也成了一种可以获得收入的资本。租赁房屋这种新的生计方式在兴起和成熟，并且已经成为一部分人自愿失业的原因。

房屋租赁在使一部分村民自愿失业的同时，也解决了一部分外来人口的就业问题。外地人通过租赁店铺自主创业的形式实现了灵活就业。而基于调查员的排查结果，通过开店创业，有不少于 200 个外地人实现了灵活就业。

第六节　违章房屋拆除、重新失业与就业服务需求增加

店铺和房屋出租是村民家庭收入的重要来源之一。而经济收入状况是决定村民就业与否的重要因素。近年来村容整治过程中违章房屋拆除，房屋面积的减少，导致村民家庭收入减少。家庭收入减少，促使部分村民重新返回劳动力市场寻找工作，公共就业服务需求随着增加。

一 占街盖房、违章房屋拆除与房租上涨

(一) 房屋扩建与占街房屋的由来

过去七八年,由于村子里的外来人口越来越多增长,租住房屋的需求增长很快,几乎每家都扩建了自己的房屋出租给外地人住。最先扩建的是内院,但是自己家院内的地方"就那么巴掌大,里面盖满了",再想扩建房屋就只能往墙外盖,从而形成了"院内满满当当,街道两旁还竖着两排违章小房"。

院内基本上盖满了房屋,大部分家户没有院子。部分家户还在续接二楼,继续扩展房屋出租面积。由于没有院子,院子的功能由街道来承担。街边长年堆砌着柴草,破旧家具,还晾晒被褥和衣物。

> 村民:外地人多,租房子的就多。租房挣钱,院里都盖满了。住的靠里的,在院里盖。在路边的,院里盖满了,外面也能改。有的,恨不得把路都盖了。院里盖满了,柴火,破家具,啥的,没地放,只能扔路边。放房顶,不方便啊。家里老人做饭,腿脚不利索,柴火,放屋顶,烧火,做饭,就得爬梯子,太麻烦。

虽说街道不是任何人的特有财产,但是并非每家都有地理条件可以盖些外房。住在胡同里的,由于胡同空间小,无法加盖房屋。而街道较宽,临街的家户可以在街道两旁盖上一排外房。他们对街道具有一些特殊的使用权利,但是未临街的家户就没有这种特殊的使用权利。这种特权的分配是由自家房屋与街道的相对位置决定的。虽然占街房屋的地皮属于村民的集体财产,但是出租收入全归盖房者所有,并且是家庭收入的重要来源之一。

(二) 村容整治与违章房屋拆除

2013 年 7 月中旬,我们第三次走访时,正值北房村开展村容整

治工作。村容整治的目的是"保持街道通畅无阻，清理街道安全隐患"，而这些"安全隐患"不仅包括堆砌在街道两旁的木柴、废旧家具等不重要的财物，而且还包括占街房屋。由于占街房屋直接关系到村民的经济收入和切身利益，村民多不愿意拆除，但是在村干部的强制干预下，占街房屋全被拆除了。"从 2011 年 8 月开始搞村容整治工作以来，全村共拆除违章建筑 300 余处，18600 余平方米"。

> 村主任：近几年，沿街私搭乱建的很多，没宅基证不说吧，还影响村庄环境，关键是消防安全隐患太危险。原来 10 米宽的路，现在就剩 3 米了，有个火灾、地震、生病啥的，消防车、救护车都进不去。

> 村主任："村看村，户看户，群众看党员，党员看干部"，拆除违建工作影响村民经济收入，工作推进难度大。都靠租房挣钱，不肯拆。这样下去不行，我就拿我亲弟弟开刀。开始跟他说了很多次，都不同意拆，我撂狠话："你不主动拆，明儿一早就强拆你家的房子，我说到做到！"他不敢不听，全村第一个主动拆的。态度决心都下狠了，党员和村民代表们就纷纷带头拆除违章建筑了。从 2011 年 8 月开始搞村容整治工作，全村差不多拆除违章建筑 300 余处，累计 18600 余平方米。

（三）房租上涨

占街房屋的拆除，减少了房屋的供给量。而在房屋需求不断增长的情况下，房租开始上涨。在拆除违建房屋后，村里用于出租的房间减少约 200 间，占总出租房屋的 1/4。而剩下的出租房间，租金上涨 100 元左右。

> 外来农民工：原来这块都 150 元、200 元房租，现在都涨

价啦！

外来农民工：我们要搬家啦，现在租的房，马上要拆，得重找房。房租涨了，有的涨 50，有的涨 100！

虽然占街房屋拆除，村民可出租的房屋间数减少了，但是房租上涨，也增加了村民的房租收入。对于违章房屋较多的家户，村容整治导致房间减少较多，收入可能减少。而对于违章房屋较少的家户，租金上涨，收入反而可能增加。

二　占街房屋拆除对公共就业服务需求的影响

占街房屋拆除，村民财产性收入受到影响后，就业意愿和公共服务需求也将发生变化。从村民的房屋分布格局来看，临街道的家户几乎都有两三小间出租房建在街道上。并且每间出租屋每月会给房东带来 150—250 元的财产性收入。占街房屋拆除后，房租普遍上涨了 100 元左右，每间出租屋的租金大概在 250—350 元之间。

以村西的×姓人家为例，他家总共有 8 间出租屋，其中 2 间属于占街建筑。按照违章房屋拆除前的房租均价 200 元计算，全部出租的情况下，房租总收入是 1600 元，比怀柔区最低工资水平高出 200 元。[①] 2 间占街被拆除后，还剩下 6 间房屋可供出租，而房租均价上涨到 300 元，在全部出租的情况下，每月有 1800 元的收入，每月的房租收入还略有增加，并且明显高于怀柔区最低工资水平。

并非所有家户的房租收入都在增加，相当一部分家户的房租收入在减少，甚至没有房租收入。从违章房屋整治前后，每家出租房比例变化情况看（见表 2-24），无房出租的家户增加了一些，而有房可供出租的家户减少了一些。有房屋出租的家户比例从 2013 年

---

① 本书分析中，之所以选用区最低工资水平，而不用区平均工资水平，是因为村民和外来农民工的收入水平处于全区最底层，大部分人的基本工资都在区最低工资水平附近，选用区最低工资水平做比较，更接近群体均值。

的 46% 下降到 2014 年的 42%。在有房出租的家户中，4 间以下出租房的家户比例上升了，而 4 间及以上出租房的家户比例下降了。其中，有 1—3 间出租房的家户比例从 30% 上升到 32%；有 4—6 间出租房的家户比例从 12% 下降到 8%；有 7—9 间出租房的家户比例从 4% 下降到 2%，10 间及以上出租房的家户多是乡村旅馆，所占比例未受违章房屋整治的影响。

表 2-24　　　　　　　每家可出租房屋的分布表　　　　单位：元、户、%

可出租房屋间数	2012 年违章房屋整治之前			2014 年违章房屋整治之后		
	房租收入区间	家庭户数	所占比例	房租收入区间	家庭户数	所占比例
0 间	0	283	53.6	0	304	57.58
1—3 间	0—600	158	29.92	0—900	168	31.82
4—6 间	0—1200	62	11.74	0—1800	43	8.14
7—9 间	0—1800	21	3.98	0—2700	9	1.7
10 间及以上	0—24000	4	0.76	0—24000	4	0.76
总计	—	528	100	—	528	100

说明：房租价格不含水电取暖费，仅为房屋财产性收入。村容整治前，单间房屋租金大概在 150—250 元之间，这里取均价 200 元计算；村容整治后，单间房屋租金上涨到 250—350 元之间，取均价 300 元计算。

违章房屋拆除后，可供出租的房屋减少了，房租均价较整治前提高了 100 元左右。对于拆除违章房屋后，不再有房屋可供出租的家户来说，违章房屋拆除减少了财产性收入。而对于自家宅基地较大，受拆除违章房屋影响较小的家户来说，政府拆除违章房屋，房租上涨后，财产性收入反而有所增加。因此，政府拆除违章房屋的行为，除了导致 21 户人家失去房租收入以外，还在有房屋出租的家户中重新分配了房租收入。对于房屋较多的家户，房租总收入增长了，而对于房屋较少的家户，房租收入进一步减少了。

房租收入减少，促使村民重返劳动力市场，公共就业服务需求增长。对于违章房屋被拆除的家户，尤其是那些不再有房屋可供出租的家户，房租收入的减少，可能导致这些村民的"保守工资"下降，从而倾向于重新返回劳动力寻找工作，增加对公共就业服务的需求。

第七节　结论与思考

伴随着城区经济不断向外扩张，城郊地区的广大农民正在向非农产业领域转移。尤其是在征地之后，农村剩余劳动力快速析出，对公共就业服务的需求迅速增加。而征地后就业安置标准不一和户籍分化进一步导致村民公共就业服务获得权不平等。极少数"农转非"人员可获得相对较完善的城镇公共就业服务。失地农民只能获得较差的农村公共就业服务，不仅非农业技能培训项目较少，而且保障力度不够，服务不到位。小城镇人口更是处于一种尴尬的三不管地带，既不能获得城镇公共就业服务，也不具有享受农业公共就业服务的户籍资格。

村民对公共就业服务总体评价普遍不好，其中的重要原因是，农村公共就业服务供给并没有深入到群众中去。大部分村民并不了解公共就业服务，不清楚公共就业服务内容，也不清楚自己可以获得哪些公共就业服务。而实际参加公共就业服务的村民更少，大多数村民没有享受到任何公共就业服务。此外，村民了解相对较多的再就业培训效果也不好，而原因也是多方面的。其中，再就业培训项目设置与市场需求不匹配是主要原因之一。目前农村就业培训项目普遍存在与实际需求脱轨，重复单调、虚走形式的问题。培训的项目与劳动力市场上的岗位需求不相符，或培训项目与当地的发展规划相矛盾，或培训项目重复单调虚走形式。培训项目规划缺乏联系实际村情，缺乏因地适宜，缺乏"据症下药"，缺乏部门间的协调统筹。除此之外，村民就业意愿不强烈、健康状况、教育状况等自身条件不佳，以及劳动力市场上的年龄壁垒、学历壁垒也是导致再就业培训效果不好的主要原因。

外来农民工的涌入不仅改变了村民的生活环境，也改变了村民的公共就业服务需求。就业机会缩小和财产性收入增加降低了村民的就业意愿，也减少了村民的公共就业服务需求。其一，外来农民工在年龄、体力和受教育水平上有优势，并且有吃大苦耐大劳的拼搏精神，而本地村民在年龄、体力和受教育水平上都处于劣势，许多人的吃苦耐劳精神不及外来农民工。竞争力不足导致村民，尤其是中年人，失业风险加大，就业意愿降低。其二，外来人口持续增长，房屋需求持续增加，使村民从房屋租赁中获得的财产性收入快速增长，并已经成为部分村民最重要的生计方式，增加了村民自愿失业的比例。财产性收入已经成为决定村民就业与否的重要因素。财产性收入的增减，直接决定着村民就业与否，进而影响了农村失业人口数量和村民对公共就业服务的需求。

所谓"天地位焉，万物育焉"，位者安其所也，育者遂其生也。如果每个人都能找到适合自己的位置和生计方式，依靠自己的力量生存、成长和发展，那么就不再需要政府的干预和帮助。然而，在实际变动不居的社会里，并非所有人都能适应环境的快速变化而安其位遂其生，政府的干预和帮助是非常有必要的。随着生产方式的快速更替，很大一部分知识、技能、素质落后的人将被甩入失业大军，但其中并非所有人都真正需要政府帮助。由于财产性收入的增加在很大程度上弥补了失业带来的损失，具有财产性收入的无业之人多是自愿失业。只要市场发展能够保证其财产性收入，无须政府帮助，他们依然可以有稳定的收入和高质量的生活。实际真正需要政府公共就业服务帮助的是那些体质、知识、技能欠缺并且没有土地、房屋等生产资料的小部分人。这部分弱势群体无法在劳动力市场上找到工作，同时也没有财产性收入，极易陷入贫困的泥沼，应该是公共就业服务的重点对象。其中以农村中老年群体和城镇低素质外来农民工居多。并且他们失业的原因往往是多方面的，并非

"千人一药，万人一量"的公共就业服务所能解决。针对这部分弱势群体，政府需要根据个人失业原因，提供"对症下药"式的就业服务，此外，还有必要增加对弱势群体的政府转移支付，以保证其基本生活的维持和社会治安的稳定。

针对北房村的具体情况，可从以下几点做出改善：

第一，完善建设征地补偿安置办法，明确就业安置责任。

当前，建设征地补偿安置办法不完善是农村失业问题形成的首要原因。而当前我国正处于城镇化的快速发展阶段，城郊农村土地征用是必然趋势，因此有必要尽快完善就业安置办法。其中，最重要的是明确规定土地征用单位的就业安置责任，增强就业安置办法的法律约束力，以保证失地农民能够再次就业或者获得失业补偿。

第二，加强公共就业服务的宣传力度，并将就业服务深入到群众中去。

当前农村公共就业服务中政府职能缺失严重，绝大多数村民不了解公共就业服务也是农村失业问题严重的重要原因。因此，基层村组织要加强对农村公共就业服务的宣传力度，并将就业服务深入到群众中去。不仅要让农民充分了解自己可以获得的公共就业服务项目和内容，而且也要让村民能够真正获得就业服务，而公共就业服务参与率的提高将有助于减轻农村失业问题。

第三，调整就业培训项目，以适应市场需求。

就业培训项目与劳动力市场需求不匹配是导致就业服务效果不好的重要原因。随着城郊地区经济社会的快速发展，农业就业比例快速减少，而工业和服务业就业比例快速增长。许多农业技能培训项目已经不再适用，政府有必要根据劳动力市场需求，及时减少农业技能培训项目，增加非农技能培训和服务业技能培训项目，以适应市场发展的需要。

第四，创造条件使村民适应工作纪律，调动村民的工作积极性。

对工作纪律不了解，惧怕新工作是村民就业意愿不高的内在原因。政府有必要组织村民学习工作纪律的相关知识，提高村民对工作纪律的了解程度，帮助村民克服对非农就业的心理惧怕感。同时，还有必要宣传劳动光荣，懒惰可耻的价值观念，调动村民参加工作的积极性。

第五，严禁企业招聘中不合理的年龄限制，鼓励企业聘用大龄劳动人员。

目前我国劳动力市场上的普遍存在不合理的年龄门槛，超过35岁的农村劳动人员就很难实现就业。而这群人往往上有老下有小，家庭负担较重。失业将直接降低全家老小的生活质量，并且对劳动力也是一种极大的浪费。因此政府有必要出台政策，废除企业招聘中不合理的年龄限制条件，并鼓励企业聘用农村大龄劳动人员。

第六，增加对弱势群体的政府转移支付。

由于受教育水平太低，身体素质太差，农村确实还存在一部分无法实现就业的失业人员，其中又以中老年人居多。对这部分弱势群体，即使多次培训，也无法实现就业。因此，政府有必要增加对该弱势群体的财政转移支付，以保证其基本生活的维持和社会治安的稳定。

第三章

北房村的基础教育需求与供给

教育是实现个人身心健康、技能提高、国家经济发展和社会进步的重要动力，而基础教育是国家在教育领域内提供的基础性公共服务，是实现国民公平发展、国家繁荣富强、社会长治久安的前提保障。根据《国家基本公共服务体系"十二五"规划》目标，"十二五"期间，我国进一步健全基本公共教育服务体系，建立以义务教育为核心、涵盖学前教育和高中阶段教育的基本公共教育服务体系，完善进城务工人员随迁子女、家庭经济困难学生和残疾学生的教育保障政策体系，基本建成服务全民的教育信息与资源共享平台。

社会经济发展越快，教育服务需求的变化也就越快。伴随着城区经济辐射能力的快速扩散，城郊农村地区的经济生产方式、劳动力就业方式，以及儿童青少年的教育服务需求已经转型进入到小城镇阶段，非农就业和教育收益差异促使父母对子女教育期望的提高和实际投入的快速增加。但是，城郊农村的教育服务供给仍然停留在农村阶段。教育需求的快速增长与供给不足，成为农村地区教育服务的主要矛盾，并由此引发了一系列新问题。在城乡教育资源分配不均等的环境下，为了追逐稀缺教育资源，学生呈现出梯度流动的新特点。进城择校成为城郊农村富裕家庭获得优质教育资源的首选策略。而留村就读学生与外来农民工子女的受教育状况也表现出不平等的现象。这种教育资源获得的不平等将给他们的生命历程带来长远的影响。本部分将对北房村教育服务需求增长及原因、教育服务供给现状、满意度及原因进行分析,具体内容安排如下:第一节,非农就业引致的教育需求变化;第二节,教育需求增加与家庭负担加重;第三节,农村教育服务供给现状与居民的不满意;第四节,农村教育服务供给不足与进城择校;第五节,外来农民工子女教育服务获得不平等的现状及平等化的希望;第六节,本章小结。

第一节 非农就业引致的教育需求变化

教育需求的增长源自教育收益的正向激励。如果在劳动力市场上,受教育水平越高的劳动者,可以获得越多的收益,那么,教育需求将会增长。随着城郊农村非农就业成为主流,劳动力市场上教育收益差异对村民教育需求的影响越来越明显。高教育水平高收入的诱导信号,使得父母更愿意增加对子女教育的投资。怀柔就业市场上教育收益的差距到底有多大呢?我们有必要对其进行考证。本部分将对怀柔就业市场上不同教育水平可以获得的就业岗位和工资福利待遇的差距进行分析。

一 非农就业的学历门槛与岗位要求

学历是进入非农岗位的重要力量,而且在岗位分流中起到了决定性的作用。与传统的农业生产对教育水平没有硬性要求相比,非农就业则需要有一定基础的教育水平。绝大多数非农就业岗位对学历和职业技能都有一定的要求,其中,学历是求职道路上最难跨越的门槛之一。它将一部分不符合条件的求职者排除在岗位之外,而使一部分符合条件的求职者更加接近就业岗位。对于不同的求职者而言，由于教育水平不同，可应聘的岗位不同，工资水平和社会待遇也存在明显的差异。

> 村民：出去找工作，没学历，可不行。农民，土里扒食，不要学历，可种地太苦了。
>
> 村民：我儿子专科，工作了，工资低。他说，要是本科学历的话，工资能多涨一千。又报了专接本，考本科证呢。
>
> 村民：文凭就是敲门砖，没有文凭，连门都敲不开。

从劳动力市场上招聘职位的学历要求看（见表3-1），大部分岗位都有学历要求。根据怀柔人力资源网2014年2月11日—5月1日发布的328条招聘信息（涉及招工人数1224人），我们整理得到劳动力市场上不同岗位的学历要求情况。工资待遇越高的岗位，对学历要求越高。而少数对学历没有要求的岗位也会对技能有一些特殊要求。例如"二保焊工"、"3D设计员"岗位都对职业技能有非常明确的要求。总体而言，绝大部分的劳动力市场上招聘职位对学历都有所要求。

表3-1　怀柔劳动力市场上的招聘岗位、学历要求和工资待遇

单位：元/月

学历要求	招聘职位	工资水平			社保福利
		最低	最高	平均	
本科及以上	办公室副主任、策划专员、机械设计工程师、电气设计工程师、软件设计、司机、涉外会计、外贸业务员、外贸助理、业务员、试验员、销售内勤、国际贸易业务经理、设备主管	3649	5686	4668	都有5+1
大专	出纳、会计、行政人事专员、网管员、办公室助理、质管助理、营业管理人员、财务（出纳）、办公室文员、预算员、资料员、装饰装修预算员、3D设计、出口报关专员、国际贸易业务助理、行政管理、企划部经理、机修工、电气维修、业务经理、业务人员、审计员、网络维护、网页设计、会计、技术主管、质量主管、业务员	2478	3910	3194	大部分5+15

续表

学历要求	招聘职位	工资水平			社保福利
		最低	最高	平均	
高中	网站客服、淘宝客服、司炉工、司机兼业务、堆焊焊工、裁剪工人、店面销售员、库工、操作工、二保焊工、小型封闭货车司机	2363	3266	2814	部分有3
中专					
无	营销业务员、资料员、二保焊工、装饰装修预算员、3D设计师	2614	5273	3943	个别有3

说明1："5+1"代表五险一金：养老保险、失业保险、工伤保险、医疗保险、生育保险和住房公积金。"3+1"代表三险一金：养老保险、失业保险、医疗保险和住房公积金。"5"代表五险：养老保险、失业保险、工伤保险、医疗保险、生育保险。"3"代表三险：养老保险、失业保险、医疗保险。

说明：2：岗位招聘信息来自怀柔人力资源网2014年2月11日—2014年5月1日的328条招聘信息，涉及招聘人员1224人。

二　非农就业岗位的教育收益差异

在非农就业领域，不同受教育水平劳动者的工资待遇和社会地位存在明显差异。学历越高，工资水平、福利待遇和社会地位也越高。根据怀柔人力资源网2014年2月11日—5月1日发布的328条招聘信息（涉及招工人数1224人），我们整理得到劳动力市场上不同学历水平的求职者可以获得的招聘岗位类型、工资水平和社会福利待遇情况。通过比较不同学历求职者的工资水平、福利待遇和招聘职位的差异，可以了解劳动力市场上教育收益的差异及其对教育投入的影响。

（一）教育收益的工资差异

教育水平越高，工资水平越高。从有学历要求的岗位工资待遇看，无论是最低工资、最高工资，还是平均工资，都表现出学历越高，工资待遇越高。对于"高中或中专"学历的求职者来说，劳动力市场上的月平均工资是2814元，最低工资和最高工资分别是2363元和3266元。"大专"学历求职者的工资待遇略高于"高中或中专"学历的求职者，其平均工资是3194元，最低工资和最高工资分别是 2478 元和 3910 元。"本科"学历求职者的工资待遇，无论是平均工资还是最低工资，都明显更高；其平均工资是 4668 元，最低工资和最高工资分别是 3649 元和 5686 元。而劳动力市场上对学历没有要求的岗位，多需要一些职业技能，主要针对的是技能工人。这些技能工人可以获得的工资待遇要高于"高中或中专"和"大专"学历的求职者，但是仍然明显低于"本科"学历的求职者。

（二）教育收益的福利待遇差异

教育水平越高，用人单位提供的社保福利越好。对于无高中学历的职业技能型的求职者，用人单位往往是小规模私营企业或者个体户，一般不提供任何社会福利，只有个别用人单位为职工提供"三险"。对于"高中或中专"学历的求职者来说，有一部分用人单位为其提供"三险"，但是大多数企业不提供公积金。对于"大专"学历的求职者，大部分用人单位都会提供"五险一金"；而对于京外户籍的职工也会提供"五险"。对于"本科及以上"学历的求职者，用人单位都会提供完备的"五险一金"。随着学历的提高，用人单位提供的社会保险福利也越来越优厚。

（三）教育收益的职业声望差异

教育水平越高，可获得职业的声望越高。除了工资收入和社会保险福利之外，职业声望也是衡量教育收益的一个主要方面。根据中国的传统价值观念，对家族来说，获得一份远离生产线的管理类工作是一件光荣的事情。

> 村民：想让孩子将来好，不用像我们这样，土里扒食，又累又挣不到钱，还让人瞧不起。让他好好读书，将来做一名经理啊、工程师啊，工作轻快，挣钱还多，待遇也好。工作环境好，办公室里干净，冬天有暖气，夏天有空调。走到哪儿，人都说孩子有出息，也给我们争光了。

从不同学历的求职者可以获得的职位来看，学历越高，职位的声望越高。对于"高中或中专"及以下学历的求职者来说，可获得的职位多是电焊工等生产一线的、较沉重的、较危险的、较脏的体力型劳动岗位。这类工作也多是传统价值观念中职业声望较差的工作。对于大学及以上学历的求职者来说，可获得职位多是相对轻松、较干净的办公室脑力型劳动岗位。这类工作在传统价值观念中，具有较高的声望。而在"本科"及以上学历的求职者可选择的职位中，还有"主任"、"主管"、"工程师"等职业声望更高的职位。也就是说，学历越高，职位声望也越高。

总体而言，无论从工资待遇、社会保险福利，还是职业声望上比较，学历越高，获得的教育收益就越大。尤其是本科学历的求职者可获得的工资收入、社会保险福利和职业声望都明显高于其他低学历的求职者。劳动力市场上学历和收益之间的这种变化规律，使得父母更倾向于增加对子女的教育投资，尤其是要获得本科学历，以保证子女成年后有一个较好的收入水平、较高的社会保险福利和社会地位。

第二节　教育需求增加与家庭负担加重

较高的受教育水平不仅意味着更高更稳定的工资收入，而且意味着更好的职业和更高的社会地位。无论是劳动力市场上教育收益的诱导信号，还是中国父母重视子女教育的优良传统，都使父母更倾向于提高对子女的教育投入。近年来，非农就业市场上教育水平门槛的不断提高，促使父母增加对子女教育的投入。

一　村民教育需求逐代增长

教育需求增加是受教育水平提高的前因。而村民受教育水平逐代提高的变化趋势表明教育需求在逐代增加。从北房村不同出生队列人口受教育水平的变化趋势看，队列人口的受教育水平在不断提高，尤其是 1980 年以后出生的人口的受教育水平较之前的队列人口有一个很大幅度的提高。

表3-2　　　　北房村不同出生队列人口的受教育水平分布情况　　单位：人、%

出生年份	样本		未上学		小学		初中		高中、中专和职高		大学	
	人数	比例	人数	比例	人数	比例	人数	比例	人数	比例	人数	比例
—1949	50	100	8	16	17	34	19	38	5	10	1	2
1950—1959	62	100	3	5	18	29	26	42	13	21	2	3
1960—1969	65	101	1	2	4	6	39	60	18	28	3	5
1970—1979	42	101	0	0	4	10	18	43	16	38	4	10
1980—1989	72	100	0	0	1	1	3	4	37	51	31	43
1990—1999	32	101	0	0	0	0	6	19	13	41	13	41

资料来源：《农村基本公共服务调查项目》。

抽样数据显示（见表3-2），1949 年及以前出生的人口中，未上过学的人口比例为 16%；小学文化程度的人口比例为 34%；初中文化程度的人口比例为 38%；高中及以上文化程度的人口比例仅为 12%。20 世纪 50 年代出生人口的受教育水平略高于建国之前出生人口。在 50 后出生队列中，未上过学的人口比例下降到 5%；小学文化程度的人口比例下降到 29%；初中文化程度的人口比例上升到 42%；高中及以上文化程度的人口比例上升到 24%。20 世纪 60 年代出生的人口的受教育水平高于之前出生队列人口的受教育水平。具体来看，60 后队列未上过学的人口比例下降到 2%；小学文化程度的人口比例下降到 6%；初中文化程度的人口比例上升到 60%；高中及以上文化程度的人口比例上升到 33%。20 世纪 70 年代出生的人口的受教育水平较之前出生的人口有明显改善。在 70 后队列中，未上过学的现象基本消失了。小学文化程度的人口比例继续保持在 10% 以下；初中文化程度的人口比例下降到 43%；而高中及以上文化程度的人口比例继续上升到 48%。80 后队列比 70 后、60 后和 50 后队列有大幅提高。初中及以上文化程度的人口比例已经下降到 6% 以下，高中及以上文化程度的人口比例上升到了 94%，其中，高中、中专或职高文化程度的人口比例上升到 51%，大学及以上文化程度的人口比例上升到 43%。90 年代出生人口的受教育水平仍然在提高。90 后人口中，仍然有一部分人还在学龄阶段，他们的终身受教育水平目前还无法确定。但是从目前的受教育水平可以判断出，90 后人口基本上都上了初中，其最低受教育水平已经提高到初中及以上，较之前出生队列的教育水平有所提高。

总体而言，低文化水平的人口比例随着出生队列的变化在快速下降，人口的整体受教育水平在迅速提高。尤其是 20 世纪 80 年代以后出生的人口，受教育水平较之前出生的队列有一个跳跃性的提高。

北房村人口受教育水平的快速提高，也间接反映了人们教育需求的快速增长。近 60 年来，受出生人口快速减少的影响，学龄人口的规模在快速减少。受教育人口规模也在减少，但人们的教育需求结构却一直在快速升级。与老一代人相比，新一代人更倾向于延长教育年限，而获得更高的学历水平。农村人口教育需求结构的快速升级，要求教育供给结构快速升级，尤其需要注重增加对高等级教育的供给。

村民：肯定是啊，孩子上学比大人多。时代往前发展呢，没文化不行，这，越往后，越得多上学，要不怎么养活自己。我们小的时候，虽说家里也让我们上学，可没现在这么重视，学个初中、高中，就够啦。现在，可不行啦，怎么着，也得让孩子上个大学，才能找工作。

村民：村里没地了，孩子将来肯定也不种地。种地太苦！就得好好供孩子上大学，将来找个好工作。我，现在做着 2 份工，为了就是给两孩子攒足上学的钱。虽然工作很辛苦，但是想到孩子将来可以轻快些，我就值得。

二 教育投入增加与家庭负担加重

教育期望的提高，导致父母对子女教育投入的增加，进而导致家庭负担的加重。目前，除9年义务教育阶段以外，其他各阶段的教育费用都明显更高一些，并且教育阶段越高，教育费用越多。因此，父母对子女教育期望的提高，必然将导致家庭教育投入的增长。对于经济条件较差的家庭而言，高额的教育费用将给家庭带来沉重的财务负担。

（一）家庭教育投入的增加

教育阶段越高，教育费用越多，父母对子女教育期望的提高将使得家庭教育投入增加。问卷调查数据显示，除小学和初中义务教育阶段的子女教育费用较低外，学前、高中、中专、职高和大学教育阶段的子女教育费用明显更高，并且教育阶段越高，教育费用越高，即孩子要接受更高的教育，家庭必须支付更高的费用。

表 3-3 2013 年不同教育阶段的子女教育费用 单位：元、人、%

每学年的教育费用	学前		小学和初中		高中/中专/职高		大学	
	人数	比例	人数	比例	人数	比例	人数	比例
p<5000	5	27.78	14	53.85	2	12.50	1	16.67
5000≤p<10000	11	61.11	6	23.08	8	50.00	1	16.67
10000≤p<20000	2	11.11	4	15.38	5	31.25	2	33.33
p≥20000	0	0.00	2	7.69	1	6.25	2	33.33
小计	18	100	26	100	16	100	6	100

资料来源：《农村基本公共服务调查项目》。

从分教育阶段来看（见表 3-3），小学和初中义务教育阶段的子女教育费用最低。在义务教育阶段，54%的学生的年教育费用没有超过 5000 元；23%的学生的年教育费用在 5000—10000 元之间；23%的学生的年教育费用超过了 10000 元。大学教育阶段子女的教

育费用最高。在大学教育阶段，66%的大学生的年教育费用超过
10000元；17%的大学生的年教育费用在5000—10000元之间；还
有17%的大学生年教育费用低于5000元。学前、高中、中专和职
高教育阶段子女的教育费用居中，并且高中、中专和职高教育阶段
的教育费用高于学前教育阶段。在学前教育阶段，61%的学前儿童
的年教育费用在5000—10000元之间，28%的学前儿童的年教育费
用未超过5000元，另有11%的学前儿童的年教育费用超过了10000
元。在高中、中专和职高教育阶段，50%的学生的年教育费用在
5000—10000元之间；38%的学生的年教育费用在10000元以上；
仅13%的学生的年教育费用低于5000元。

（二）家庭负担加重

教育投入的快速增长给部分家庭带来沉重的经济负担。由于对
子女的教育非常重视，中国家庭的父母在子女教育方面秉持的都是
"只要孩子能考上，砸锅卖铁都得让孩子上学"！的竭尽全力支持态
度。即使教育费用很高，家长也不愿放弃子女接受更好教育的
机会。

绝大部分家庭能负担起义务教育阶段的教育费用。但对于承担
义务教育阶段以外的子女教育费用，有近一半的家庭存在一定程度
的困难。从问卷调查的结果看，分教育阶段来看（见表3-4），在
义务教育阶段有31%的家庭对负担子女教育费用存在困难；在学
前、高中、中专和职高教育阶段，这一比例上升到44%；在大学教
育阶段，该比例上升到50%。

表3-4　　　　　2013年不同教育阶段的子女教育费用　　单位：元、人、%

教育费用的	学前		小学和初中		高中、中专和职高		大学	
家庭承担能力	人数	比例	人数	比例	人数	比例	人数	比例
不能负担	0	0.00	0	0.00	0	0.00	0	0.00
勉强负担	8	44.44	8	30.77	7	43.75	3	50.00
能够负担	10	55.56	18	69.23	9	56.25	3	50.00

续表

教育费用的	学前		小学和初中		高中、中专和职高		大学	
小计	18	100	26	100	16	100	6	100

资料来源:《农村基本公共服务调查项目》。

第三节　教育服务供给现状与居民满意度

教育期望的提高,一方面导致家庭教育投入增加,另一方面也导致教育服务需求快速增长。虽然目前北房村的 9 年义务教育供给情况不错,学校硬件设施和师资力量比周边村好很多,但在教育期望快速提高的情况下,大部分村民对教育服务并不满意。北房村村民教育需求结构快速升级与农村义务教育供给滞后成为当前农村地区公共教育服务的主要矛盾。

一　北房村公共教育服务的满意度及不满意原因分析

九成村民对农村公共教育服务不满意,"义务教育年限太短"是不满意的主要原因。问卷调查的结果显示(见表 3-5),92%的受访者对当前农村公共教育服务表示不满意。其中,不满意的主要原因有"义务教育年限太短"、"农村和城市差距太大"以及"教学质量不好",频次出现的比例分别为 76%,51% 和 21%。总之,"义务教育年限太短"是村民对农村公共教育服务不满意最主要的原因。

表 3-5　　　村民对公共教育服务的满意度及不满意的原因　单位:人次、%

态度	原因	频数	比例
满意		6	8.00
不满意		69	92.00

续表

态度	原因	频数	比例
不满意的原因	义务教育年限太短	52	75.58
	农村和城市差距太大	35	51.16
	教学质量不好	14	20.93
	教学设施太差	5	6.98
	省份地区之间差距太大	0	0
共计		75	100

资料来源：《农村基本公共服务调查项目》。

二 村民对延长农村义务教育年限的看法

大多数村民认为有必要将高中教育和学前教育都纳入义务教育的范畴。问卷调查数据显示，90%的被访者认为有必要将高中教育纳入义务教育的范畴，只有11%的被访者认为没有必要；91%的被访者认为也有必要将学前教育纳入义务教育的范畴，认为没有必要的被访者只占9%。

表3-6　　　村民对高中和学前教育纳入义务教育范畴的态度　　单位：人、%

态度	高中教育		学前教育	
	人数	比例	人数	比例
有必要	67	89.33	68	90.67
没必要	8	10.67	7	9.33
小计	75	100	75	100

资料来源：《农村基本公共服务调查项目》。

在对义务教育延长方案的看法上（见表3-7），96%的受访者认为义务教育应该延长，仅4%的受访者认为不用延长。其中，49%的受访者认为当前的义务教育既应该向高中阶段延长，同时又应该向学前阶段延长。41%的受访者认为义务教育应向高中阶段延长，而5%的受访者认为义务教育应向学前阶段延长。就村民对义务教育延长方案的看法而言，多数村民认为义务教育应该向高中和学前延长。如在二者之间做个选择的话，村民认为更应向高中阶段延长。

表3-7　　　　　　村民对义务教育延长方案的看法　　　单位：人、%

延长义务教育	人数	比例
高中和学前	37	49.33
高中	31	41.33
学前	4	5.33
不用延长	3	4.00
小计	75	100

资料来源：《农村基本公共服务调查项目》。

总之，在劳动力市场上的教育收益的诱导信号、学历门槛、征地后非农就业压力的综合作用下，父母对子女的教育投入在快速增长，教育需求结构也在快速升级。在当前农村义务教育供给相对滞后的情况下，大部分村民认为当前的"义务教育年限太短"、"农村和城市差距太大"以及"教学质量不好"。而且绝大部分村民认为有必要延长当前义务教育的年限，将高中教育和学前教育纳入义务教育的范畴。

第四节　教育资源的城乡差距与进城择校

父母对子女教育期望的快速提高，推动了农村公共教育服务需求的快速增长，但农村地区的教育供给增长缓慢，在教学质量、师资水平、教学设施等方面仍然与城市存在着明显的差距，这使得经济条件较好的家庭更倾向于将子女送去市区更好的学校就读。在这个城郊北房村，进城择校的现象非常普遍。

一　进城择校现状

城郊北房村，学生进城择校现象非常普遍。问卷调查显示（见

表3-8)，学前教育、义务教育和高中、职高、中专教育阶段，都
存在一定程度的进城择校现象。对于学前教育阶段的儿童，在本镇
接受学前教育的比例占56%，在本镇之外上学的比例达到44%。其
中约33%的儿童选择去怀柔城区公办学校接受学前教育，另有11%
的儿童选择去北京市其他公立学校。中小学生中，在本镇接受教育
的比例为54%，在本镇之外上学的比例为46%。其中在怀柔城区公
办学校上中小学的比例为42%，另有4%的学生在北京市其他公办
学校就读。在高中、职高和中专教育阶段的学生中，约69%的学生
在怀柔城区公办高中就读，约31%的学生在北京市其他公办学校
就读。

表3-8　　　　　　　　　　不同教育阶段的择校情况　　　　　　　单位：人、%

就读学校	学前教育		义务教育		高中、职高、中专教育	
	人数	比例	人数	比例	人数	比例
北房镇公办学校	8	44.44	14	53.85	0	0.00
北房镇私立学校	2	11.11	0	0.00	0	0.00
怀柔城区公办学校	6	33.33	11	42.31	11	68.75
北京市其他公办学校	2	11.11	1	3.85	5	31.25
小计	18	100	26	100	16	100

资料来源：《农村基本公共服务调查项目》。

　　由于离北房村最近的高中在怀柔城区，北房村学生基本上都在
怀柔城区读高中，极少数在读职高和中专的学生会选择怀柔区以外
的学校。因此，从高中、职高和中专教育阶段的学生就读学校分布
情况，不好判断是否存在进城择校的现象。然而，从学前教育和义
务教育阶段学生就读学校的分布看，北房村学生的进城择校现象明
显。其中，学前教育阶段的进城择校比例为44%，义务教育阶段的
进城择校比例为46%。

二　进城择校的原因分析

（一）A村教育供给能力

对北房镇中心小学的师生的访谈中发现，幼儿园和中心小学不存在严重供给不足的现象，有能力为本地学生提供足够的教学设备和师资配置。因此，可以肯定本地学生外出择校的原因是为了获得更好的教育，而并非本地教育供给不足。近几年，由于本地学生的进城择校越来越普遍，本镇幼儿园和中小学校出现了本地生源不足的现象。在本地中小学校里，本地的生源相对较少，而外来农民工子女明显更多一些。

> 小学教师：我教的这个班，一多半都是外来农民工子女，本地孩子只占个1/3。其他年级的情况都差不多。都是外来农民工子女多，本地孩子少。这些本地孩子，也多是家庭条件一般的，不太好的。城里学校比村里的好，村里有条件的，都把孩子送城里上学去了。

（二）北房村教育质量相对较差

近十几年，农村地区的办学质量明显提高，但城乡之间的教育差距仍存在，尤其是师资力量等的差距非常明显。自2006年以来，为缩小城乡教育差距，北京开始选拔城区优秀教师到农村中小学支教，但是由于大部分支教年限仅有一年，仍然未能完全解决城乡教育在师资力量上的差距。而频繁更换和适应新的老师，也影响了学生的学习状态和成绩的稳定性。

> 村民：这儿的学校设施还行，老师年龄大，学历也不高、教学质量比城里差远了。每年有从北京第二实验中学来的支教老师，总是待一年就走的，孩子刚适应了老师的教学风格，就

被调走了，还得重新适应新的老师。我二女儿从小学一年级到五年级，已经换了3个老师了，成绩也跟着忽上忽下的。为了稳定孩子的成绩，我们好多家长都向学校反映，让老师能固定下来。

（三）城乡教育差距与进城择校

城乡教育差距的存在使得有条件的家庭，大多选择将子女送到城区学校就读。问卷调查数据显示（见表3-9），选在本镇就读的主要原因是"离家近，照顾孩子方便"和"费用少"，而选择到镇之外就读的主要原因是"基础设施好"和"教学服务质量好"。其中，选择在北房镇公立学校就读的原因中，"离家近，照顾孩子方便"约占51%，"费用低"约占41%；选择在北房镇私立学校就读的原因中，"离家近，照顾孩子方便"约占67%，"费用低"也占到了33%；选择在怀柔城区公立学校就读的原因中，"教学服务质量好"约占43%，"基础设施好"占到了31%；"离家近，照顾孩子方便"占到了26%；而选择在怀柔城区公立学校就读的原因中，"教学服务质量好"占到了53%，"基础设施好"占到了40%。

表3-9　　　　　　　　　　择校原因分析　　　　　　　　单位：次、%

择校原因	北房镇公办学校		北房镇私立学校		怀柔城区公办学校		北京市其他公办学校	
	频次	比例	频次	比例	频次	比例	频次	比例
离家近，照顾孩子方便	19	51.35	2	66.67	16	26.23	0	0.00
费用少	15	40.54	1	33.33	0	0.00	1	6.67
基础设施好	1	2.70	0	0.00	19	31.15	6	40.00
教学服务质量好	2	5.41	0	0.00	26	42.62	8	53.33
小计	37	100	3	100	61	100	15	100

资料来源：《农村基本公共服务调查项目》。

三　进城择校的成本和家庭负担

"到城区上学"预示着更美好的将来，但同时进城择校也意味着更远的家校距离和更沉重的教育费用负担。

（一）交通成本

进城择校的交通成本更高。本镇内学生的上学距离一般只需步行5—10分钟。而去城区上学的上学距离明显更远。以北房村委会为起点，怀柔区人民政府为终点，估计去怀柔城区上学的学生每天花费在路上的时间。根据百度电子地图的显示，北房村委会到怀柔区人民政府的距离为8公里。对于骑车上学的学生来说，以自行车速度15千米/小时计算，那么单程大概需要30分钟。对于一个每天往返家校两趟的学生来说，每天花费在路上的时间为2小时；而对于一个中午在学校吃饭，每天仅早晚往返家校的学生来说，每天花费在路上的时间为1小时。即使家庭条件好一些的学生，父母可以开车接送，按单程时间15分钟计算，学生全天花费在路上的时间为1小时。去城区就读的学生的交通成本都要明显高于在本镇就读的学生。

> 村民：我儿子和外甥都在怀柔城区读书，每天晚上8点，都得提前给家打电话，问他爸有空来接不？还是他姑父接去？村里到城里的公交车半个小时才有一趟，晚上早早就没车了，来回上学都得我们接送。两家都忙，经常忘了接送孩子的时间，每天接送孩子都成了个事。我和他姑家就商量着来，今天你接送，明天我接送，这样还省事。

（二）教育费用成本

进城择校的教育费用成本更高，家庭教育负担更重。虽然目前跨区就读不再收取借读费，但是进城择校的教育费用仍然很高，其中最主要的花销是在争取入学资格上。由于好学校资源有限，想进好学校比较困难，需要托关系，送礼。

村民：我们家孩子去年想到怀柔区六小上学，因为孩子不在他们的服务区，学校说没座位了，入不了学。后来我老公找了个教育系统的同学，托关系，送了几万块钱，才进去。光进校门，就得花几万块钱，没办法，这不是为了孩子能上个好学校吗。

由于托关系上学的事并不光彩，被访者往往避而不谈，对于托关系送礼上学的费用也无法准确估计。但是，通过比较不同学校学生的教育费用可以推断，进城择校的教育费用高于在本镇就读的费用。目前，北房镇没有高中、中专、职高和大学，只有幼儿园、小学和初中。为了比较出镇就读费用和不出镇就读费用的差异，我们仅对学前教育阶段和义务教育阶段不同就读学校的教育费用进行比较。

表 3-10　　　　　　　　就读学校的教育费用分布情况　　　　　　　单位：人、%

每学年的教育费用	镇公办学校		镇私立学校		怀柔城区或北京市其他公办学校	
	人数	比例	人数	比例	人数	比例
p<5000 元	15	68.18	0	0.00	4	20.00
5000≤p<10000	6	27.27	2	100.00	9	45.00
10000≤p<20000	1	4.55	0	0.00	5	25.00
p≥20000	0	0.00	0	0.00	2	10.00
小计	22	100	2	100	20	100

说明 1：本表中的学生不包括高中、中专、职高、大学生及以上学历的学生。

说明 2：数据来自《农村基本公共服务调查项目》。

在本镇就读的学生中（含公立和私立），每学年的教育费用在 5000 元以下的占 63%，年教育费用在 5000—10000 元之间比例为 33%。而在城区公办学校就读的学生中，每学年的教育费用在 5000—20000 元之间比例约为 70%。其中，在 5000—10000 元之间的比例约为 45%，而在 10000—20000 元之间的比例约为 25%。与本镇就读的学生的年教育费用相比，进城择校学生的教育费用更高。

由于进城择校的教育费用更高，且入学难度大，进城择校的学生家庭大多有着较高的收入和较好的社会关系网络。对于家庭经济条件较差的外来务工者的子女来说，进城择校的教育负担较重，且很难找到接收学校。对于这些学生来说，只能留在服务区内的学校就读。正因如此，才有了本地学校里"挤满了外地学生和穷孩子"的现象。而与外来务工者的子女相比，由于本地人的户籍身份，即使再穷的本村学生，仍能享受到一些特权。教育资源在不同户籍身份之间呈现出不平等。

第五节　外来农民工子女的教育现状与问题

本村学生与外来务工者子女的教育不平等，不仅发生在初升高阶段的教育分流和义务教育阶段的资源获得上，而且也发生在"参加高考的权利"上。本部分将以问卷调查数据以及深度访谈的定性资料为基础对外来农民工子女的教育问题进行分析。

一　外来农民工子女的教育获得情况

目前不同教育阶段的外来农民工子女的就读学校分布情况，可以较好地反映外来农民工子女与本村学生的教育不平等，包括公立幼儿园入园难，以及初升高的教育分流情况。

（一）外来农民工子女的学前教育获得情况

大部分外来农民工子女在北房村接受学前教育。目前，约七成的学前教育阶段的外来农民工子女在北房镇私立幼儿园就读，仅约三成在北房镇公立幼儿园、怀柔区公立幼儿园以及怀柔区外北京地区其他公立幼儿园就读。从学前教育阶段就读学校的分布情况判断，对于外来农民工子女而言，由于存在公立幼儿园入园难的问题，绝大多数只能在私立幼儿园入托（见表3-11）。

表3-11　　　**不同教育阶段外来农民工子女的就读学校情况**　　单位：人、%

就读学校	学前教育		义务教育		中专和职高		高中	
	人数	比例	人数	比例	人数	比例	人数	比例
公立学校	2	15.38	10	62.50	0	0.00	0	0.00
私立学校	9	69.23	0	0.00	0	0.00	0	0.00
怀柔城区公立学校	1	7.69	3	18.75	5	62.50	0	0.00
怀柔区外北京地区公立学校	1	7.69	3	18.75	3	37.50	0	0.00
怀柔区外北京地区私立学校	0	0.00	0	0.00	0	0.00	0	0.00
老家私立学校	0	0.00	0	0.00	0	0.00	1	100.00
小计	13	100	16	100	8	100	1	100

资料来源：2013年《农村基本公共服务调查项目》。

（二）外来农民工的义务教育获得情况

外来农民工子女多在北房村公立学校接受义务教育。目前，六成以上的义务教育阶段的外来农民工子女在北房镇公立学校就读；仅二成左右的外来农民工子女在怀柔区公立学校和怀柔区外的北京市其他公立学校就读。2010年，北京开始废除了《中、小学学生学籍管理办法》，新办法规定非京籍学生享受同等入学待遇。但此待遇仅限义务教育阶段，不包括高中和高考。因此在义务阶段外来农民工子女可以全部都在公立学校就读。

（三）外来农民工子女初升高阶段的教育分流和退学问题

目前，北京市仍然不允许非京籍学生在京高考，外来农民工子女在初升高阶段出现教育分流的现象。由于无法升入北京的高中，外来农民工子女开始转入职业技校，或回老家读高中，或者直接退学。其中，退学现象较为严重，成为影响外来农民工子女人力资本积累的重要原因。

初升高阶段有明显的教育分流现象。问卷调查显示，初中毕业后仍然继续上学的9个外地学生中，没有人在北京继续读高中，只有一人回老家在私立学校读高中，其余8个外地学生都在北京读职中或中专。在当前教育政策规定外地学生不能在北京参加高考的情况下，外地学生一般不会继续在北京读高中，而是回老家就读高中或在北京读职中或中专。在初升高阶段，外地学生面临着教育政策强约束下的分流现象，其无法依靠自己的能力自由地选择和改变自己的教育经历。

以上数据只能反映在读外地学生初升高教育分流情况，而并不能反映初升高阶段的退学现象。实际上，由于目前的教育政策不允许外地学生在北京高考，这在一定程度上加重了初升高阶段外地学生的退学概率。我们根据一位刚上职业中专一年级的河南籍学生的描述，还原她所在的初中毕业班学生的分流情况。

> 村民：我们初中毕业班一共35个学生。外地学生20个人，北京本地学生15个人。初中毕业后，我们外地学生里，差不多有7个上了职中，8个不上了，3个回老家上高中的，只有2个找关系的在北京继续上了普通高中。本地学生里，有11个上高中了，2个上职中，还有2个没考上高中复读的。哎，我没有北京户口，不能高考，老师之前还劝退，家里没关系就不能上高中，其实我的成绩比他们好。

根据这位学生的叙述，我们绘制了本地学生和外地学生在初升高阶段的教育分流情况如下。

从这15个本地学生的教育分流情况看，本地学生读高中的比例达到87%，只有13%的人选择读职业中专，且无人退学；这与我们通过访谈村民获得的信息是一致的。"现在条件比以前好多了，村里的孩子没听说退学不上的，基本上都能上大学，本科不见得都能考上，最次也能考上个专科。"而从20个外地学生的教育分流看，读高中的比例只有20%，读职业中专的比例为35%，约40%的外地学生退学。与本地学生的教育分流情况相比，外地学生出现了

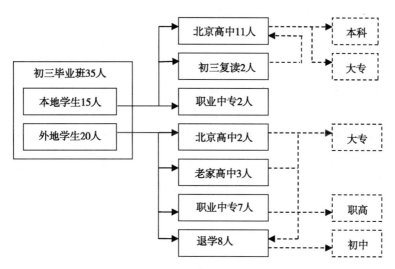

图 3-1　初中毕业后本地学生和外地学生的教育分流情况

"不让考上去"的现象，而且其中有一部分学生结束了教育历程。

二　外来农民工子女教育获得障碍

在义务教育阶段，外来农民工子女的教育获得存在严重障碍。2010 年，北京开始废除《中、小学学生学籍管理办法》，规定非京籍学生享受同等入学待遇。但此待遇仅限义务教育阶段，并不包括高中和高考。正因如此，学校经常以此为由，在教程安排和资源分配上，倾向于本地学生，外来农民工子女的部分权益得不到有效保障。

　　外地农民工子女：我们班的外地学生比本地学生学习好，不让我们参加高考，就不能在这儿上高中，不能在这儿上高中，也就没必要在乎我们考啥样。就是因为我们不是北京户口，好多评优活动都不让我们参加。市三好学生，我都被选上了，可后来老师说，只有本地学生能评，外地学生不能评。老师的理由是我不能在北京上高中，就算推优了，这些荣誉也是白白浪费了。不如让给本地的学生。

在劝退行为面前，取消参加推优的权益，算是小事。由于外地学生不能在北京上高中的根本原因，初三时针对外地学生的劝退行为，也是北京初中学校的一项普遍的做法。面对年年增长的外地学生和北京有限的优质教育资源。为保证班级的升学率，保证本地人的教育权益不下降，只能劝退外地学生。其背后的根本原因是优质教育资源的有限性与教育需求增加之间的矛盾。

> 村民：一旦这些外地孩子在北京参加了中考，大量进入高中，挤占优质学位、提高北京的高考录取分数线，就会降低北京本地学生的录取率，这些都是小问题，更严重的是，在北京读高中的外地学生太多了，那到高考的时候，就不好办了。你说，那么多人都在这儿上了高中，却不让高考，外地人不得跟你闹啊。让外地人在北京上高中，不好弄，干脆就不能让他们入学的好。

户籍制度背后所代表的教育获得权在教育分流上得到了充分体现。"它将社会上一部分人屏蔽在分享城市的资源之外"（李培林主编，2003：95，客观上形成了"一等学生"与"二等学生"这种不平等的身份格局。尤其是在初升高阶段，户籍制度的作用好比是一位在轨道分叉口的换轨者，针对不同户籍身份的人，给出不同的轨道。经过这个分叉口，曾经在统一轨道上行驶的人生列车开始转入不同的轨道，开往不同的目的地，或前途注定一片光明，或前途注定一片黯然。而在户籍制度面前，人们无法依靠自己的能力进行自由地选择和改变自己的身份。对于社会地位较低的外来农民工阶层及其家人来说，通过教育来实现阶层流动的途径被剥夺了。

三　外来农民工子女回老家读书面临的困难

虽然外地学生初中毕业后还可以回老家继续读高中，但在实际中却面临很多困难。首先，择校入学困难；其次，很难适应老家的教学环境；最后，他们还会面临与父母长期分离以及无亲人照顾的困难。

（一）入学困难

"北京的中考成绩，老家不一定承认"，学生回老家读高中会遇到择校入学的困难。由于各地中考的考试内容和难易程度都有所不同，尤其是北京地区的中考相对容易一些，京外高中普遍不承认北京的中考成绩。因此，本地学生回老家就读高中时，将在择校入学方面上遇到困难。如果自家有社会关系，还可以选择托关系、送礼的路子，从而为孩子找到一所普通高中就读。但如果自家没较好的社会关系，孩子也只能去私立高中上学。

> 外来农民工：在北京上的初中，回老家上高中，公立高中都不承认中考成绩。北京的教材简单，考试也容易，老家的教材老难了，考试也难。在北京考了90分，回老家考试也就考个50分。北京的分，老家都不认。回老家上高中，公立学校不好进，都是看分数的，达不到分数就得交钱。没有分数，在没关系也不好弄，就得交最高档的钱。找找关系，还能省点儿钱。去私立高中，也看分数，也得交不少钱。

（二）环境不适应

"在各个方面，老家比北京差得太多"，对于在北京生活习惯了的外地学生来说，回老家会有些不适应。而由于无法适应老家的环境，一些学生只能重新回到北京。

外来农民工：去年我送两个孩子回老家读书的，他妈跟着回去照顾他们。可在老家学了才一个月，实在不适应，就都又回北京了。大部分回老家读书的孩子都不适应。北京学校的条件不知道比老家好多少倍呢，北京的教室又干净又亮堂、书桌又新又好；老家的教室就是几间破房子，书桌没书兜，还是以前用草绳缠的那种呢。北京这边知识教的浅，老师讲得也活泼生动，学生也轻松。老家知识教的深，老师也严格，学生特累，很多回老家读书的孩子刚开始都听不懂，跟不上，都得留级蹲班才行。我闺女还听不懂河南老家的方言，跟老师同学没办法沟通，只能回北京了。

（三）无人照顾

如果孩子回家上学，孩子和家人就要面对长期分离和无亲人照顾的困难。

外来农民工：来北京上学的孩子，都是父母在北京工作，家里没人照顾，才来的。现在让孩子回老家读高中，父母也会受牵连。要是父母双方都跟着孩子回老家的话，就挣不到钱了，收入就减少了。要是父母一方跟着孩子回老家，家人就得长期两地分居了，而如果父母不跟孩子回老家，（由于）老家没有人照看孩子，父母也多放心不下。我是不打算让她回老家上初中，老家没人帮着带孩子，只能在这儿上学。一个女孩子家，在我们身边，离得近，也还放心。回家没啥人帮着带孩子，一个女孩子我们怎么能放心哪？好多孩子回到老家都没办法待下去。就我知道的，在这儿一直念下来的孩子，很少走的，凑合着都在这儿了，或者在北京打工或者念个职中。

综合考虑各方面的因素后，绝大多数外来农民工子女会选择继续留在北京，或继续上职业中专或退学打工。在目前的教育制度和其他因素的抑制下，他们可能永远都拿不到正式的大学学历，这严重影响外来农民工子女人力资本的积累。对于学历水平和职业性质以及工资待遇关系在上一章和本章开头部分都有详细的分析，结果显示，学历对失业概率、可获得的职业岗位以及工资待遇都有明显的影响作用。而外来农民工子女资本积累水平低的事实，在他们走上劳动力市场后将影响他们的职业选择、工资收入和生活水平。

四　教育获得不平等与预期收益差异分析

教育获得的不平等将导致预期收益的差异。如果教育投资和收益的正向关系是成立的，那么根据当前本地学生和外来农民工子女的教育分流情况，以及劳动力市场上不同学历的招聘职业和工资待遇，我们可以推测本地学生和外来农民工子女未来的预期教育水平以及在劳动力市场上的职业选择和工作收入状况。通过比较本地学生和外地学生未来的教育水平以及劳动力市场上的收益状况，不仅可以发现二者的差异，而且还可以大致预测本地学生和外地学生在成年后的阶层分化情况。

（一）本地学生和外来农民工子女的预期教育水平分析

本地学生未来的预期学历将主要以本科和大专学历为主，而外来农民工子女的预期学历将以职高、中专和初中为主。根据当前怀柔区劳动力市场的岗位招聘情况预测，本地学生的预期职位类型主要是专家、技术人员及有关工作、政府官员和企业经理、事务工作者和有关工作者、销售工作者以及服务工作者，预期工资收入主要在3200—4700元之间，并且用人单位大多提供"五险一金"的社保福利待遇。而外地学生未来的教育水平主要以职高、中专和初中为主，预期职位类型主要是服务工作者、生产和有关工作者、运输设备操作者和劳动者，预期工资收入主要在2800—3950元之间，且用人单位基本上都不会提供完备的"五险一金"，绝大多数情况下只会提供"三险"或"五险"（见表 3-12）。

表 3-12 　　　本地学生和外来农民工学生的预期学历、

工作职位和待遇　　　　单位：元

类型	预期学历	预期职位类型	预期平均工资水平	预期社保福利
本地学生	本科及以上	专家、技术人员及有关工作者；政府官员和企业经理；事务工作者和有关工作者	4668	都有
				5+1
	大专	技术人员及有关工作者；事务工作者和有关工作者；销售工作者；服务工作者	3194	大部分 5+1 或 5
外地学生	职高	服务工作者；生产和有关工作者、运输设备操作者和劳动者	2814	部分有
	中专			3
	初中	服务工作者；生产和有关工作者、运输设备操作者和劳动者	3943	个别有
				3

说明 1：职业分类依据各个职业的主要职责或"从事的工作"进行分类。具体标准参见《中华人民共和国职业分类大典》。

说明 2：预期工资收入水平根据怀柔人力资源网 2014 年上半年的岗位工资信息估计，表中的工资水平为 2014 年的工资水平。

说明 3："5+1"代表五险一金：养老保险、失业保险、工伤保险、医疗保险、生育保险和住房公积金。"3+1"代表三险一金：养老保险、失业保险、医疗保险和住房公积金。"5"代表五险：养老保险、失业保险、工伤保险、医疗保险、生育保险。"3"代表三险：养老保险、失业保险、医疗保险。

（二）本地学生和外来农民工子女的预期收益分析

外地学生的未来预期教育水平明显低于本地学生，并且在劳动力市场的竞争力和收益情况都明显不如本地学生。从生命历程的角度来看，户籍制度导致的本地学生和外地学生的教育分流所带来的不平等，将延续影响成年期劳动力市场上的表现和收益，将对人的一生产生长期持续的影响。综合本地学生和外地学生的预期教育水平、职业地位和工作待遇情况可以发现，外地学生在未来将处于较低的阶层，而本地学生则处于较高的阶层。

五　教育获得不平等对外来农民工子女心理健康的影响

外来农民工子女在教育阶段受到不公平的待遇不仅影响了他们人力资本的积累水平，不利于未来的就业和发展；而且少年时期的不公平待遇还会对他们心理的健康成长造成严重的负面影响。

笔者在访谈过程中发现，外来农民工子女多不如本地孩子爱笑、爱做游戏、并且经常被迫参与家庭生产劳作。在语言表达上，经常无意识的采用"不一定、说不好，走一步说一步吧、不好、不满意、哎"等表达迷茫和消极的词语。外来农民工子女不如本地孩子开朗、乐观和积极。并且很多外来农民工子女由于从小就生活在北京，大多数对老家都不具有认同感，但是同时又有一种北京将她关在门外的感觉。这种教育制度不平等带来的歧视也会降低外来农民工子女的本地认同感，阻碍外来农民工子女的本地融入过程，甚至导致外来农民工子女对流入地的隔阂心理，不利于社会的和谐稳定。

> 外来农民工：我一直在北京了，就偶尔回老家，待几天就又回来了，老家不认识什么人，亲戚也不怎么熟。同学和几个好朋友不少都是北京本地的，初中一毕业，大家就不能在一起了，见面也少，慢慢地都不联系了。哎呀，还是自家人熟，没什么特别好的本地朋友。

六　本地村民和外来农民工对教育获得权平等化的看法

"异地高考"直接关系到高等教育资源的获得，是近年来本地人和外地人都十分关心的公共教育问题之一。针对当前非京籍学生不能在北京参加高考的政策，本地村民和外来农民工多持相反的看法，但是关键点都是一样的，即稀缺教育资源与教育需求快速增长之间的矛盾。

（一）本地村民的看法

针对当前非京籍学生不能在北京参加高考的政策，绝大部分本地村民认为，"北京优质的教育资源，不能对外地人开放"。

村民：不能放开异地高考政策，如果放开的话，外地人就都跑到北京来高考了，那样的话，外地人抢占北京人的教育资源，北京的学生怎么办？这学校啥的都是老北京人交税的钱盖的，他们外地人有没做贡献，凭啥分一杯羹呢？

外来农民工：全国最好的教育资源都在北京了，北京人肯定不愿意放开异地高考的，他们的孩子学习都不好，要是放开后，我们外地的孩子都能考上好大学，他们的孩子就上不了好的了。所以他们不愿意放开的。

虽然绝大部分本地人反对放开异地高考，但也有一小部分本地人持开明、包容的态度。他们认为，外地人已经是北京不可或缺的一部分，且社会融入程度不断加深，放开教育限制，不仅对外地学生有益，对本地人也是有益的。

村民：嘿！要我说呀，放开限制的好，他们都说放开不好，怕孩子考不上好大学，我倒觉得儿孙自有儿孙福，也许，还有其他好处呢！

村民：现在外地人比本地人还多，将来这北京都是外地人的，还用得着区分你我吗？

村民：你看北京本地小伙儿娶得是外地媳妇儿，北京本地姑娘嫁的是外地人。家里老人父母也管不了啊！放开教育，外地孩子多受点教育，有啥不好？就说娶媳妇吧，取个外地媳妇，多受点儿教育，转个弯，还是自己家的。放开教育，备不住还得了好处呢。

(二) 外地人的看法

针对当前非京籍学生不能在北京参加高考的规定，大部分外地人认为，"北京人占据了全国最好的教育资源，对外地人是不公平的，教育政策应该调整"。

　　外来农民工：放开对孩子都公平。北京人享受惯特权啦，放开高考，他们怕得要命。放开了，我们外地的孩子，就能考上好大学，他们，北京本地的，也只能上个一般的大学。他们害怕他们的孩子考不上好大学。

　　外来农民工：什么时候才可以在北京高考呀、等不起呀、孩子在北京十几年了，老家的话听不懂，想回去念书，也回不去了。

　　外来农民工：放开好，我就是受害者。本来打算在北京高考，结果不能异地考，害苦我了！只有回四川。从小在北京读书，习惯北京的教材和教学方式了……回老家后只有重新适应，和父母分开，也舍不得，心里不是个滋味……

　　外来农民工：政府不是说，过几年放开吗？放开好，不过，对我孩子也不见得有用。要是需要父母社保，房产证，我们还是没办法。多少农民工，个体户，像我们这样的，都达不到要求？

虽然绝大部分外地人希望放开异地高考，但也有一些外地人对放开高考限制表示担忧。他们认为，放开高考限制后，北京的外来人口会快速增多，北京的外地人口将会失控，并出现其他一系列问题。

　　外来农民工：放开高考限制，对咱们外地的孩子是好，可也得体谅北京政府管理的难处，放开高考限制，全国各地的人都跑到北京来考试，那北京不就更挤了吗？人太多了，北京不就乱了套了吗？话说回来，放开政策也不行。

外来农民工：已经进步哩。以前不让在这儿上小学和初中，后来掏点儿借读费，就能上，现在连借读费都免了，还不好呀。政策不停地在往好的改哩，别着急，慢慢地来，将来肯定让考。政策变得太快了，政府也怕出事呢。

（三）集体良知与教育获得权平等化的希望

针对外来农民工子女和本地子女是否应该享有相同的教育获得机会，虽然大部分本地人和外地人持有相反的观点看法，但是仍有一小部分人会为对方着想，冷静全面地看待教育获得机会平等化的问题。这种集体良知的出现表明集体认同感正在形成，也点亮了教育获得权均等化的希望。

这种集体认同感也是外来人口逐渐融入当地社会，并被当地社会接纳的表现。虽然可能只是处于边缘位置，但外地学生已经成为当地教育系统中的主要部分。在北京时间长的外地人，已经对北京产生了集体认同。而接触外地人较多的本地人，也认同外地人是北京的一部分，应当享有和当地人相同的权益。集体良知已在他们的决策和行动过程中产生。

在教育制度改革的问题上，虽然部分外地人的子女即将面临高考，但考虑到北京人的利益，宁愿牺牲自身利益，也不认为应该放开异地高考制度。而对于部分本地人，考虑到外来孩子上学不易，情愿承担子女上不了好大学的风险，而希望放开异地高考。这种集体认同感和集体良知的存在，表明教育制度调整的群众基础已经在慢慢形成，在不久的将来教育获得权平等化将有望突破。

第六节　结论与思考

非农就业市场上，教育水平越高的劳动者，工资水平越高，社保福利和职业声望越好。在教育收益的正向激励下，村民对子女的教育期望快速提高，教育需求快速增长。家庭教育投入的增长加重了家庭负担。虽然绝大部分家庭都能承担起子女义务教育阶段的教育费用，但是有一半的家庭没能力全部承担学前阶段和高中阶段的教育费用。

相对于农村教育需求结构的快速升级、教育负担的加重，农村义务教育供给却仍然相对滞后。供需矛盾成为当前农村公共教育服务面临的主要困难。绝大多数村民对当前的公共教育服务并不满意，其中最主要的原因是"义务教育年限太短"。大多数村民认为，有必要将高中教育和学前教育都纳入义务教育的范畴。如果分步实施的话，应优先纳入高中教育。

公共教育服务供需矛盾也导致了诸多教育不平等的问题。其中最大的一个问题是教育获得不平等。目前北房村学生教育获得状况总体呈现阶梯流动的特点。北房村有着良好的公共教育服务供给，但仍与城市地区有明显差距。城乡教育供给差距促使一部分有条件的家庭将孩子送去市区更好的学校就读，进城择校现象非常普遍。而家庭条件相对较差的本地学生和外来农民工子女只能留在农村学校读书。即使同时留在农村学校上学，本地学生和外来农民工子女的教育获得权仍然是不平等的。这种不平等不仅表现在初升高阶段的教育分流上，而且表现在义务教育阶段的教育资源获得上。

公立幼儿园入园难以及初升高阶段的教育分流和退学是影响外来农民工子女接受更多教育的主要障碍，尤其是初升高阶段的教育分流和退学现象，严重阻碍了外来农民工子女获得更多教育。

虽然外地学生初中毕业后还可以回老家继续读高中，但在实际操作中却有很多困难。常年在京上学的学生，多因父母双方长年在外，老家无人照看孩子，才将孩子接到身边读书。回老家读高中的外来农民工子女，不仅面临高中入学困难，还会遇到不适应老家教学环境的困难，以及与父母长期分离甚至无亲人照顾的困难。综合考虑各方面的因素后，绝大多数外来农民工子女选择继续留在北京，或读职业中专或退学打工。在目前的教育制度和其他因素的抑制下，他们可能永远都拿不到正式的本科学历，这严重影响了外来农民工子女人力资本的积累以及未来的就业和发展。

针对本地学生和外地学生教育获得权平等化的问题，多数本地人和外地人持完全相反的态度，但是也有少数人持开明、包容的态度。这种为对方和群体考虑的集体良知，表明本地人和外地人的集体认同感正在逐渐形成，外来人口已经逐渐融入当地社会，并逐渐被当地社会认同和接纳，成为当地社会的一部分。集体认同感和集体良知的存在暗示了，教育政策调整的群众基础正在逐渐形成，将来教育获得权平等化的问题将有所突破。

第四章

北房村的基本医疗与
公共卫生服务

随着中国经济社会的发展，医疗卫生事业的进步与完善，"看病难、看病贵"问题逐步得到有效缓解。然而，农村的基本医疗与公共卫生服务依然是我国医疗卫生体系中最为薄弱的环节。作为农业大国，能否解决好农村的基本医疗卫生问题，将直接影响我国农村经济的发展和农村社会的稳定。

本部分将从北房村基本医疗与公共卫生的基本现状入手，分析其医疗机构功能的变化，医疗保障由人口构成的复杂性和以户籍人口为出发点的政策体系设计带来碎片化特征等；然后利用在北房村的问卷调查数据和访谈记录，对北房村基本医疗和公共卫生服务存在的问题进行分析，并在当前国家相关政策的背景下，分析问题产生的原因以及未来的发展趋势。

第一节　北房村基本医疗与公共卫生服务现状

建设县、乡、村三级医疗卫生网络，是我国医疗卫生政策的重要内容，也是保障基层人民群众健康的主要形式。当前，我国已建立起以县级综合医院为龙头，以卫生院为枢纽，以村卫生室为网底的三级医疗卫生保健网络。其中，村卫生室主要承担行政村的公共卫生服务及一般疾病的诊治工作；乡镇卫生院负责提供公共卫生服务及常见病、多发病的诊疗等综合服务，并承担对村卫生室的业务管理和技术指导工作。

一 医疗卫生机构的现状

在北房村，村卫生室、镇卫生院是村民两个最主要的看病场所。但村卫生室已没有了以前的规模，基础医疗作用正日渐衰退；而镇卫生院正逐步取代村卫生室，成为距离村民最近的看病场所。但是由于镇卫生院医疗资源的限制及村里交通条件的便利，很多村民看病已不再仅仅局限于北房镇，县城和市区的医院也成为村民看病的主要去处。

调查结果显示（表4-1），看病场所为"镇卫生院、卫生服务中心"、"怀柔区医院"的村民的百分比分别为37.06%、39.53%，村诊所、卫生室的比例仅为12.65%。同时，"去哪看病"有着年龄差异。约70%的60岁及以上的老年人选择在镇卫生院、卫生服务中心看病；而60岁以下的村民中，则近一半的选择去怀柔区的医院。

外来人口看病场所的分布与本村村民存在很大差异。"自己去药店买药"是外来人口最为主要的就诊方式，占比39.53%，超过了本村村民的12.06%，去"怀柔区医院"是第二种主要的看病方式，占比约为30.23%。除此之外，镇卫生院、村卫生室、北京市区大医院的比例分别为16.3%、9.3%、4.65%（见表4-1）。

表4-1　　　　　　　　北房村村民及外来人口看病场所　　　　　单位:%

经常去哪看病	60岁以下村民	60岁及以上村民	村民总体	外来人口
自己去药店买药	17.00	5.00	12.06	39.53
村诊所、卫生室	16.50	7.14	12.65	9.30

续表

经常去哪看病	60岁以下村民	60岁及以上村民	村民总体	外来人口
镇卫生院、卫生服务中心	15.50	67.86	37.06	16.28
怀柔区医院	49.00	19.00	39.53	30.23
北京市区大医院	2.00	1.00	1.47	4.65

（一）村卫生室——功能逐步弱化

村卫生室作为村级单位的基础医疗机构，是基层医疗卫生服务体系的重要组成部分。"新医改"之后，实现了每个行政村都有一个标准化的村卫生室的目标。据村民介绍，北房村卫生室已有几十年的历史，原本是村里最为主要的看病场所。随着收入和生活水平的提高，村民对医疗卫生服务需求增加，卫生室已不能满足村民的需求。越来越多的人选择去镇卫生院，使得村卫生室逐渐丧失了其原有的功能。目前，卫生室的面积不足30平方米；只有一位老医生，医术不高，不能打针，只能提供少量供出售的药品。调查数据（表4-1）显示，仅有约12.06%的村民、9%的外来人口，在过去一年去村卫生室看过病。可见，村卫生室在北房村的功能已经弱化。我们从对北房村村民的访谈中也可以看到这种情况。

村民：我平常拿药去镇上的卫生院，村上有一诊所，但是药不全。诊所里面就一个老头，早先三四个，一个一个都不干了呗，就大队还有一个。大队医瞧病，我那难病还就他瞧出来的，神经官能症。就是成天失眠，就跟那什么一样，见到人就那什么着，你要是顺心啊，能瞅着，能说两句话。不顺心地瞅着就吐。

村民：你说那（卫生院）报的比较多点，离得近点，（但是）什么药都没有。我吃的药这有的是有，有的没有我就得上镇医院去。药进不来货，药不全。

(二) 北房镇社区卫生服务中心——老年人看病的首选

镇卫生院作为农村三级医疗卫生服务网络的重要组成部分，在北房村的医疗卫生发展中发挥了重要作用。2009年，北房镇政府投资1380万元，建成了面积为3500平方米的北房镇社区卫生服务中心（以下简称"镇卫生服务中心"）。

随着村诊所规模的逐渐缩小，北房镇社区卫生服务中心由于地理位置的优势而成为了离村民最近、最为便利的医疗机构。卫生服务中心的医疗条件正逐步改善，现已具备相当齐全的科室，良好的就医环境，认真的服务态度，成为村民看病的主要场所之一。调查数据（表4-1）显示，过去一年，37.06%的村民在镇卫生服务中心看过病；而在60岁以上的村民中，这一比例达到67.86%，成为老年人看病的首选场所；但是对于外来人口，仅有16%的人在过去一年去镇卫生服务中心看过病。另外，镇卫生服务中心还承担了每季度为老年人进行免费体检的功能，这方面得到了村民的普遍好评。

> 村民：镇卫生院给我们60岁以上的老人定期体检。有的时候，一个季度检查一次，检查就是几种，那叫什么密度，血脂密度、心电图都有。这样对老百姓还是（不错的）。他们做的都是免费的。也有没去的，解释就是没病嘛，我这次就有事没赶上。

镇卫生服务中心的医疗资源和医疗服务的提供依然存在一些问题。主要表现为：医生素质相对较低，大部分医生比较年轻，看病的经验较少，老人的常见病看不了；药品不齐全，难以满足村民的需求；设备落后，一些身体检查无法完成。与村里的老年人相比，镇卫生服务中心已不能满足年轻人的健康需求。数据显示，过去一年内，只有15.50%的60岁以下的村民在镇卫生服务中心看过病。

村民：卫生院只能治咳嗽、感冒，真得住院还是得到大医院，头疼发热到卫生院，大病到康得医院，反正是定点医院吗，私人诊所不能报，尽量上给报的医院。

（三）城区的医院——年轻人看病的首要选择

由于交通条件的便利，越来越多的年轻村民选择到区里或市里的医院看病。村民认为，只要是医疗保险中注明的定点医院，都可以成为自己看病的选择。这一方面，弥补了镇卫生院在医疗资源方面的匮乏；另一方面，满足了村民对医疗服务方面的需求。北房村到县城，坐公交车只需十几分钟，这为村民的进城看病提供了很大方便，村民也因此可以看到医术高明的医生，用到先进的医疗设备。从调查数据（表4-1）看，有近一半的60岁以下的村民选择去怀柔区的医院看病，怀柔区的医院已经成为年轻人看病的首选。

二　医疗保障的户籍差异

医疗保障的主要目标是让居民"看得起病"。即在合理财政资源的基础上，满足与经济发展相适应的基本医疗卫生资金需求。基本医疗保障制度是社会保障体系的重要组成部分，是居民的安全网、社会的稳定器。随着我国的医疗保障制度不断健全，其在解决居民看病贵看病难问题上发挥了重要作用。目前，基本医疗保障制度主要包括城镇职工基本医疗保险，城镇居民基本医疗保险和新型农村合作医疗三项基本制度，1998年我国首先在城市开始试行"城镇职工基本医疗保险"，2003年在农村试行"新型农村合作医疗制度"，2007年在全国70多个城市试行"城镇居民基本医疗保险制度"，初步建立了覆盖全体居民的医疗保障制度。2009年全国开展医疗体制改革，城乡基层医疗卫生服务体系进一步健全，基本公共卫生服务得到普及。

中国的医疗保障制度和福利与户籍制度挂钩，使得具有不同户籍的村民的医疗保障存在差异。由于地处城乡接合部和特殊的历史原因,北房村村民的户籍出现了农村户籍、小城镇户籍、城镇户籍的分化。同时,在征地之后,北房村周围工厂企业较多,吸引了大量的外来务工人员;这些务工人员大多居住在北房村,成了"新村民",但由于不具有本地户籍,其医疗保障也不尽相同。

> 村主任:我们村地占了,办了一些工厂,有饲料厂、鱼粉、猪、鸡加工饲料,眼镜片厂,地毯厂等;在厂里上班大多是外地人,很少有自己村子里的人。

(一) 村民户籍分化与医疗保障的差异

1. 农村户籍村民——新型农村合作医疗

新型农村合作医疗(简称"新农合")是指由政府组织、引导、支持,农民自愿参加,个人、集体和政府多方筹资,以大病统筹为主的农民医疗互助共济制度,采取个人缴费、集体扶持和政府资助的方式筹集资金。为了满足农民的基本医疗卫生服务的需求和解决农民"看病难,看病贵"的问题以及医疗资源的公平配置的内在需求,2002 年,《中共中央国务院关于进一步加强农村卫生工作的决定》指出:要"逐步建立以大病统筹为主的新型农村合作医疗制度","到 2010 年,新型农村合作医疗制度要基本覆盖农村居民",从此,覆盖全部农民的新型农村合作医疗制度逐渐施行开来。到 2012 年,我国新农合基本实现全覆盖。新农合政策的实施,在一定程度上缓解了农民看病难、看病贵的情况,缩小了城乡居民医疗保障上的差距(柴志凯,2005)。

北房村的农村户籍的村民也基本实现了新农合的全覆盖。2013 年,根据北京市新农合工作的要求,按照"政府主导、农民参与。广泛覆盖、保基本医疗和大病特病"的原则。2013 年每人筹资金额为 640 元;其中市、区、镇乡三级财政每人年补贴 540 元,农民每人年缴费 100 元；在补偿方面，大病补偿范围由原来的 9 种增加到了 15 种，在二、三级医院补偿比例全部为 75%。门诊补偿每人每年封顶线 3000 元；住院和门诊特病年累计补偿封顶线 18 万元，封顶线部分医院级别。对北房村而言，由于征地补偿款，村委给每位村民每年补偿 60 元作为征地补偿的福利来缴纳征地新农合。也就是说，村民每年交新农合的费用为 40 元。

> 村民：我们这新农合交的少，大队给补的多，每年那几年是交 10 块钱。今年嘛，去年报的多一点，今年交 40 (元)。每个人交 40 (元)。这个我说多交点少交点，咱用着咱也没得说。村委会好像补，正规的好像交 140 还是 120? 自己交四十。

2. 城镇、小城镇户籍的村民——城镇居民基本医疗保险

城镇居民医疗保险是以没有参加城镇职工医疗保险的城镇未成年人和没有工作的居民为主要参保对象的医疗保险制度，是对城镇非从业居民的医疗保险的一种制度安排。城镇居民基本医疗保险以家庭缴费为主，政府给予适当补助。与城镇职工基本医疗保险不同的是，城镇居民医疗保险不设立最低缴费年限，必须每年缴费，不缴费不享受待遇。具有城镇户籍的居民可以参加城镇居民医疗保险。2008 年以来，北房村分别在 2009 年、2012 年进行了两次征地，补偿标准为 16 万/亩；在经过两次征地之后，每位村民平均还剩下 0.3 亩地。由于北房村位于镇政府所在地，镇政府在征地之后给予农民农转非的机会。但由于名额所限，并不是每位村民都有机会转为非农户籍。为解决这一问题，村委最后决定运用抓阄的方法，村里产生了约 300 名城镇户籍村民。此外，由于北房村的地理位置决定了其已并不是严格意义上的农村，一些村民由于工作的原因，已不再是农村户籍，而是在工作单位转为非农户籍。这些通过农转非或工作等途径，将农业户籍转化非农户籍如小城镇、城镇户

籍的村民，参加的是城镇居民医疗保险。

> 村民：当时村子里有抓阄转城镇户口的但我没有抓着，当时转的好像有三四百个城镇户口，村里有 2000 多人，占地的一开始给 8 万元，后来给的。

> 村民：我们有社保，当时抓阄的时候抓着转非的了，能报80%。我不能吃他的药，他吃降压药，阿司匹林，到时候人家就不给开了，够数了。

3. 就业的村民——城镇职工基本医疗保险

城镇职工基本医疗保险是为补偿劳动者因疾病风险遭受经济损失而建立一项社会保险制度，一般由工作单位和个人共同承担。由于北房村的地理优势，以及征地的原因，村里大多数的年轻人都在怀柔区或北京市区就业，他们大多都享有城镇职工基本医疗保险。

（二）外来务工人员的工作性质与医疗保障

北房村的外来流动人口在享有基本的医疗保障方面主要分为两类。

1. 非正规就业的外来务工人员——不享有医疗保险

主要包括在北房村或周围的地区开店、摆摊的外来务工人员及其随迁的家人。这些外来流动人口由于不具有本地的户籍，所以无法享受当地的医疗保障，这些外来务工人员一般在自己的老家参加了新型农村合作医疗，但由于不在户籍所在地，新农合不能异地报销只能回户籍地报销，这也使得外来务工人员实际处于一种医疗保障的真空。

> 外来农民工：我在家里有农村的医疗保险，就一个人交100 块钱，每年都要交的嘛。回家报不了，这是北京呐，到我们那里都报不了。我这一年也就没买过多少药，也没算过，发

票都扔掉了。要是能报的话肯定要报的喽，这是北京，到江西去报不了。(如果在老家看病) 我们那个地方就能报。

2. 单位就业的外来务工人员

按照《北京市基本医疗保险规定》，北京市行政区域内的城镇所有用人单位，包括企业、机关、事业单位、社会团体、民办非企业单位 (以下简称"用人单位") 等都应为职工和退休人员缴纳一定比例的医疗保险。但是，北房村周围的一些企业，为寻求更低的成本，无视法律的规定，在招聘员工时，不给外来员工缴纳各种保险。正是由于这种原因，北房村的村民大都不在这些工厂工作。而对于外来农民工，能在城里找到一份工作已经很不容易，大都认为自己能够挣到钱就可以，对于社会保险的要求较低，这迎合了企业的需求，同时又满足了自己的挣钱的愿望，所以，在周围的企业中，外来农民工的比例占到绝大多数，其中社会保险的缴纳问题是一个重要的方面。

> 村民：在厂里上班大多是外地人，很少有自己村子里的人。自己村里的人，一个是嫌工资太低了，才 2000 多块钱 (一个月)；再一个这些工厂都不愿意给工人交保险，所以村里的人很少去那里上班。我邻居的那个小伙子，今年 30 多岁了，刚结婚不久，原来在那个眼镜片厂上班的，后来说是嫌工资低，都是外地人自己也不习惯，就不干了。现在去了怀柔区的一个什么地方上班，工资好像比原来高了 1000 多块。

> 村民：年轻人基本上都在怀柔打工，在福田汽车厂的人多，那里工资不高，但有五险一金。出去打工的人白天上班晚上回来，都有专车接送。

在北房村居住的外来务工人员中，约 95% 的人有一份工作，他们中以社会保障覆盖率较低，仅有 20% 的务工人员参加了城镇职工医疗保险。缴纳的方式也不是以"五险一金",而是仅仅缴纳包括医疗保险在内的"三险"。

外来农民工：我在这边的一家工厂当保安,做了7年多了,工资很低,每天上班三班倒,一次八小时。也曾想换个工作,觉得没啥意思,但是我自己文化又低,找不到到更好的工作。单位给缴纳保险,不过仅缴纳三险,具体什么保险我也不清楚,但不是五险,好像有医疗保险。

第二节　北房村基本医疗与公共卫生服务存在的问题

从当前的基本医疗卫生资源的供给看,医疗资源主要集中在城市,乡村相对匮乏,城乡之间还存在很大差距。相对于城市社区,农村的医疗卫生基础设施设备较为落后,基本公共卫生服务的资金短缺,服务的组织机构分散,卫生机构的管理不当、责任没有明确等。在医疗保障制度方面,不同户籍的人口享有不同医疗保障制度。农村户籍人口参加的是新型农村合作医疗,而城镇户籍非就业人口则是城镇居民基本医疗保险;两者在各种报销标准上存在较大差异,使不同人仅仅由于户籍的不同而存在医疗保障制度的不平等,随着人口流动规模和地域范围扩大,这种与户籍挂钩的医疗保障制度的缺陷正逐渐显露。另外,部分农民工群体处在医疗保障制度的真空;由于没有固定的职业,这些人既不能参加城镇的职工医疗保险,也没有资格享受城镇居民基本医疗保险,而自己的新型农村合作医疗由于不能异地报销的限制,在居住地不能发挥其应有的功能,使得没有固定职业的外来农民工群体处于医疗保障的真空。

作为地处北京城乡接合部的"倒挂村"的代表,北房村有着比其他一般的农村更具优势的地理位置。同时,由于外来人口的存在,以及与通常农民相比,本村村民有着不一样的需求。这使得与普通的农村相比，北房村在基本医疗与公共卫生服务方面有着更多的不同。

一 村民对医疗机构的满意度较低

村卫生室作为基础性卫生服务机构，在农村三级医疗卫生服务网络体系中承担起为村民提供基础医疗卫生服务的职能，是村民最首选的医疗卫生服务场所。村卫生室规模逐渐地缩小，到卫生室看病的村民越来越少。由于北房村地理位置优势，镇卫生服务中心成为离北房村民最近且最主要的看病场所，同时发挥了农村三级医疗卫生服务体系中基础和主体性作用；因此其卫生环境及看病技术的好坏，直接关系到北房村以及北房镇其他村的医疗卫生服务的好坏。另外，农村医疗服务体系能力的建设也对新型农村合作医疗制度的可持续发展具有重要作用（顾昕、方黎明；2007）。但由于医生素质不高、看病能力有限、医疗设施落后、药品不齐全等限制性条件的存在，严重影响了村民对其的满意度。调查中，我们采用问卷方式对镇卫生院医务人员的服务态度、就医治疗结果，就医环境及费用（自付部分的费用水平、药品价格、治疗所需药品的满足程度）方面的满意度进行了调查。

（一）治疗效果的满意度较低

通过问卷询问了村民对镇卫生院的看法，包括对医护人员服务态度，就医环境，治疗效果等。整体来看（见表4-2），对医护人员服务态度和就医环境有着较高的满意度，如对医护人员服务态度的满意的比例达到了65.4%，而不满意的比例仅为4.1%；对就医环境的满意的比例为63.26%，不满意的比例为13.26%。不同年龄的村民的满意度存在差异，老年人一般有着更高的满意度，而60岁以下的村民满意度稍低。这与前文中，"经常看病的场所"的差异存在一致性，正是由于小于60岁的人对镇卫生院有着较低的满意度，所以其去镇卫生院看病的比例较少。

表 4-2 　　　　　对医务人员服务态度及就医环境的满意度 　　　　单位:%

满意度	医护人员的服务态度			就医环境		
	60 岁以下村民	60 岁及以上村民	总体	60 岁以下村民	60 岁及以上村民	总体
满意	61.01	76.92	65.35	54.23	76.92	63.26
一般	30.51	12.82	23.47	25.42	7.69	18.37
不满意	3.39	5.12	4.08	15.25	10.25	13.26
不了解	5.08	5.13	5.1	5.08	5.13	5.1

从治疗效果来看 (见表 4-3), 治疗效果的满意度仅为 14.29%, 而不满意的比例高达 43.88%, 将近一半的村民对镇卫生院的治疗效果不满意。村民对满意度的评价存在显著的年龄差异, 60 岁及以上老年人的村民的满意度为 25.64%, 而 60 岁以下的村民的满意度为 6.78%, 同样的, 这与前文中 60 岁以下的村民有着较低的到镇卫生院看病的比例是一致的。正是由于 60 岁以下的村民对于镇卫生院的就医环境, 服务态度, 治疗效果有着相对较低的评价, 使得去镇卫生院看病的比例大大减少, 远远小于到区医院看病的比例。

表 4-3 　　　　　　　对治疗效果的满意度 　　　　单位:%

满意度	治疗效果		
	60 岁以下村民	60 岁及以上村民	总体
满意	6.78	25.64	14.29
一般	37.29	30.77	34.69
不满意	47.45	38.46	43.88
不了解	8.47	5.13	7.14

(二) 对 "药品满足程度" 的满意度最低

与治疗效果相似, 村民对镇卫生服务中心自付部分的费用水平、药品价格、所需药品的满足程度的满意度较低, 其中自付部分费用水平、药品价格的满意度分别为 22.68%、24.74%, 不满意的比例为 32.99%、30.92%；而"药品满足程度"的满意度更低，仅为 7.29%，不满意的比例为 65.63%。对镇卫生服务中心自付费用水平和药品价格的评价同样存在年龄差异，其中，相对于 60 岁以下的村民，老年人的满意度较高。如 60 岁以下村民对药品价格的满意度为 16.95%，不满意的比例为 33.9%；老年人中对药品价格的满意度为 36.84%，不满意的比例为 26.31%。药品满足程度的满意度也有着较大差异，但是不满意的比例均较高，其中小于 60 岁的村民为 65.52%，老年人为 65.79%，即对镇卫生服务中心的药品的满足程度较差（见表 4-4）。

表 4-4　　　　对镇卫生服务中心费用水平、药品价格、
药品满足程度的满意度　　　　单位：%

满意度	费用水平			药品价格			药品满足程度		
	60 岁以下	60 岁及以上	总体	60 岁以下	60 岁及以上	总体	60 岁以下	60 岁及以上	总体
满意	15.2	34.2	22.7	16.9	36.8	24.7	1.7	15.8	7.3
一般	35.6	18.5	28.9	39.0	18.4	30.9	22.4	13.2	18.8
不满意	35.6	28.9	33.0	33.9	26.3	30.9	65.5	65.8	65.6
不了解	13.6	18.4	15.5	10.2	18.4	13.4	10.3	5.3	8.3

（三）就医环境"变好了"

通过调查问卷还对过去三年镇卫生服务中心在村民心中的变化进行了调查。包括就医环境、治疗效果、费用报销三个方面。

村民：现在镇卫生院是比以前强多了，现在看病的环境好多了。服务态度嘛，也不能指望他多好了，也就那样吧。药品的价格倒是不高，关键是卫生院有很多药不齐全，一些药品没有还要去县城拿。

在就医环境方面（见表 4-5），77%的村民认为镇卫生服务中

心比三年前有了很大改进，仅有 14.58% 的村民认为没有变化，1% 的村民认为变差了；从年龄上看，相对于 60 岁以下的村民，老年人更多地认为就医环境"变好了"。在治疗效果、费用报销方面，则有着较大不同，认为镇卫生服务中心在这两个方面"变好了"的比例分别为 36.46%、43.75%，"没变"的比例分别为 41.67%、25%。同样的，不同的年龄人的评价也存在差异，老年人有着较高的好评率，而小于 60 岁的村民有着较低的评价。

表 4-5　　　　　对镇卫生服务中心环境、治疗效果、

费用报销过去三年的评价　　　　单位：%

满意度	就医环境			治疗效果			费用报销		
	60 岁以下	60 岁及以上	总体	60 岁以下	60 岁及以上	总体	60 岁以下	60 岁及以上	总体
变好了	70.69	86.84	77.08	27.59	50.00	36.46	39.66	50	43.75
没变	18.97	7.89	14.58	51.72	26.32	41.67	22.41	28.95	25
变差了	1.72	0	1.04	8.62	2.63	6.25	6.9	7.89	7.29
不了解	8.62	5.26	7.29	12.06	21.06	15.63	31.03	13.15	23.96

二　医疗保障中存在的问题

（一）新农合实际运行中存在的问题

新农合是新时期政府解决"三农问题"、构建和谐社会的一项重大举措。自 2003 年以来，按照"积极稳妥，农民自愿、结合实际"三大原则，在全力解决广大农民的"看病难""看病贵"，"因病返贫、因病致贫"方面，新农合发挥了至关重要的作用。但是，在我们调研中，新农合依然存在以下困难和问题。

1. 超过 1/3 的村民对新农合补偿方案不了解

调查中发现（见表 4-6），在参加了新农合的村民中，对补偿方案"不知道"的比例为 31.67%，"只知道能报销，但不知道比例"的为 23.33%，"知道"报销方案的村民比例仅为 45%。可以

看到，有一半以上的村民对新农合的报销方案不清楚。分年龄来看，相对于老年人，60 岁以下的村民有着更高的知晓比例。外来人口对新农合补偿方案了解更少，仅有 25.72% 的外来人口清楚新农合的补偿方案。

表 4-6　　　村民及外来人口对新农合补偿方案的了解情况　　　单位：%

补偿方案	60 岁以下村民	60 岁及以上村民	总体	外来人口
不知道	29.73	34.78	31.67	31.43
只知道能报销，不知道比例	24.32	21.74	23.33	42.86
知道报销比例	45.95	43.48	45	25.72

作为一项惠民工程，国家给予新农合高度重视，新农合的补偿及报销政策每年都会有新的变化，虽然相关部门已通过各种方式加强了对新农合的宣传力度，但部分农村医疗机构的基层医务人员自己对新农合的政策学习不到位，宣传不及时、不深入；同时，乡镇、村委会负责宣传的工作人员对政策理解不清晰，使得参合农民对补偿政策的不了解。在北房村，村委每年都会组织新农合的政策宣传活动，大都通过广播、会议或者是发放宣传资料，这对于年龄较大的人来说，很难在短时间充分的接受这种宣传方式。

另外，对于外来人口，大部分在老家参加了新农合，但由于自己的外出，老家进行新农合宣传活动而无法参加。在北房村，村委对于新农合的宣传活动仅针对自己的村民，而把外来人口排除在外，因此，外来人口缺少了解新农合的机会，而导致其对新农合方案有着比本地村民更多的不了解。

2. 近 1/3 的村民在过去一年未报销过任何费用

在调查问卷中，对上一年利用新农合的情况进行了调查，其中报销了住院费或门诊费或两者均报销过的村民比例为 71.77%，而未报销过任何费用的比例为 28.33%，即近 1/3 的村民在过去一年未报销过任何费用。费用的报销方面同样存在年龄差异，相对年轻的村民，60岁以上的老年村民对新农合利用更多。60岁以上的村民中，报销过住院费、门诊费的比例为83.6%，而60岁以下的村民中只有65.86%。可以看到，在农村，老年人由于自己身体素质的逐渐减弱，是新农合的主要受益者。外来人口中在老家参加了新农合的农民，在过去一年通过新农合报销过住院费或门诊费或两者均报销过的比例仅为40%，而没有报销过任何费用的比例为60%（见表4-7）。

表4-7　　　参合农民过去一年通过新农合报销医药费的情况　　单位:%

过去一年报销医药费吗?	60岁以下村民	60岁及以上村民	总体	外来人口
只报销了住院费	10.8	4.35	8.33	6.67
只报销了门诊费	35.14	39	36.7	10.00
住院门诊均报销过	18.92	40	26.7	23.33
未报销过任何费用	35.14	17.4	28.33	60

3. 村民对新农合的满意度较低

新农合实施以来，其报销药品种类、报销比例及手续一直受到很大的关注。很多村民对新农合政策的报销比例意见较大。药品的报销种类一直是村民们关注的主要问题之一。现如今，药品报销种类太少，自费药太多、太贵的问题逐渐严重。我们在访谈中发现，村民大多抱怨新农合的报销范围较窄，出现了"能治病的药不能报"的现状。

　　村民：合作医疗有几年了，反正这报一部分，老百姓就想报点。够是不够，报销比例太低。有一些门槛费是不给报的，还有的吃药那是自费的，他不知道国家是咋规定的，还有自费的药。贵的吧，自费的。你要是那什么的，你报的就太少了就。

　　村民：二姑爷得肺癌了，还租房住。他是给别人打工的，没有正常工作。给人家工地当电工。病情也就是稳定住了，得定期得检查去。他户口在这，也能享受北房村的医药政策，家里花了30多万，报了一部分，自己花了七八万。就是，自费药很多。要是他使咱们国内的药有的还不报销呢，你要使进口的药就一点都不报销。他大夫建议了让我们使，效果好。

村民：这保险，这医疗都挺公平的，就一样，就给咱老百姓解决高血压问题比啥都强，就着高血压的药是最大的问题。高血压人多。你说赖一点的不管事吧，好一点的药管事吧这一周就要得点钱。好点的药也能报，但太贵。你说这吃商品粮的多报点，吃农业粮的就报不点钱。一半一半。钱在捆着您呐。一个礼拜就得200多块钱的好药，得天天吃。

外来农民工：医疗保险，就是生病了住医院才按百分之几十的报，住院才行，平时拿药不行。农村的医疗保险还要分几种，一种是自己本村医院或者报百分之几，或者政府，镇医院报百分之几，这样。在北京这边买的药一般的都没有拿回去报。我身体还行。吃药没准，平常时候伤风感冒去买药，剩的都没有。身体还行，都是感冒嘛

村民：老人你要是得个病什么的1000块钱都不够，我这一个花600（660）了，一会就330，我这儿肿，肾不好，老是吃着药，能干啥，冬天肿得厉害，夏天还好一些，医院一会就1000块钱，在个人诊所，要两份不给你开，只给你开一份，要吃一个礼拜，卫生院它不给你，好药它没有，私人诊所治的很好，但是它报不吊销，比卫生院还强呢。卫生院那个医生太年轻了，他看不了，过去吃啥喝啥呀，都吃不上，有个叫李灯的老头，医院能报，但它瞧不了你的病报啥呀，两次330的是在私人诊所的，私人诊所是不给报的，上大医院能报，600了，快700了，还得瞧去，我自费，大医院没有老大夫也瞧不了。

　　问卷调查显示（见表4-8），对"报销比例"不满意的比例超过了1/3，达到34.83%。年龄越大，对报销比例的满意度越高；年龄越小，对报销比例的满意度越低。另外，报销手续也是一个重要的方面，由于农民的文化素质较低，面对新农合复杂的报销手续，使得村民对新农合的存在有很大的不满，对报销手续不满的比例达到了41.57%，同样的，老年人相对有着较高的满意度。

表4-8　　　　　　　村民对新农合报销比例及报销手续的满意度　　　　　　单位:%

满意度	报销比例			报销手续		
	60岁以下	60岁及以上	总体	60岁以下	60岁及以上	总体
满意	29.63	48.57	35.95	29.63	60	41.57
一般	31.48	20	26.97	27.78	10.5	16.85
不满意	38.89	31.43	34.83	42.6	29.5	41.57

　　在访谈中也发现，农民不再认为"新农合报销"是一件困难的事情。由于新农合宣传活动的普遍进行，大部分的农民已对新农合的报销手续有了较好的了解。新农合实行医疗费用的定点报销，只要有新农合的医疗卡和医疗费用单，并且符合新农合医疗费用的报告范围，参合农民就可以在定点报销。村民反应最强的是新农合的报销时间问题，新农合实行的是定时报销，即规定新农合只能在一年中的某些时间段才能报销，一旦错过就要等很长时间，这给参合农民带来了很大不便。

　　　　村民：我有糖尿病，不能喝茶水，我得吃药。早上、中午、晚上，一天三遍吃。（大爷）得过血栓，现在好多了，没事了。吃药一个月，嘿，像我们，定期的，糖尿病的药也得几百块钱吧。新农合能报，按50%报，能报一半。报销的程序吧，时间太长，得4个月才能报1次，这时间太长了。

（二）农民工健康意识薄弱且医保缺位

生活在城市中的农民工群体，一般还保留着农村的小农思想，健康意识淡薄，对自己的身体重视程度不够（张志元，2010）。另外，由于他们收入相对较低且不稳定，在选择就医时常会面临经济上的压力。调查中发现，有近40%的外来人口生病之后自己去药店买药。

我国的现行的医疗保障制度在对农民工保障方面存在真空地带。医疗保障体系是在二元经济结构体制下建立的，与城乡分割的户籍制度相联系；并且我国现在的医疗保障并没有实现全国统筹。使得在户籍地以外工作的农民工处于一种医疗保障的真空地带。

在北房村居住的外来农民工，大多数都没有缴纳城镇职工医疗保险。他们中一部分人是自己创业，如在北房村开小型超市、水果店、饭店、或摆地摊等，没有渠道缴纳城镇职工医疗保险；一部分虽然不是自己创业，而是在北房村的周围的工厂工作，但由于用人单位为了降低医疗成本，并未为其缴纳医疗保险。

调查数据显示，在北房村居住的外来人口中，80%以上的人在自己农村老家参加了新型农村合作医疗。由于当前新农合在各地处在各自为政的状态，定点医疗机构间以及市级医疗机构间的病历、检查结果、发生的医疗费用单据互不承认，当农民工在异地生病就医时，新农合并不能实现在就医地报销，而只能在户籍地定时定点报销，这给外来农民工看病带来很大不便。人力资源和社会保障部2014年5月发布中国2013年人力社保事业发展统计公报。公报显示，截至2013年，我国农民工数量达2.67亿人，其中外出农民工约1.66亿人。而外来农民工参加医疗保险的人数为5018万人。随着我国医疗系统计算机的联网区域不断扩大，新型农村合作医疗制度应逐步向全国指定定点医疗机构自由转诊发展。

三 健康教育参与率低且满意度低

"预防为主"是我国医疗卫生工作的方针之一，但其由于缺乏有力的制度保障，在现实中并没有得到有效的贯彻实施。据统计，2010 年，我国慢性病卫生费用占卫生总费用的比重为 70%，而大多数的慢性疾病都是通过预防可以避免的。其中作为疾病预防的主要方面，健康保健知识的宣传尤为重要。疾病预防不仅可以增加居民的健康保健知识，建立更加健康的生活方式，增强疾病的防范意识；同时，健康保健知识还可以使得一些常见或慢性疾病得到一定控制，从而减轻了个人和国家的医疗负担。

表 4-9　　　　　村民对村委开展健康教育的满意程度　　　　单位:%

开展的健康教育	60 岁以下	60 岁及以上	总体
满意	33.9	46.15	38.78
一般	23.73	15.38	20.41
不满意	5.08	7.69	6.12
很不满意	3.39	2.56	2.04
没参与过这些活动	33.4	28.22	32.65

为满足村民对健康知识的需求，北房村开展了健康教育。对村民对健康教育的参与及满意度情况的调查显示（见表 4-9），35.88% 的村民没有参与过"村里开展的健康教育"；"参与过这些活动"但并不满意的比例达到了 10% 左右，也就是说，对于村里开展的这些活动，有近一半的村民没有参与过或者对其参与的健康教育不满意。

第三节　原因分析

农村基本医疗卫生服务还存在很多问题，如新农合的报销比例和报销程序的满意度较低；基层医疗保障水平依然较低；基层医疗服务机构如卫生室，镇卫生服务中心等的基础设施较差；农村卫生服务如健康教育、疾病预防等提供不足；农民工医疗保障的存在真空地带。本书认为这些问题的存在主要原因有如下几方面。

一　医疗资源在城乡分布不均，农村医疗资源相对缺乏

在卫生资源方面，农村卫生服务体系建设不断加强，以县医院为龙头、乡镇卫生院和村卫生室为基础的农村三级医疗卫生服务网络的建立，在解决农民看病贵、看病难中发挥了重要作用。但是，相对于城市，农村卫生资源不足的现象在总体上依然比较突出，医疗资源在城乡之间布局不合理，资源总体不足。

农村医疗卫生工作人员专业技术匮乏、服务水平低下。基层卫生机构的专业技术人员紧缺，部分聘用人员为大中专院校毕业学生，对医学知识掌握有限，预防保健知识缺乏，无证职业、跨科执业的现象依然存在，这些不利条件严重地影响了农村居民得到良好医疗卫生条件的可能性。以北房村为例，在卫生室工作的是无专业学历、不具有执业医师资格的年纪较大的医生，使得村卫生室在发挥其在医疗卫生系统中作用时大大弱化。另外，在北房镇卫生服务中心，医务人员太年轻，看病的经验较少，不能满足村民们看病的需求，这是导致村民对镇卫生服务中心的治疗效果有着较低满意度的重要原因。之所以会出现这种现象，主要由于基层医疗服务机构条件差、待遇低、难以吸引专业医务人员。

> 村民：我这儿肿，肾不好，老是吃着药，能干啥，冬天肿得厉害，夏天还好一些，医院一会就一千块钱，在个人诊所，要两份不给你开，只给你开一份，要吃一个礼拜，卫生院它不给你，好药它没有，私人诊所治的很好，但是它报不吊销，比卫生院还强呢。卫生院那个医生太年轻了，他看不了。

另外，县、乡（镇）、村三级医疗卫生机构各自独立，管理松散，缺乏相互之间的有效的纵向合作。各级医疗机构之间的功能定位不准确，资源利用率低，整体的功能未得到有效发挥。这严重制约了农村卫生事业的发展。使得基层的医疗资源无法满足居民的需要。

二 新农合保障水平太低，城乡医疗保障差距显著

迄今为止，对于新型农村合作医疗与城镇居民基本医疗保险，国家的政策体系及管理部门并没有完全统一起来。城镇居民医疗保险由人力资源和社会保障部管理，新型农村合作医疗由卫计委管理。在这种体制下，并不能实现城乡居民医疗保险的统筹，使得新农合处于较低的报销水平。新农合在药品价格与种类、服务态度、报销方便程度和报销比例方面依然与农民的期望存在差距，主要表现在：保障病种范围小、补偿比例总体较低、起付线较高、医疗条件较差、定点机构可选范围窄。

三 "新农合"宣传不到位导致村民并不完全了解

新农合的政策宣传工作一直以来是新农合政策的重中之重。但是由于农村基层工作人员对新型农村合作医疗缺乏深入理解，且宣传方法简单，使得村民尤其是老年村民对新农合的政策的报销补偿方案并不正真理解。对于北房村的村民来说，征地补贴的存在，新农合缴费已不再是一项很大的支出，北房村村民的参与新农合的积极性较高，因此有着较高的参与率。但村民由于对村委宣传的新农合的方式接受程度较低，而使得村民对新农合补偿方案的了解程度较低。

四 户籍制度障碍导致医疗保障衔接困难

随着中国经济社会的发展，由户籍制度带来的种种问题日益显现，成为中国未来发展面临的主要挑战之一。我国的医疗保障与户籍制度挂钩，这是导致农民工医疗保障问题的最主要原因。农民工

是农业、农村中转移出来的劳动力与流动人口，是城乡两栖群体。一方面，他们不能像农村的农民那样享有农村的医疗保障；另一方面，他们也不能像城镇的居民一样享有城镇里的医疗保障。但是由于他们工作环境一般较差，待遇较低，他们面临比城镇居民和农村的农民更多的风险，他们对社会保障尤其是医疗保障的需求也最迫切的。城乡分割的户籍制度使得农民工群体处于城乡的夹缝之中和医疗保障的真空地带。

现行的新型农村合作医疗没有在全国层次上实现统筹，依然处于一种各地政府各自为政的状态。参加新农合的农民工在异地就医，医疗费用的花销不能在异地报销，使得新农合在农民工群体中的利用率较低。这一方面违反了新农合政策的目标，即解决农民的"看病难、看病贵"问题，无法对农民实现人人都有医疗保障的承诺；另一方面使得农民工参加新农合和了解新农合的意愿降低。

五　外来务工人员无法享受村里提供的公共卫生服务

虽然大部分的村民与外来人口保持了良好的关系，外来人口并没有完全融入村子，由制度和空间的隔离、文化差异、社会偏见和歧视等带来的社会排斥感常常使他们依然认为自己是外地人，在村子里没有归属感。而作为村委，常常把外来人口当作外地人，没有把他们当自己的村民看待。这主要体现在：村委的决策仅考虑本村户籍村民需求，而很少考虑外来人口的意见；村里的一些基础设施仅按照户籍人口数量供给；一些公共服务，如就业、教育、医疗等，外来人口一般无法享受。

六　保健知识宣传未能满足居民需求

随着人民生活水平提高，医疗保健知识的增加，人们对健康知识和保健等卫生服务方面的需求逐渐增加。作为基层医疗服务机构的村卫生室、镇卫生院等应当把握居民的这一需求，适时推出与居民需求相适应的健康知识宣传与保健服务。但是在北房村的公共卫生服务的提供方面，并没有做到这一点。虽然村委及镇卫生服务中心也经常组织健康教育活动，但由于事前并没有了解村民需求，村民对村委会组织的健康知识宣传活动并不感兴趣，致使村民参与健康教育的比例较低，如前文所述，有近1/3的居民没有参加过村里健康教育。对于年龄60岁以下的村民来说，村里的健康教育对他们的吸引力更低，他们参与的积极性小于60岁以上老年村民的参与率。

第四节 北房村基本医疗与公共卫生服务的发展方向

一 医疗卫生资源投入的城乡差距逐渐缩小

县、镇、村三级农村医疗卫生网络的建立是农村卫生机构的重要基础，承担着满足基层农民医疗卫生需求，推行和实现国家医疗卫生的政策功能，其功能完成的好坏直接关系到基层农民的健康。随着国家对农村医疗卫生事业的重视，医疗卫生资源的均衡发展成为医疗卫生发展的重要课题之一，其中最为重要的是对基层医疗卫生机构方面的投入，包括医务人员、医疗设备、药品种类与质量等。积极推进工作中心的下移，把更多的财力物力投向基层，把更多的人才通过一些优惠措施引向基层，加强基层的医疗服务能力。加强县级医院的标准化服务能力，规范及提升镇医院的医疗设备、药品种类及质量的满足程度；推进乡村卫生机构的一体化管理；进一步完善三级卫生医疗服务机构，为农民提供方便优质的医疗卫生服务。

加快建设适宜卫生人才培养的基层医疗体系，建立适宜留住人才的评价机制，晋升机制以及各种保障机制。鼓励受过良好教育的专业全科医生到基层医疗机构工作，给予他们较好的待遇条件。提倡大医院和社区医疗机构之间的良性互动、上下转诊，使得大医院与基层医院最好有直接的利益捆绑关系，人员能上能下，使农村也能看到较好的全科医生。

二 增强对于卫生服务方面的供给，满足农民日益增长的健康知识、保健等卫生服务的需求

村民对村委开展的健康教育参与率较低，其主要原因是村委会和卫生机构对村民的健康保健知识需求的了解较少，导致健康保健知识的供给与需求的错位，这不仅浪费了良好的资源，而且降低了村民的满意度。

健康需求不仅是治病，更重要的是健康保健，因此，农村基层卫生机构及村委会或镇政府在开展健康保健知识宣传时，应积极了解农民群众的健康知识需求，做到对宣传教育活动要有针对性。老年人是农村医疗卫生服务的主要群体，积极开展各种有益于农村老年人的活动（如健康检查），并提高类似服务的质量。

三 逐步消除城乡居民医疗保障的差异，实现城乡居民基本医疗保险的统一

新型农村合作医疗是解决农民"看不起病"的重要途径。但调查中发现，新农合在宣传、报销程序与报销比例、全国统筹方面依然存在很多问题，因此加强新农合的宣传，进一步提高报销水平，简化报销程序，实现医疗费用的异地报销等应当成为未来新农合政策的发展方向。

对于新型农村合作医疗与城镇居民基本医疗保险，国家的政策体系及管理部门并没有统一起来，表现为城镇居民医疗保险由人力资源和社会保障部管理，新农合由卫生部管理。在这种体制下，并不能使现城乡居民医疗保险得到统筹。因此，为进一步平衡城乡医疗保障体制的差异，整合城乡医疗保险资源、理顺体制势在必行。

第五章

北房村的生活与养老保障

聚焦到农村养老与生活保障，笔者尝试从北房村村民日常基本生活保障，如经济来源、住房、养老等的需求与满足情况的视角切入，并尝试聚焦具有北房村特色的养老与生活保障模式及其变化。

第一节　北房村养老与生活保障的模式及其改变

与周边的几个村子相比，北房村的经济发展是相对较好的。从地理位置上看，北房村是当地镇政府所在地。且距离城区中心较近，亦毗邻当地出名的经济开发区。从村庄发展形势上看，北房村是镇政府所在地，学校、卫生院、邮局、集市等公共基础设施较为全面。总的来说，北房村目前从客观上能够满足绝大多数居民的社会保障需求。这种有力的经济支撑主要来源于其土地流转所带来的经济收入。

一　土地流转与村民基本生活保障

（一）土地流转

在谈及"三农问题"时，农村、农业和农民是紧密相连的三个词汇。农民的生活地域范围在农村，而其最基本的直接经济来源为农业，其基本保障即为土地所带来的社会保障。但伴随着城市化的发展，部分农村的产业结构由最开始的第一产业为主导转向第二、三产业蓬勃发展的态势。北房村便是这类转型中村落的代表。北房村的土地使用价值正逐渐由原始的农业种植转向非农业。土地流转后，北房村原来 5000 多亩土地现在只剩下 1400 亩，林地 200 亩。村民亦渐渐成为失地农民群体。

土地使用权的转移使得土地的社会保障功能逐渐弱化。当然，对土地的收购，村民得到了一定的补偿。对于北房村"老村民"（1998 年以前的户籍在册农户）的补偿标准为 16 万元/亩。截至调查时，北房村共征了三次地，2005 年征了少量且均为村集体用地，2009 年进行第一次征地 0.5 亩/人，补偿 8 万元/人，2012 年的第三次征地补偿 0.2 亩/人，补偿 3.2 万/人。

村民：地多的时候 1 人合 1 亩地吧，后来 1 人 7 分地，国家规定的 1 人 7 分口粮地嘛。现在全家才 1 亩 7 了。平常种点玉米、大豆、花生的。没有（菜园子），那地都老远老远的，你种了也不得收。（笑）08 年以前 1 人 7 分地，九几年的时候 1 人 1 亩地。这还有 1 亩地，那 7 分地雁栖给征过去了。当时征地的时候按 1 亩地给 16 万，这我们不是 1 人 7 分地嘛，那样征过去的。先征了半亩给了 8 万，这 2 分地吧，去年给征过去了，给了 3 万 2。

村民：我们是一个人七分地，还有发 8 万元生活保障，是按户口的也按年龄限制，不是说每个人都有，只有在这个村的老户才能每人发 8 万，孩子也有出生年限，大人是 98 年前的老住户有，孩子好像是 2004 年就没有了。

村民：我是农村户口，但是没地了。当时村里面搬迁，有百分之几十不到百分之五十，可能有 20%—30% 左右的人是后搬的。我原来是怀柔山区的户口，94 年入的户。村里面给了 3 万多，第二次，一家人不到 5 万。

(二) 土地流转所带来的社会保障改变及其保障效果

1. 暂时性保障与长远性保障的博弈

土地流转给北房村及其村民带来的经济收入增长是显而易见的。当下，大多数北房村村民获得了较为丰厚的物质收入，经济上较为宽裕。拥有私家车、进行住宅翻新装潢、现代化的家用电器在北房村已不是新鲜事。

部分村民将这部分钱用于投资，比如盖房出租、作为家庭成员做小生意的周转资金等。以下是某受访者对资金使用的描述：

> 村民：大队发钱了，我们的钱都给他（儿子）拿了，我给他投十万，他买了电动车，又给他买一货车。进点钱进点货，就 20 几平方米一个小店面 2 万一年。出去给他人装监控、空调、自己先买着，品种全，啥都会修，服务态度好。

村子集体性受益还体现在诸如对于村民收看有线电视的补贴①、对特殊人群"养老助残券"的发放、对村民合作医疗的补助②、下水道等便民设施的改造与完善等。在北房村做生意的邻村村民对于北房村的观察：

> 村民：我父母 50 多岁了。合作医疗，这几年（一年）100 块钱吧。北房村这边交三四十，剩下的大队给补。我们那边村里没补。

但是，并不是所有村民对这项土地补贴措施保持满意态

---

① 个人交 100 元，其余部分由村里支付。
② 村民交 40 元，村里补助 60 元。

度。某村民给笔者讲述了土地征收的这样一段经历，表达自己的不满：

村民：就这点钱有什么意义啊。地是你的，地强行收掉了。后来大队起诉我们。合同它定的，撕毁合同。说合同阻碍发展。合同只定对它有意义的。不给补偿。合同到期违约金多少钱？地跟白要去一样。2009 年到 2027 年十多年的违约金也得这么多钱。地跟白要走一样！

亦有一些村民，尤其是年纪较大的群体则表达了自己对长远社会保障的隐忧。比如，将来可能会出现的货币贬值、物价上涨以及如何养老的问题：

村民：现在除了 8 万块钱什么都没了，地也没了，过去 10 块钱能过个年，现在 1000 块钱都过不了年，你们小时候（20 世纪 80 年代）一分、二分就能买一个冰棍现在便宜的也得一块钱。

村民：有这 8 万，地都给你买走了。老人得节省点花。买这车，盖楼房，钱都花掉了。儿子不给我我能找他要？我家 5 口人，也就省着花。

村民：我说那征地补助的现在都花完了，你将来靠什么生活呀？你说你年均收入 1 万多块钱，人家发这 8 万，后头发 3 万，剩下这钱能活几年？这老百姓还是那什么的。这娶了媳妇，剩下来就这寥寥无几的事儿。

总而言之，无论村民个体是否愿意，北房村土地的大规模流转已成事实。土地征收补贴带来了短期丰厚的收入，无论是村集体所提供的社会福利还是村民个体的物质生活水平均有了显著的提高。然而，只有少数村民能够有效利用这笔资金，失去了土地保障的农民，尤其是老年群体如何应对未来的养老风险、将来能否有跟进的社会保障性服务仍值得笔者的期待。

2. 户籍与土地——农转非的户籍保障

而在谈到与土地流转相关的社会保障性措施时，不得不提及农民身份的转变。这种转变与户籍性质相挂钩的社会保障性措施的变化。1996 年，北房村首次经历开发区占地 600 亩，没有进行户籍上的农业户口向非农业户口的转变，之后"逢征必转"。北房村土地征收的同时，部分村民的户籍成分发生变化。这一部分村民通过征地的"农转非"变为非农业人口。根据《北京市建设征地补偿安置办法（148 号令）》被征地农民享受一次性就业补助费、养老保险、医疗保险等优惠政策。

> 村民：开发商给交保险，女的 45 岁补 15 年养老，20 年大病；男的补 15 年养老，25 年大病。年轻人给失业金。

然而，由于指标的限制，只有一部分群体通过抓阄的形式实现了"农转非"的身份转化。一位村民向我们描述了当时抓阄的场景：

> 村民：（阄）扔箱子里你就摸吧，比如有 300 个名额，第一轮抽完了抽掉 270 个名额还剩 30 个名额，再扔里面继续抽。

因此，和户籍相关的社会保障差异性由此凸显。一部分村民成功抓到了"转非"的阄，享受到了失地的相关保障性措施：

> 村民：我们有社保，当时抓阄的时候抓着转非的了，（医药费）能报 80%。
>
> 村民：50 岁后就可以拿 1500 了，像她妈年轻没有拿还要

交呢，但到 05 以后就比我拿的多，因为她现在交钱了，而我
50 岁以前没有交钱所以拿的就少，她们 05 年开始拿的时候工
资就比我高，属于占地转非发的工资，占多少地给你多少名
额，比如说占你 100 亩地给你三个名额，这三个名额呢就进行
抓阄，谁看着就是谁的。应该是 09 年抓的，可是转不是 09 年
转的。我抓的时候就 52 了。没交，所以拿的少。大概有 200
人中，不够年龄还得补的。转小城镇的就什么都不给了，还得
自己交钱，那时不还早吗，认为城市户口好，那时候商品粮吃
香。所以就交钱转成小城镇户口，现在不一样了，城市户口还
不如农业户口呢，转地的时候户口还在这儿呢，这样分钱就还
有呢，一次性交一千多、二千就转成城镇户口了，我们村好像
有一二十户，还有的是随家属那边转的，那时转都是为了一个
月 7 块 5 的菜补，不然谁转呀。

　　村民：我吃商品粮，我有每月 1500 元的工资，我没有买
其他保险，一开始交钱买的社保，后来转成商品粮户口就把那
些交的钱又退给我了。我爱人也是商品粮，但他没有工资，原
来还吃一点低保钱，现在什么都没有了，占地给补了。我家都
是非农户口，那两个孩子也是，孩子是上学迁到城里转在商品
粮户口的。

另一部分村民则成了与字面相符的"失地农民"：既失去了土
地，亦依然是农业户口，无法享受到相关的失地安置待遇。

　　村民：农转非的时候，我手气背，没转上。按户抓阄，这
不合理。

　　村民：儿子给的少，老两口只能靠国家。农转非都没抓
着。困难，没人管了，反映也没人管这事。低保也没有，现在
也不给低保，这个村子里没有低保。坏就坏在农转非抓不着。

可见，在失地人员安置方面，尽管政府出台了相应的户籍转换政策，但是在实际落实过程中，由于利益相关方的博弈，最后仍有部分村民成了失地又未获得长远社会保障的农民。

3. 土地流转对相关福利政策及家庭关系的影响

土地流转对大多数原户籍村民生活的改善是短时而高效的。与村民收入水平显著提高相对应，北房村也逐渐远离"家庭收入低于某一标准"的政府性基本生活保障。比如据《北京市低收入家庭认定暂行办法》第五条：低收入家庭收入认定主要核查家庭收入并综合考虑家庭财产状况。家庭收入是指家庭成员拥有的全部可支配收入，包括扣除缴纳的个人所得税以及个人缴纳的社会保障支出后的工薪收入、经营性净收入、财产性收入和转移性收入等。家庭财产是指家庭成员拥有的全部存款、房产、车辆、有价证券等财产。①

由此可见，除残疾人这一特殊群体外，领取低保的现象在北房村基本上已成为历史。同时，村民也不享有由低保带来的其他福利政策，诸如农村住房救助等。在访谈过程中，多位村民反映：截至2013 年 7 月，本村基本上不存在低保户。

中国文化向来注重"家"和"户"的影响。南怀瑾先生在《原本大学微言》一书中谈到中国文化传统的"家"时，认为中国古代历来重视家庭尤其是家族的概念：自然人依靠血缘关系所建立起的组织形式。尽管外来人口不断介入该社区、周边经济发展与建设也开始逐渐深入影响到北房村的传统生产生活方式。但是不能否认的是：这种依靠血缘关系而建立的联结在现时下的北房村依然有着很重要的影响。比如村民承认同姓氏中依靠辈分划分的长幼关系。

儒家文化提倡"修身齐家治国平天下"。自然人在社会中有

---

① 《关于印发〈北京市低收入家庭认定暂行办法〉的通知》京民救发〔2009〕443号北京市民政局关于印发《北京市低收入家庭认定暂行办法》的通知 http://www.bjmzj.gov.cn/templet/mzj/ShowArticle.jsp? id=101025。

"家"的支持即社会保障力量。相应的，社会管理中最基层的管理对象为"家、户"时，自然也会带来一些家庭内部相关利益的博弈。

笔者感受到，在这笔不小的征地补偿资金到达村民手中后，围绕资金的分配使用，一些居民的家庭关系发生微妙变化。

第一，家庭社会保障能力的增强。老人用自己得到的资金用于子女事业发展或家庭组建。同时，子女给予老人精神慰藉和物质支持。在访谈中，不少主干家庭中的老人表示自己的征地所得大多用于子女婚嫁、新房装修、子女创办事业周转资金。同时向笔者介绍，自己家中的彩电等现代化电器为子女所添置。

第二，是消极方面的，在家庭的主导权博弈中，家庭对个人的保障力度趋于削减。

> 村民：分这8万，这二年我们村好些打官司的，儿子女儿要，不给不干。儿女天天打架生气，就给呗。村委会一般调解不了，法庭解决。有的是儿女把钱拿去了，不给老人家，老人家不得告儿女去。

无论对于亲代还是子代，这种围绕金钱的矛盾对于家庭社会保障力度是具有杀伤性的。亦有个别极端现象：自控能力差的村民将征地补助用于赌博，最终导致悲剧发生。

> 村民：这钱生祸害。占地分了点钱，喝毒药、打架骂人的都有，赌博。村里有个人50多岁了，抱外孙了，当公公了。自个不珍惜自个生命。

与此同时，村民在得到土地征用所得款后出现了另一种现象。家庭组建——北房村光棍的减少。北房村村民形象地向笔者阐述了征地补助对于男性光棍的婚姻的影响。

> 村民：村里光棍还有，现在就是搞（到对象）的人不少了。现在我们村不是搞到地发了八万块钱嘛，这搞了好几个，就那老光棍，小光棍，那还不少，这几年搞的，现在还有几个吧。某某都70了，搞不上了。76了还是77了，他是搞不上了。那些四五十的都搞上了。

而对于北房村无配偶女性来说，经济对家庭重组的影响没有那么明显。

> 村民：一个人过得不赖，不找人，你有孩子，我也有孩子，我顾我孩子，你顾你孩子，起小这两人在一起，走了一个就别找了，不过男的得找，男的没有女的他弄不到饭吃，男的没有老伴后，都找了，没找的没有几个，子女不愿意也没办法，哪有合适的到哪找，女的原来老伴死了没有重新找老伴的，新找的总是生疏，要是从小的那就不会的，半路上找的多少时候也是两个心眼，男的有的想找找不上，女的就是自己不想找。

从村民的表述可以看出，北房村居民在组建家庭时仍受到传统社会性别分工"男主外，女主内"因素的影响，更看重男性在赚钱养家方面的责任，即男性要有具备较强的经济实力。而更强调女性在对家庭成员日常生活料理方面的责任，即维护和调节家庭关系的能力。

二 婚姻、家庭与人际往来对生活与养老保障的影响

（一）家庭对个体养老保障的影响

个人在应对社会风险时，变化所产生的冲击力往往在家庭层面能够得到一些缓解。比如在养老问题上，我国《婚姻法》规定子女

对父母有赡养义务，在实际的生活层面，家庭及社会文化对子女的赡养行为也有相应约束。因此，当个体面对老年身体机能下降、社会适应能力下滑等困境时，家庭可以为老年人提供照料支持。北房村居民的养老方式亦多是家庭养老，且以主干家庭模式居多。在受访 60 岁以上群体中，22 人和子女生活在一起，18 人没有和子女在一起生活。

如前所述，失地补偿金的领取增强一部分老人所在家庭应对社会风险的能力，同时也造成部分老年人处在与子女关系矛盾频发的处境中。可见，仅靠政府提供的客观数量的资金是不足以使每一位老人在养老方面需求得到满足的。和谐的家庭关系对于老年群体的社会保障亦很重要。在受访 60 岁以上群体中，37.5% 的成年子女对老人的主要支持方式是日常生活照料，25% 的则提供的是资金支持，精神支持占 22.5%，另有 10% 的老人不在乎子女的支持。

从年龄阶段的划分看，儿童也是值得关注的弱势群体。关于儿童的受教育问题，本书前面章节已有详细介绍，在此不再进行阐述。在儿童的日常生活照料方面，除父母以外，部分祖父母、外祖父母也承担着照顾孙子女的任务。尤其是在儿童放假期间，老人成为照顾孩子的主力军。

> 村民：我自己带孙女，我儿子在××上班，挣的钱还不够自己花呢，孩子我给他带也是白带，他说没钱你去交去吧。有时上幼儿园没钱我给交点。村里的幼儿园要好一点也每月只要交三四百块钱。现在要上学前班了她妈要把她带县里去了，每月要交四五百块钱，马上就要上一年级了。

由婚姻、血缘所缔结的家庭对于个体的保障是强有力的。同时，中国社会尤其是乡村地区家族、亲缘群体构成了社会网络式的社会保障。北房村居民之间是相互熟悉的。在访谈期间，常会遇到有访谈对象亲朋、邻居之间的相互走动。同时，在一些遇到婚丧嫁娶的家庭，这种场所也是村民聚集的一个地方。

（二）北房村家庭及人情往来的保障效果分析

1. 家庭对政府公共服务的分解、资源重整

政府公共服务政策的制定是针对符合条件的居民个人的。然而在其具体落实过程中，常会遭遇到家庭对其的分解和资源的重新整合。以北房村为例，最常见的是家庭对政府失地补助收入的规划。在家庭成员得到失地补助后，一部分北房村的家庭中，会把这些钱整合起来用于一个地方，诸如投资、建房等。

再如养老保障中，政府通过新型农村养老保险给予老年人一定的经济支持。由于数额有限，这种补偿对于满足老年人的日常交往关系的维持、基本生活照料常是杯水车薪的。老年人也是疾病发生率较高的一个群体。以失地农民中的老年人来说，尽管新农合等医疗保险能够按照一定的比例报销，但是主要支撑力量还是在老年人所在的家庭中子女所给予的支持。

> 村民：孩子们想到那去随她们，不把她们留在身边，如果留一个在身边，我们老了有事，另一个就不会管了，她会认为我们把东西都给身边这个孩子了。现在我们年轻没事，等我们老了，她们都会管。

2. 家庭承担主要养育子女的责任——再谈独生子女现象在北房村

从北房村干部处了解，北房村基本上每家都有孩子，现在大约有四五百未成年人口。北房村每年有十多个孩子出生。

计划生育政策的落实和居民物质生活水平密切相关。主要体现在两个方面，其一，超生的巨额罚款。其二，在养育费用高及家庭收入有限的情况下，只有减少子女数量才能在一定程度上保证子女

能够获得更优质的成长环境。换句话说，尽管一些村民有生二孩的
意愿，但家庭能够承担的养育子女的费用有限。

> 村民：我不想要孩子了，一个就得了，一个月要给孩子一
> 千多元，他要吃小饭桌，上小学就吃小饭桌，早晨我们把他送
> 到学校，下午我们还没有回来他就自己回来了，他们也有伙
> 伴，他平时买好吃的，买玩具，像他这样大的也不少，计划生
> 育管得比较严，怀孕了有人举报大队就来查，生下来发现了要
> 罚 12 万，要是生了人家自己有能力自己也愿掏钱，不会强制
> 拉去引产，上户口时就得交钱了，
> 村民：未婚先育的也罚，二胎要罚十几万谁要得起呀，地
> 卖的是口粮钱将来永远都没有地了，下辈儿孙都没有了，给一
> 点钱也不够花半辈子。
> 村民：我目前没有生第二个小孩的打算，压力太大。一个
> 孩子 1 年小 3 万，赚的钱都给他花了。没上幼儿园前，买奶
> 粉；上学了，交学校都小 2 万。还要吃喝。离学校四五公里，
> 每天接他，一个月要油钱都七八百。一年 3 万打不住。
> 村民：这计划生育挺严的，超生就罚。上个月发了三四个
> 二胎的，有一个三胎的罚了二十多万。那一家想要儿子，上面
> 有两个闺女。二胎罚的少，头年 15 万，一年涨，今年好比 11
> 万，过年就 12 万。三胎罚的多，二十多万呢，生男生女罚的
> 一样。

在北房村，由于受独生子女现象的影响，婚姻建立时对经济利
益的考量趋于弱化。究其原因，按照村民的说法：家家都是一个孩
子，钱不给他花给谁花。

> 村民：结婚也没有什么讲究，女方也可以陪嫁，我结婚是

家里没有陪嫁什么，现在一个孩子今后省心。

村民：怀柔这边基本没有什么（要钱的风俗）。女方也没有要的，家好的买房，女方有钱女方买，男方有钱男方买，没钱就租房。两口子走到一地了，家里都一个孩子。80后基本上都是独生子女。

村民：我们这没有彩礼钱，就装修房子办办事呗，再给媳妇买点衣服什么的。我们村不像过去那样，就像这家，说要有一个起码要花十万二十万的。我们家结婚，我就送东西给媳妇1000块钱，都给媳妇带回来了。怀柔山里头还有，娶媳妇要三金什么的。你说好家伙，要彩礼钱三万五万的。你再办事，你就得每人得有所房子。你起码要有所房子。你一所房子盖，现在起码也要十万二十万。

与此相伴而生的是这一部分独生子女所要承担的养老负担加重，家庭养老风险的增加。受访者向我们形象表述了独生子女在兼顾事业和赡养老人时所发生的时间冲突和矛盾：

村民：年轻这一代要孩子这都是要1个，我们家三这都是要1个（孩子）。是少！有的，像我，3个。你要是有个什么事3个孩子就能互相照应。你要是就1个孩子，为啥我说呀，像我姐，她就1个闺女，她住院我得跟着陪床去。她（姐的闺女）伺候她（姐），她（姐的闺女）上班我得跟着伺候她（姐）。1个孩子太少。就算你有两个，两个有什么事也能商量。

村民：现在这农村好像都没有这个（偏向于要男孩或者女孩）的意识了。（笑）过去那时候，为啥我们要3个，婆婆不干。我丈夫兄弟哥三个，他是老三。那个哥两也生三，人家家都有儿子，我们俩也受气。没有儿子挤对我们。老太太劝我们：趁着我能给你带再要1个。这才要个小三。现在儿子闺女都一样。

可见计划生育政策在另一方面也淡化了传统乡村观念中"重男轻女"的思想。同时，由于社会风险的存在，北房村也出现了少量的失独家庭。

3. 社会交往人情往来的保障效用难衡量

人是处于一个社会网络中的个体。马斯洛将社会交往需求界定在生理需求和安全需求之上的第三层次。在各种社会关系中，每个人都有着不同的社会角色。笔者尝试将社会互动的发生以社会角色之间关系距离远近做三类划分：一是家庭内部直系血缘关系的互动。二是以旁系血缘、地缘等相对联系较为频繁的互动。三是作为日常生活维持如购买商品等其他的社会性互动。

第一类的社会交往在此不再做重复赘述。第三类由于角色集过于庞杂本书难以进行分析。因此，暂将关注点集中在第二类，即村民之间互动较为频繁的社会交往方面。

从经济往来看，村民间的社会交往主要集中在特定的风俗习惯中，如嫁娶、生子等。举办方进行酒席宴请，而出席方则准备礼金——份子钱。

村民：孩子满月去看，也没有什么仪式，过去的一些仪式现在都没有了，孩子结婚的一般给一千、两千，孩子满月也有给一千的、600的，村里人办事一般给200，一般份子钱比较少。五一、十一结婚的多，随了有十个、八个份子，有亲戚女儿出嫁陪送，多有多给、少有少给。婆婆和媳妇见面给一万一，万里挑一。这边不兴要，不要彩礼。结婚时候买个钻戒。我这一年要随个一万多份子钱。

村民：村里没有什么风俗习惯，生孩子要吃满月酒，关系不错就去，十二天去，满月也去，关系一般化的就去一次，现在不发红鸡蛋，现在到饭店。

村民：一个村子的。家里有什么喜事的话，自己本村的人估计有一半以上的人都得去吧，互相不来往的不走动的不可能去，关系好的去。比如说咱家有事他们来了，我们就得去，没有什么来过的一般就不去了，亲戚，关系比较好的。像打工来的一般都不去的。

从精神需求看，这种社会交往是对个体社会身份的一种认可。只有被划定在该社交圈内的亲朋才有给礼金的资格，同时根据和活动举办方关系的亲疏远近，礼金的数额也不等。在走访中，笔者了解到，北房村一个普通家庭每年的份子钱支出 10000 元左右。因此，一定的固定收入才能维持相应的社会互动，而每年花在这一方面的支出其产生的社会保障效应有多大？是否在村民需要得到帮助的时候会有其他村民伸出援手？笔者认为如果对此进行考量，还需要进一步的调查观察。

第二节 北房村村民的其他生活与养老保障

在本节中，笔者将主要关注具有北房村特色的其他一些生活与养老保障模式。

一 对弱势群体中老年、残疾人群的特殊保障

根据北房村某退休村干部的表述，北房村现有 60 岁及以上的老年人约 200—300 人。大部分老年人和残疾人的经济来源单一，身体状况较差。此外，对于年轻时有固定工作的部分老人来说，精神上有着较为强烈的需要得到关心和慰问的诉求。

退休村干部：2000 年以前的退休干部受的苦最多。我们那时干活，每年县里要达到 100 天、公社 200 天、大队要 300 天，上面达不到不要紧，我们必须要达到 300 天。2000 年以后工资就高了。2008 年召开一个老干部座谈会，我说我们最苦，我们都是老干部了才几百块钱，我们退休都十来年了，才 500 元，太少了。农村干部没人管。你说国家干部，这也涨，那也涨，不管当干部的、当老师的都涨工资，就农村干部不涨，我们的政策，对农村老干部的应该好些吧，你要是给他涨几十心情也不一样，可是无动于衷，退休十几年了还是这样，我不是说就我一个人说，现在普遍都反映这个问题，一般只是过年的时候开个什么会发一点东西或钱什么的，但镇政府过年或过节什么的从来没看过我们这些农村的老干部，也应该看看村里的老干部，看看他们身体怎么样、生活怎么样。这也是关心嘛，不是说200、300 的，召开各村老干部座谈会、聊聊天，光说和谐和谐，光是口号没有行动，往往在一起待的时候都提这个，但咱们提这个没有用。

对于北房村的老年人，跟随子女生活依然是最主要的养老和居住方式。北房村有养老院，根据村民所说，附近每一个镇都配有一个养老院，北房村所在镇有一个养老院；目前，仅有一位未婚的残疾老人在养老院居住。

征地之后，部分村民转为城镇户口。由开发商给户籍成功"转非"的村民交保险：

村民：女的 45 岁补 15 年养老保险、20 年大病保险；男的补 15 年养老保险，25 年大病保险。年轻人给失业金。

此外，部分在附近就业的村民由所在单位承担部分养老金的缴纳责任。

> 村民：北房村几乎没有低保了，60 岁以上的每个人补300，大队补 100、国家补 200。有老的入保险的又多点 300多、400 块钱。我每月交 200 多，厂子里每月交 200 多，村里是每年交 1000 多，养老保险相当于五险一金。

亦有一些居民自己按年缴纳养老保险：

> 村民：社会保险要年年交呀，国家的养老保险是一年交900 块钱，原来是 800 多，现在是一年交 1000，等到 55 周岁国家就给你钱了，一个月好像给三四百块钱，也就这个没有其他的了。

根据我国现行的养老保障政策，新农保和城镇居民养老保险待遇由两部分组成：第一部分待遇是基础养老金，最低标准由中央统一规定。第二部分待遇是个人账户养老金，是个人在 60 岁以前缴纳的养老保险费以及政府的补贴等。60 岁后，养老金按月发放，多缴多得。[1]

对于北房村的农村户籍的老人来说，其最主要的经济来源是国家提供的 310 元左右的养老保险。鉴于多数老人都患有这样或那样的慢性疾病，而医疗保险目前只能给予部分报销。因此，支出大于收入的超出部分多由老人家庭即子女承担。

> 村民：养老保险我们都没入。那点儿没钱嘛（笑）。那时候一年一个人交几千交不起，没有那条件。现在，像我们过 60的就不可以入了。现在只有国家发的那个 200 多，今年好像有310 了吧。女的是 55 岁，男的是 60，就是那钱。一个月 310，

---

[1] 《城乡居民基本养老金将设立调整机制》，《北京日报》2014 年 3 月 26 日。

每月发给我。那个国家补助一个 285，中央补助一个 27.5。310 那够肯定是不够，像这农户吧，自己种点菜，要是买点菜，你再随个份子，那不都得几百块钱。310 也就够买点菜，够不了，不够的话孩子再给点呗。

　　村民：我们没有退休金，确实钱不够花，现在吃的好说，吃好吃差一些无所谓，就是看病药得吃，国家一个人先给 200 多点，现在给 300 多点，好像是养老金，不够用，老年人事情多，上岁数了毛病就多了。

在访其对养老保险的看法：

　　村民：我们自己交的养老保险，一年交 1000。从四五十，交到 60 岁得交 17 或 18 年，这种政策研究的不赖，让这代人养上代人。拿你儿女的，我们那时候一家四五个孩子，要交保险交多少钱？

　　可见，由于部分老人在 60 岁之前没有足够的积蓄缴纳养老保险，他们大多只能拿到国家补贴的基础养老金。而基础养老金不能满足老人最基本的日常吃穿住行的需求。由子女提供日常照料的家庭养老仍是主要的养老方式。

　　北房村约有精神残疾或肢体残疾 20—30 名残疾人。部分享有低保及国家和村里的特殊照顾，如免费乘坐公交车、安排在村中就业等。

　　村民：村子里有哥俩是大光棍，有 60 多岁了。老大有智障，给村里打扫卫生，也常见到，人也老实。老小有 1 条腿短，不肯说话。他们应该都是低保户，国家、村子里给点（钱），对他们有照顾。

　　村民：我们村有一个年轻人在念书的时候上大学不到一年

得的抑郁症，后来也给她发了残疾证，她妈也有耐心，月月吃药，现在好多了。年轻人残疾还是比较少的。村里有的人半身不遂。我们村低保户一个人每月能领400多元，有两个孩子念书就一个人挣钱、搬迁来得迟，分不到钱大队就给她照顾吃低保，那家有抑郁症的村里还照顾她安排她搞卫生，每月能拿五六百元。

针对老年人和残疾人群体，北房村有一个的特殊村情政策：养老助残券。即对村民中符合一定年龄和身体状况条件的村民，每月以发养老助残券的方式给予生活补助。这部分券可以在本村的固定场所，如超市、饭店等额使用。

> 村民：残疾人能免费乘车，往脖子上一挂，出去都免费，一个月还有100块钱的国家助残券。老人够80或85的给养老助残券。性质不一样，但是钱一样。村子里老人90多岁，80多岁的人不太多。

在访谈过程中，有个别村民向笔者倾诉对于发券条件审核不公平的看法：

> 村民：残疾人11年闹一批低保，俺这没有检查，不知道，没弄。有人本身没毛病，大队有人，弄个残疾（证）本身就不合理，这事。一家三四个，三四个地弄。一家两口子全是，真正残疾的都弄不了。残疾人还有1个月的养老助残券，年终给点米、给点面、给点油，坐车不到岁数也不花钱。

总之，在北房村，老年人和残疾人群体在最基本的衣食住行上可以得到相应的政策支持，如基础养老保险金的领取、免费乘坐公

交出行等。而日常生活、精神照料则主要在其家庭中实现。和其他
地域、村庄不同的是，北房村现行的养老助残券补助政策在一定程
度上也巩固了这部分困难群体的物质生活保障。

二　村民对于商业险的购买现状

作为全民普惠型社会保障的补充，商业保险的购买在北房村有
鲜明的个体差异。大多数村民没有购买商业保险，且部分村民对商
业保险持排斥态度。在笔者问及商业险的购买情况时，偶有被误认
为是商业保险的推销人员。当然，亦存在少数村民买了多种商业
保险。

在问及购买或未购买商业保险的原因时，笔者了解到造成这种
差异性主要是在于村民的社会网络中与保险推销员关系的紧密性。
即是村民与商业保险销售人员"人情"关系越密切，购买商业保险
的可能性越高。其次的影响因素才是商业保险的购买能力与村民购
买意识。

> 村民：家里人都有保险，平均一个人 2 个半保险，买的商
> 业保险。八几年就有保险了，头一份保险，81 还是 81 年就有
> 了。那时候保险才 110 多，130 多的样子。我们那里卖保险的
> 人太多，都去找你。我亲妹妹也来找我，一年卖掉了 7000 多。
> 保险公司就有三家。养老、分红、意外啥都有了。我开过几年
> 出租，车险也有。

三　外来农民工租房等对本村村民的"额外补助性保障"

近年来，鉴于北房村位于北京郊区且毗邻经济开发区等就业优
势，大量以青壮年为主外来人口在此地集中。外来人口的进入在一
定程度上促进了北房村的经济发展。

一方面，经济上给北房村村民提供了"额外补助"。外地人来

北房村首先要解决的是吃穿住行等日常生活问题。以住房为例，北房村居民的居住形式多以四合院为主。由于计划生育等社会因素影响，很多家庭有空房。因此，租房给外地人居住已构成多数村民日常收入的固定来源之一。

　　村民：我自己种的花，下午到大队打打牌去，我住这边，那边没人住，房子出租了，能租出去，租出去四间，不是长期租户，想来就来想走就走，他们都是来这里打工的，最长也就租5个来月，这些房子是新盖的。

　　村民：我这租了8间房子，这儿子闺女都不给家住，这都给租出去了。一个月收入，刨去乱七八糟的，也就收入1000多块钱。水电费，我去买卡，他们出。

　　村民：我这里有四个人租，他们都是怀柔的，过节了他们就回家了，他们都上班呢，一般晚上2点多才回来，回来一般就睡觉。

　　村民：我的房子租给别人9间，一个月租金一共也就1000多元，有一个总电表，一家一个分电表，水表就一个，他们在这里租住已经有十年了，这些人做小本生意房租多了他们交不起，只能少要一点不能太黑，这样的房子要在县城的话一间就得1000多元。

为了能给外地租客提供更方便的生活条件以吸引更多租客，从而获得更多额外的经济收入，一些村民对自家住房条件进行了改造。这种改造类似于向外地人提供短期或长期居住的家庭旅馆。

　　村民：我买了个洗衣机，冬天你洗个棉袄，洗个床单什么的。1个月100，我1个窗帘180呢。一个人我要100元押金，我约束他，走的时候你不破坏我还给你。冬天暖气是集体的。

都有网线，我们给安的。用路由器，分支器把它给分开了。租出去 6 间，这厢房我们俩用。这村里面盖了好几个公用厕所呢。我们俩有热水器，我说安一个大伙使，下班了能洗澡用，2010 年安的热水器。现在得收钱，洗一个得收 4 块钱吧。太阳能 2000 多，这水我还得买。给孩子们图个舒服。夏天和冬天洗澡都是 4 块。这边也有洗澡的地儿，家安一个就是方便点。

另一方面是精神上的慰藉。本村的青壮年劳动力多在北京市内、怀柔区内或外地工作、读书。相当一部分离开北房村后，已完成向城市居民身份的转变。因此，部分北房村住户的构成模式为，"北房村原著老人+外地青壮年及其家庭"。对于北房村的老人来说，与租房客的互动成为日常生活的重要组成部分。这在一定程度上给予了留守"空巢"老人精神支持和日常帮助。

村民：这就是我们住的房子。我们家（对外出租）了几间房子。房租 1 个月也就 100 多块钱 1 间。租的最短的要是不听话的，不到 1 个月就让她就走了。最长的那个都 6 年了。他们在雁栖印刷厂上班。他们 1 家三口人，还有一个孩子，还有他媳妇。孩子刚上幼儿园，刚走，是个人开的幼儿园，在这上的。这就跟我们孩子似的，有啥活帮我们干点。他是承德那边的，他要开车也得两个多小时，他们自己开车回去，买一车。那女的在县城是搞美容的，做美容师的，一个月 6000 多块钱，这孩子挺好的。男的 31 了，人挺好的，你像我们家有啥事，他们都帮着干。这孩子挺仁义的，这也住合 1 年了。（租房客）也就 30 几，他就是平时工作太累了，出点体力，就是干干活也不怎么太干了。他不是初中就高中（毕业），他们家就 1 个小女孩，高二，学幼儿教师呢。租房子的，就这两小孩就天天要跟我，每天晚上下学和我们一块吃，早上我们吃饭"奶奶我也要吃"。他们家那孩子比我孙子还大呢。就在东边那个七彩幼儿园上学。他比我家孙子都大呢,他叫我奶奶,我家孙子回来了,他说,去,她不是你姥姥,是我奶奶。(笑)今年5周多了。

第三节　北房村外来务工人员的生活与养老保障

截至 2013 年 7 月,在北房村居住登记的外来人口约 2100 人,80% 以上的人来自北京以外的农村地区,其中,60% 的外地人在北房村的居住时间超过 2 年,20% 的超过 5 年。鉴于北房村的独特地理位置及经济发展程度,外来人口尤其是青壮年群体的数量的大大增加,已经超过了本村人口数量,形成了名副其实的"倒挂村"。村干部向我们讲述,2011 年以前,在北房村大约有 2400 个外来人口。因此,村子里违建房多。后来由于要环境治理,部分房子被拆,外来人口也随之减少。现在约有 2100 多外来人口,和原来的村民人口呈"倒挂"现象。

一　北房村的外来务工人员概况

在北房村,随处可听见说着乡土口音的外来人口。当然,外来群体中的年青一代标准的普通话在某种程度上表明,他们已成为文化融合中的见证者。勤劳、能吃苦是北房村村民对外地人群体的总体评价。

　　村民:外地人到我们这做买卖都吃香,这做买卖的都外地人。本地人不能吃苦,你像打工做买卖的外地人多。外地人一能做生意一能赚钱。北房村大超市全是外地人(在经营),没有本村的做啥买卖。

在被问及来北房村的原因时，多数外地受访者表示，无论是打工还是做小生意，目的都是为了赚钱养家。在这里的经济收入要远高于在家乡务农所得经济收入。

　　外来农民工：和这里相比那肯定是家里好喽，家里又不用租房，都是本地人，也说话，人家普通话，我们说话人家也听不懂啊，是吧。（到这里来是）因为家里生存不下去呀，你在家里咋子生活呀。

而之所以选择北房村为落脚点则是由自己周围熟悉群体，如亲戚、老乡、朋友等介绍而来。

　　外来农民工：我们有亲戚在这边，在雁栖。也有亲戚在密云。我们就是亲戚介绍过来的。他们比我们多来一年，妹夫的亲戚来得早。他们在东边的厂子里售货。河南人多，到处都是。干点小生意的都累，要有时间。老乡在怀柔的有，开店的我们基本上都认识。

　　外来农民工：家是山东聊城的。开店 4 年了，一直都在这。原来这里也是个饭店，后来承包了。现在这几年饭店开的特别多，都是这几年开起来的，在一块 30 多家。哪儿的都有，东北的、山西的、山东的，反正都是外地的，没有本地的。山东老乡多着呢，没有组织活动的老乡会什么的。好多人都是在厂子里加班呢。

从人口流动性的角度考虑，大多数外地人表示"哪里好就到哪里去"，并不把北房村作为唯一归宿。考虑到未来的养老情况时，多数受访的中年人倾向于以返乡作为归宿。而年青群体则表示未考虑这么长远。同时，也有部分随子女来北房村生活的有劳动能力的外乡老人帮助子女经营生意等。

从情感认同来看，外来人口大都并不认同自己为北房村村民。多以其来源地为主要情感上的心理认同。

> 外来农民工：和这相比肯定家乡好。家里亲戚朋友多。来这第一年的时候气温受不了。在这里过年没意思，这里没啥亲戚。一般过年都回去。过年回去花花钱，心理舒服。

他们基本上不参与北房村的任何社会事务管理。来到北房村后，除了租房之外，每个外来人口还需要办理暂住证，且在村子登记基本信息。

> 外来农民工：我们要有暂住证，自己去派出所办的，现在免费、不要钱，第一年收费 5 块钱。我们每年都要去办。

二　外来务工人员生活保障

赚钱是这部分在北房村生活的外来人口直接的生活动力和目的。根据职业性质不同，所得劳动报酬也会有所差异。

在京务工的人员，其报酬由于工作性质不同而存在一定的差异。北房村的租客多为体力劳动者，因此，月工资多在 1000—3000 元之间。例如，在北房村某饭店给其亲戚打工的 20 岁左右的女孩，其月工资约为 1700 元；而在附近保安公司上班的三班倒的某中年保安，月工资约为 1300 元；在附近彩钢厂工作的男性体力劳动者，月工资约为 3000 元；在镜片厂上班的年轻女工月工资约为 2000 元。

在北房村做生意者的经济收入较高，但差异较大。根据受访者本人的介绍，村里小卖部的月收入约在 3 万元左右。而自营夫妻早餐店的年收入才约为 4 万元，平均一人 2 万元左右。复印店年收入约有 7—8 万元。摆摊位卖饼的中年人的年收入只有 1 万元。

一些外来人口同时做两份工作。一位卖凉皮摆摊的男性受访者表示，他和妻子都在北房村附近的工厂上班，本人月工资约 3000 多元。由于和妻子工作分白班和夜班、女儿也在身边，因此，家庭成员之间在业余时间经营一个凉皮凉面的摊点。一份凉皮 5 元，一天能卖六七十份。扣除成本，凉皮生意大概一天能赚 200 元，每月仅靠凉皮凉面生意，家庭能有 5000—6000 元的收入。

根据北京市人力资源和社会保障局发布的数据，北京市 2012 年职工年平均工资为 62677 元，即每月 5223 元。① 也就是说，除了部分在北房村做生意的居民外，大多数外来人口的收入低于北京市职工平均工资的。日常生活开支包括吃穿住行、礼金及其他相关费用。其中，最主要的支出为租房和礼金部分。每月的房租从几百元到上万元（做生意）不等。尽管外来人口已离开故乡，但每年为维持各种社会关系的礼金支出约 1—2 万元，礼金支出是外来人口日常支出的重要组成部分。其他相关费用包括意外支出，如手机店店主表示自己曾遭受到小偷行窃，被盗走 2 万元，报案无果。也有发生大宗医疗支出等案例。这种地域性的收入和支出，已使得北房村成为这些外乡群体直接生活保障的构成主体。

三　外来务工人员养老保障

外来人口的许多与户籍挂钩的基本社会保障依然来自其来源地。以养老保障为例，从客观方面来说，养老保险金的缴纳地和领取地及领取数额与其户籍所在地直接挂钩。这种养老金的缴纳和发放根据外来人口的来源地有所差异。

> 外来农民工（河南）：在河南那边没有交养老保险，只有 50 元一年的医疗保险，必须要交的。养老保险还没到年龄，

---

① 数据来源：《历年北京市职工年平均工资》http://www.bjld.gov.cn/gzcx/other/200510/t20051007_19735.html。

要到 45 岁, 今年要交了。

我们那边过了 60 岁一个月给 70 块钱, 到 70 岁一个月给 80 块钱。给两父母一次性交了 7600, 也多不多少。

外来农民工 (陕西): 他们说我们那边老人家到了 60 岁有工资拿, 不知道是真的假的。说每个月都有几百块钱, 那我们就不担心了, 到老了就也有了。

外来农民工 (四川): 养老保险等到了 60 岁就能拿到了, 我一个月能拿我们老家是去年才一年好像是 50 块钱。

从主观方面来说, 部分群体尤其是中老年群体的养老意愿依然在家乡。

外来农民工: 和这里相比那肯定是家里好喽, 家里又不用租房, 都是本地人, 也说话, (在这里) 人家普通话, 我们说话人家也听不懂啊, 是吧。(到这里来), 因为家里生存不下去呀, 你在家里咋子生活呀。

从医疗卫生服务的角度看, 大多数外乡人很少会经历或使用到医疗报销流程。究其原因, 一方面是多数外向群体在年龄层次上以青壮年为主, 且外出务工在某种程度上要求他们拥有健康的体质。这部分人群生大病的概率比较小。平时感冒发烧的一些小病多选择就近拿药。另一方面, 是报销手续和流程比较复杂, 除少量参加了单位城镇职工医疗保险的群体外, 多数外乡人其工作性质和生活方式使其放弃在北京和来源地之间来回奔波的报销选择。

外来农民工: 在老家头疼发烧的 30 多块钱, 还有的剩余。这里自己掏腰包, 100 多。这里非要住院才能报。在河南老家报 70%。这里 1 万 5, 报 2600。医院开的药会护理的, 住一个月去送了三次钱。看病也没指望报销，麻烦。要开证明、回老家。三百块钱报几十，还不够耽误事的。

四 外来务工人员婚育保障

北房村的外来人口以中青年为主。已婚的外来人口多以家庭为单位在北房村居住，而未婚外来人口中，一部分随长辈家庭成员或独自居住在北房村。

外来人口基本上不存在与本村人通婚的现象。从访谈对象的婚姻观念看，无论是外来人口还是本村人口，对这种跨地域婚姻多不看好。这主要是北京户口所带来的各种稀缺资源使得这种婚姻关系的建立具有较强的不对等性。

> 村民：这边户口不好弄，娶外地的媳妇不愿意要，5年才能入户，大家都不愿意过来。……本地人不愿意娶外地媳妇的，当地人觉得我是北京人，要你外地人就不错了。外地人发展起来了，有点能耐了，就不本分了，外地人离婚率高。
>
> 外来农民工：一般人家瞧不起外地人，外地人来这里上不上户口。人家本地人有钱分啦，外地人没钱，分不到钱，一个人分几万，外地人没有，是吧？人家瞧不起外地人。

从婚姻稳定性的角度，多数外来人口选择通过回家相亲等方式选择与家乡人建立婚姻关系。

> 外来农民工：儿子今年回家结婚。（女方是）相亲认识的。（在外面）谈了也是白谈，家好的还可以，家不好（女孩）就走。我们村里一年跑了五个媳妇，都是外地的，什么湖北、四川的。媳妇新来的时候好，过一阵子，不能一直捧着，不能老是宠着她。当地的互相了解，好一点。（闹了脾气之后）娘家

讲理的再送回来。不能在外面谈。

在生育保障方面，除部分就业单位为职工提供生育保险外，多数个体经营及临时应聘人员无生育保险。在生育意愿方面，考虑到子女的养育成本，外乡人口的子女数多为 2 个。

> 外来农民工：计划生育严，就不严人家都自动就生一个两个，都不生多，生多了负担太重。现在我们那边最多就三两个。我们那边你都能生两三个我们都不生，生的那么多负担太重。

总之，外来人口在北房村获得比在家乡更多经济收入的同时，还能够获得北京较为普及性的保障政策。然而，仍不能享受在养老、医疗、子女非义务教育阶段入学等以户籍为考量标准的社会优惠性政策保障。此外，在日常生活中，外来人口和本村人口仍存在诸多的被不平等对待的现象。在婚育保障方面，地缘和业缘关系也成为制约外来人口获得社会保障的阻碍因素。

第四节　反思与建议

在城市化进程的影响下，北房村从人口规模、构成模式、经济来源方式等多方面发生了深刻的变化，社会保障构成也从传统、单一的土地保障转变为多种保障模式并存。北房村村民已不再是传统意义上的农民。在我国社会保障政策不断完善的大背景下，现有社会保障中存在的问题及如何构建均等化的社会保障模式仍值得反思。

一　建立多元化社会公共服务提供主体

（一）村民的主要社会保障提供主体是政府

在现有的社会保障提供方中，政府是最有力的保障提供主体。

正如杨方方在《中国转型期社会保障中的政府责任》中提道：在社会保障中，政府应该处于主导地位。在北房村，居民所享受到的普及性及均等化的社会保障政策均来自政府的财力支持、政策导向以及具体落实中的责任承担。

（二）完善产业转型中的企业社会责任

北房村是我国城市化进程中一个典型的处于转型中的村落，依靠北京郊区某经济开发区的地理优势，通过招商引资在村庄周边建有多个类型的企业。在吸收本地村民就业的同时也吸引了大量的外来务工人员，外来务工人员以体力劳动者居多。因此，规范企业对职工的社会保障责任变得格外重要。例如，对企业职工"五险一金"的正常缴纳，在考虑到职工的工作时间和劳动强度的基础上，给予其合理的薪酬待遇。例如，在北房村偶遇的一名单位保安人员表示，其所在单位给予缴纳社会保险，但是在法定假工资、公司福利待遇方面显得有些差强人意。

> 外来农民工：养老保险，有社保，五险一金都有。国家都给上了。保安公司当地人不用，只要外地的。国家法定节假日没有双倍工资，当地人不能告他，干一二年就走了，公司补偿不了。归怀柔保安公司，上属北京市劳动服务总公司。……公司也有活动，唱歌、演个讲。一年大概两到三次吧。我们没有旅游，周六日连休息都没有，节假日也不休息。一个月30天，能上几天上几天。没有工资条。只是一张卡，往里头打钱。月月工资个人工资有执勤都不一样。

从土地流转情况来看，北房村的土地补偿金主要来自占地企业。因此，占地企业对失地村民的保障程度力度不足会造成村民所享受的社会保障的非均等化现状。

（三）加强非政府组织及社会公益性活动的影响力。

在北房村，无论是当地村民还是外来务工人员，绝大多数群体对"非政府组织""草根组织""NGO"等词汇非常陌生，甚至认为其是一个贬义和妖魔化的词汇。在问及"您是否知道非政府组织"时，一村民表示：

> 村民：我们这边也有现在都不讲了，像法轮功呀什么的，像这，我上银行换了一沓子钱，这钱（上和法轮功相关的文字）不是都印在背面嘛，这钱让我给银行换了。

相对于"非政府组织"一词，"基金会"这一词汇更容易被受访者接受。然而，北房村基本上没有受到过基金会的资助。正如村民表示，在公益活动的组织方面，当地村委会才是被认可的组织方。

> 村民：（笑）基金会，咱这好像没有。前一阵子都是大队组织捐款，就像那个哪地震啊、救灾啊，我们这都捐款，村里头组织的，村委会组织，完了那什么。有捐物的，有捐钱的。我说，要是咱们这受灾了，人家大伙不也帮咱们么，多少就献一点爱心呗。（笑）一有什么都大队组织，大队一广播，大街上安的都是喇叭。一般都捐什么10块20块的，党员捐得多，每人100。

表 5-1　　　　　　　　寻求村委会解决困难的意愿情况　　　　（单位：人;%）

是否寻求过村委会帮忙解决困难	居民类别	北房村居民	外地居民
寻求过	人数	26	2
	比例	25.5	5.1
从没有寻求过	人数	76	37
	比例	74.5	94.9

在被问及是否寻求过村委会解决自己的困难时（见表5-1），大多数人表示没有找过村委会寻求帮助。在外来人口中，这一比例竟高达94.9%。

表5-2　　　　寻求政府部门解决困难的意愿情况　　（单位：人；%）

居民类别 是否寻求过政府 部门帮忙解决困难		北房村居民	外地居民
寻求过	人数	25	6
	比例	30.9	17.6
没有寻求	人数	56	28
	比例	69.1	82.4

如表5-2所示：在被问及"在遇到纠纷时，您是否寻求过政府部门帮助"时，30.9%的当地村民表示自己曾经到政府部门寻求过帮助，而仅有17.6%的外地人遇到问题时去找政府部门解决问题。因此，外来人口要想获得均等化的社会保障则需要一个能"发声"的社会组织。例如外来人口要想解决生活上的问题只能依靠和房东的关系。

非政府组织对社会保障的重要补充。可通过政府购买服务等多种形式保障丧偶、失独、残障人士、高龄群体、外来人口的利益。此外，北京已存在有诸如"协作者""工友之家"等非政府组织，从其职能和工作内容来看，已为在京务工人员提供健康、法律、生活援助等方面的服务，成为社会保障的一个补充部分。

二　完善社会公共服务保障类型

（一）加大国家对社会抚育方面的投入

计划生育政策的放宽是为了应对人口红利的消失以及人口老龄化的重要举措。但从现状看，家庭仍然要承担孩子成长过程中的各种花费，如高额的社会抚养费、子女入托等费用的支出由家庭承担。从计划生育政策中独子奖励费对应于现今消费水平来看，其所带来的优育效果、家庭养老补给效果可谓杯水车薪。

> 村民：计划生育就是独生子女的到老了，女的50，男的好像是到60吧，政府一次性补助1000块钱。往那以后一个月有100块钱。1人100，父母200。像我这岁数那独生子女太少了。刚开始，那时候没有几个。以后有点多，以后要实行计划生育，肯定要注重这一块。

调研中发现，无论是北房村村民还是外来人口，均认为养育子女的负担太重，多无生育三个及其以上子女的意愿。因此，家庭经济收入的差异成为儿童在成长过程中享受差别化保障的一个重要因素。加大国家对社会抚育方面的投入，如时间和薪酬方面的生育保障、建设基础教育资金等对社会保障方面的均等化显得十分必要。

(二) 建立转型时期失地群体一代人的长效补助机制

作为城镇化过程中的转型村落，土地流转带来"村"概念的渐渐消逝。一方面，农村日出而作日落而息的农耕生活被城镇化的快节奏上班生活所取代；另一方面，从农村文化传承的角度看，许多北房村的年轻父母选择缴纳借读费让子女到镇外接受更优质的教育。而人口集中、资源汇集、商业发展等使得北房村越来越具有小城镇的特质。

土地大规模流转之后，失地农民这一群体的人口数量只会逐渐减少；新诞生人口将会以"非农"标签落户，在城镇化的环境中成长。这部分转型中的失地农民在数量上或将向边缘群体方向发展。因此，在土地流转过程中，一次性的失地补助固然是有意义的，但是长效社会保障补助机制的建立更加重要。否则，在失去了土地且在一次性补助金额使用殆尽后，这部分群体的养老问题令人担忧。

关于社会变迁与社会保障跟进的非均等化方面，部分老年村民在口述中表达了自己的不满，主要集中在，年轻时为国家做贡献而在年老之后参照其他职业群体未能获得满意的保障和关注：

> 退休村干部：2000 年以前的退休干部受的苦最多。我们那时干活，每年县里要达到 100 天、公社 200 天、大队要 300 天，上面达不到不要紧，我们必须要达到 300 天。2000 年以后工资就高了。2008 年召开一个老干部座谈会，我说我们最苦，我们都是老干部了才几百块钱，我们退休都十来年了，才 500 元，太少了。农村干部没人管。你说国家干部，这也涨，那也涨，不管当干部的、当老师的都涨工资，就农村干部不涨，我们的政策，对农村老干部的应该好些吧，你要是给他涨几十心情也不一样，可是无动于衷，退休十几年了还是这样，我不是说就我一个人说，现在普遍都反映这个问题，一般只是过年的时候开个什么会发一点东西或钱什么的，但镇政府过年或过节什么的从来没看过我们这些农村的老干部，也应该看看村里的老干部，看看他们身体怎么样、生活怎么样。这也是关心嘛，不是说200、300 的，召开各村老干部座谈会、聊聊天，光说和谐和谐，光是口号没有行动，往往在一起待的时候都提这个，但咱们提这个没有用。

总之，政府应在社会保障均等化方面发挥的主体作用，同时强化企业的社会责任，并重视非政府组织在社会保障均等化中的补充作用。在社会保障日益均等化的过程中，结合北房村的实际村情，政府应加大对儿童抚育的承担责任、解决异地医疗报销中的难题以及考量失地农民等群体的未来利益保障是有重要意义的。

第六章

北房村文化体育与社会
公共安全管理服务

本章中主要聚焦于与村民日常生活息息相关的北房村的安全保卫、环境卫生两个方面。从社会安全管理服务的角度出发，尝试对北房村的安保服务、环境卫生安全服务现状及均等化情况进行描述与反思。

第一节　文化体育服务

北房村村民对于文化体育服务的需求既有群体内的同质性，也有群体间的异质性。作为一个地理位置较为优越、交通便捷、同时正处于城镇化过程中的城乡接合部的村落，可以从一个微观的视角窥见村落的发展、转型的变化过程，分析文化体育服务的基本状况和特征提供典型案例。

一　北房村文化的资源使用与传承

（一）从电影文化走向电视文化

在 20 世纪 90 年代，北房村村委会组织每月在公共场所放映一场电影。然而，伴随着信息化时代的发展，电脑与电视开始成为村民家庭中的必备品，传统的露天电影开始逐渐淡出村民的视线。

　　村民：村里面电影九几年的时候每个月放一次，用老式放映机放的，到零几年的时候就没放过几次了。

　　在被问及如果村中播放电影您是否还会去看时，53.15%的村民回答不会，另有 9.79% 的受访者会看情况选择是否去看露天电影。电视媒介的入村进户是带来这一现象的重要原因。目前，北房村家家户户基本都有一台彩电；电视节目成为村民休闲娱乐和获取外界新闻的一种主要方式。从资费标准来看，当地村民每年只需交纳 100 元就可收到有线电视节目，能收到约 60 个频道。

　　村民：俺家是有线电视一共能收 50 多个节目，一年要交 100 元。

　　村民：家里的有线电视是村里给统一装的，当时个人拿了 100 块钱，其他的村里给补的。大概能收到 60 多个台。

　　然而，优惠政策并不能覆盖到在北房村生活的所有群体。诸如在北房村的租房客，若想看到有线高清电视需自己负担全部费用。

　　村民：我们看农民频道、文艺频道，我们不是有线电视，自己装天线，用闭路要交 5 元，我家能收到十几个台，爱看江苏的维权频道。

（二）图书信息的获取方式

书籍是最传统也是被普遍认可的传播媒介。从村民获取书籍资源的渠道来说，主要是自己去书店购买感兴趣的书籍。

村中可供使用的图书资源是很有限的。许多村民表示，自己没有去过国家图书馆或北京图书馆专门借书，且村中学校的图书馆资源并不对外开放。北房村有图书馆，但是现在已处于无人管理和使用状态，也有村民表示村中可能要规划建设新图书馆。村委会订阅有报纸可供村民借阅使用：

> 村民：我不喜欢看书，那时一边学一边忘。有时也看看报纸，自己没有订报纸是到大队拿报纸看的，到广播站拿报纸看。（报纸）看过也不用还。以前（村里）有过图书馆后来关了，关好些年了，开了两三年，关了已经有五六年了。

（三）传统文化在北房村

谈及文化，在北京这个历史古都中，必然要提到传统文化的影响与传承。从村中住所来看，无论是之前的老房子还是翻修的新房子大都是以四合院结构坐落。部分村民在自家的院子里种有蔬菜、葡萄等；也有村民合理利用院中的空间，在院子上方覆盖有隔热、防雨、透光设施，使之成为客厅。

从村民对传统文化活动的参与程度来看，北房村的舞龙与秧歌可谓是一大特色。从村民的表述中笔者了解到，过年或有重大节日的时候，村中会举办有这种类型活动。北房村的舞龙队曾参加过县区组织的比赛。参与人群以村中的中年人、女性为主体。

> 村民：现在有老年活动站。白天跳跳舞打打牌，晚上也跳跳舞。没有人组织，都是自发的。我们村好像没有跳舞比赛，有耍龙的，大队组织的参加比赛，只是过年的时候舞，20人左右，也有女的，男的有五六个，大部分都是女的。好像有两条龙，春节前后有一两次，也都五十来岁，60岁的快退休的。

> 村民：村里也组织一些活动，如过年时舞秧歌，我没有时

间（参加），他组织完了以后要排练。乡政府那个地方跳舞的最多，我们村有舞龙队，有时还参加比赛呢，他们先到乡政府去比赛、比赛完了到县政府去比赛，过年的时候大概是正月十五，一年好像就这一次。

在传统手工艺方面，北房村也鼓励村民参加手工艺的制作学习活动，但是后续跟进方面略显不足。

村民：公益活动这边少，西沟（地名）那边做编织做灯笼的，卖的那小玩意儿，那包。我们这村没有，这村也是去学去了，但是没搞起来，没有。他免费教大家，想学就去学，前两天组织残疾人去学，他们学回来也没做。

（四）信息传递方式的多元化

北房村地处北房镇乡政府所在地，是该乡镇的经济文化中心。村中的主干道旁设有邮局，虽地处北京郊区，但是快递业务亦可送达。与外界信息交流较为方便。

村委会坐落在村中南北走向的主干道旁，与老年活动站相毗邻，位于村口附近。从村务及信息对村民的公开化角度来说，在村委会及活动站院外的墙上设有专门的信息公开栏。提供本村的村务公开与便民信息。

村务信息的另一种传播方式是村中的广播。当村中有具体活动需要动员北房村村民参加时，多会通过分布于村中的广播设施进行信息传递。

另一种信息传递的方式是村民之间的互动，如走亲访友。村中老年活动中心作为村民的主要活动场所也是信息传播的场地之一。此外，笔者发现，村中没有教堂等类似的宗教集会场所，本地村民中有宗教信仰的人几乎可以忽略不计。

二　北房村村民健身方式及体育设施的建设使用

（一）老年活动中心的活力

老年活动中心位于北房村村口，与村委会只有一墙之隔。虽命名为老年活动中心，但实际上是一个对外开放的公共场所，对进出人群并无年龄限制。它由两间装有空调的房子和一个几十平方米的小院子构成，房间内设有桌椅。场所一般在早上八点钟左右开门一直持续到晚上，供人们使用。

据笔者观察来看，在多数情况下，老年活动中心上午没有什么活动和人员，偶尔有几个村中的孩子在里面玩耍，或个别人在打篮球。一般是在下午人员开始聚集，主要是几个老年人在打牌，一直持续到晚上饭点在傍晚的时候，是老年活动中心人气最旺的时间段。在院子里有专人负责播放集体舞音乐、领舞，有 40 人左右参与，其中绝大多数为本村的中老年女性。此时，多数村民已下班回家，且有很多在北房村居住的外来务工人员携年幼子女在院子中休闲、观摩。

> 村民：晚上有跳舞我有时也去跳舞，村里不收费，每舞有四五十人去跳。村里没有妇女活动室，（村委会里面的）妇女之家主要是计划生育用的，没有专门的妇女活动。我几乎每天都去（老年活动中心）跳（舞），只跳半个小时左右，一般在晚上七八点钟开始的。早晨没有跳的，我们周围几个村都有跳舞的，都是村里组织的。

> 村民：晚上 7 点到 9 点跳广场舞，谁想去就去，不交钱，男的也有跳舞，他们跳双人舞。

> 村民：我现在有时玩纸牌，不会现在的麻将。玩纸牌不玩钱，2 屋子，4 到 6 桌。三点多去，十多二十分钟就能凑够一桌。

村民：村里有跳舞的，我这么大岁数还跳啥，不跳。就打牌，别的不会，只能玩这个。我视力不好，一个眼睛瞅不见。基本上差不多一下午都去打牌。

虽然老年活动中心并不排斥外来人口，但是多数外来人口只是在一旁观看，几乎没有人参与到舞蹈等活动中去。此外，部分外来人口表示，基于自我身份认同、工作性质的原因，不愿意参与到北房村活动室举办的活动中。

村民：这个老年活动室我不去，不是不让外地人去。主要是，我们外地刚来几个月对当地的不太熟。说话也说不到一起。

村民：我们都不是这里人，哪有这闲工夫去跳舞。平时没有时间去健身跳舞什么的。

作为北房村的公共休闲娱乐场所，老年活动中心无疑在村民生活中扮演着举足轻重的作用。无论是否参与到活动中心的具体活动中，它的影响力已经渗透到北房村居民的心里，就算不识字不会打牌、不跳舞的村民，也会去聊聊天、去感受村中的活力。

村民：有老年活动中心，那里有牌，但你不会玩，那里人多。平时有个伴也还能溜达溜达，这样心情也就好点了。大队老年活动中心冬天有人，有时有二三十口，就冬天有，那里暖和。

村民：有老年活动中心，但开空调，冷，我不去，冬天有时去有时不去，夏天肯定不去，去的话什么也不干，只是聊聊天。

（二）散落与不固定的健身场所

在北房村的主干道的马路旁、旅店和集市西侧，有一处露天公共健身场所。场地不大，约 20 平方米左右，健身器材数量较少，种类也比较单一。傍晚时分，多为带着孩子的村民或外来务工人员来此休闲娱乐。据村民表述，原来这里的健身设施要更多一些，后来由于马路拓宽、市场修设等规划把场地迁移到了较远的地方。由于新建身设施场所距离较远，村民也很少问津。此处旧的健身设施还存留部分，但是毗邻主干道的地理位置使得村民对它的安全性有所顾虑：孩童来此地玩耍必须要有成年人跟随。

> 村民：原来这儿有体育设施，后来考虑到不安全就迁到其他地方去了，这儿的菜市场花了几百万，也没有什么用，车进不进去转不过来身。锻炼身体的地方在马路边，现在都被破坏得差不多了。

散步是一些在北房村生活的人每天都进行的运动方式之一：

> 村民：我天天遛弯，早上溜半天，早上五点多六点多起来。
> 村民：我们平时（锻炼），出来没有什么锻炼不锻炼。像我们老家每个人都锻炼，什么锻炼，就种土种田。每天都锻炼。这里有些时候有空的时间你也就出去遛一遛。一般时候都是我一个人。

一位赋闲在家的村民向我们简要概述了其白天的主要生活方式：

> 一般早上 5：00 多起床。然后溜一圈有个二三里地。有时

邻居，有时候凑不到一块就自个。然后回来烧饭，7：00 做饭，他们吃好了好上班。然后打扫打扫屋子，11：30—12：00 做午饭，聊聊天什么的，下午 2：00 打牌打到 4：00 多散伙回家。

在被问及"您认为村子的体育健身设施能否满足您的需求？"时，32.17%的受访者表示村中设施无法满足自己的锻炼需求（见图 6-1）。

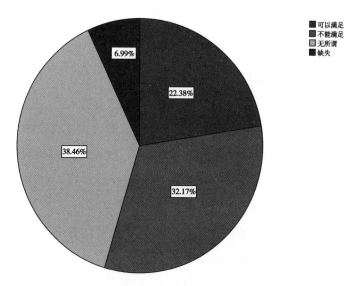

图 6-1　居民对北房村健身设施需求的满意度

进而问及村中健身设施的不足之处时，54.05%的"不能满足自身锻炼需求"的受访者表示主要原因是村中的健身器材种类过少（见图 6-2）。

综上所述，北房村的文化设施能够基本上满足村民的需求。传统文化传承方面，村委会能够担当起承上启下的活动组织角色，并能够充分利用宣传栏、广播等形式进行信息公告宣讲。文体活动中心——北房村的老年活动站的地理位置选址在村委会办公室旁，在

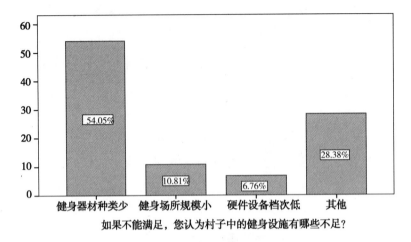

图 6-2　北房村健身设施的不足之处

使得老年活动中心成为村民休闲娱乐场所外也具备了信息流通中心的角色，但在传统纸质媒介服务提供和管理上有待完善。

从均等化角度看，北房村免费对外开放的文化体育设施上基本不存在服务提供的差异性。市场提供服务而村民买单的项目中，如有线电视节目的收费，北房村依据户籍划分对本村人提供优惠服务。实际上，由于北房村居住人口的自我身份认同（如外地人），职业限制（如经商）等原因，对服务资源的使用效率有群体性差异。主要表现在：本地人口高于外来人口，中老年人高于年青群体，有固定上下班时间者高于个体商户经营者。

第二节　安全保卫服务

我国正处于社会转型时期，也是各种社会矛盾频繁爆发的时期。从北房村的基本情况来看，北房村是典型的外来人口倒挂村。同时，本村由城市发展所带来的诸如土地权益方面的利益纠纷等带来了比以往更为不稳定的环境因素。因此，社会公共服务中的安全保卫服务在北房村显得尤为重要。本节将主要从政府职能部门、北

房村村委会、村民三个角度切入，看北房村具体的安全保卫服务提
供情况。

一　政府职能部门

外来务工人口群体的流动性、复杂性成为北房村安全管理服务
的一个挑战。一户村民向笔者描述了租房客的过激行为给自己带来
的影响：

> 村民：那时这儿有间房子还没有扒呢，一个租房子的放火
> 把房子烧着了，我半夜起来发现的，这时火已经大了，灭不了
> 了，就及时报警，放火的人没有抓住，后来我就得抑郁症了，
> 长久睡不着觉，五月份着的火修好了只到八月份才三个月就让
> 拆，我都得精神病了，那时差点把大房子都烧着了，后来租房
> 子的那孩子给了九千块钱，赔的那点钱也不够盖房子的，刚盖
> 上了就被拆了，租房子的有时住两三个月不给房租就跑了，有
> 的年轻人住到后两个月的房租电费不给就跑了，有的说阿姨我
> 现在没有钱我下个月再给你，这样拖着拖两个月跑了，原来外
> 边有一间租给一个人，他还问我借钱呢，我说我在家哄孩子那
> 有钱呀，如果都在这儿上班岁数大的好点，有的岁数小的刚搞
> 对象两个人住几个月不交房租就跑了。

在面对这些问题时，村民往往首先想到的是向派出所报案，请
求警方的介入。村民对派出所在出警和处理社会安全突发事件方面
的态度是基本满意的。

> 村民：村里没有打架斗殴的，过年时小偷比较多，他们要
> 回家过年没钱了，就想办法偷了，平时好点过年要注意点，小
> 偷也不是很多，发生了直接找公安局的就来了，村里也有人值

班，一般晚上出来看一看。

在访谈中，笔者感受到本村村民和外来人口对当地政府安保职能部门期望值的差异性：外来人口在北房村的自我认同感较低。在安全矛盾冲突中，若遇到侵犯自己权益的事件，会想到向当地派出所等部门求助。但是，其对结果并不报有多大期望。北房村的一个小店店主回忆在刚开张没多久店里发生了一起盗窃事件，小店店主认为，报警之后结果不了了之：

> 村民：期望不到，都不去想那个事情。想是想人家赔个你，谁赔给你呢？国家事情那么多谁能管得到你一个那么小的店呢？咋不期望呢。对于异地医疗报销，养老保险在哪里都可以实行，那肯定期望啦。期望不到。国家都对农民挺好的了。就是自己要有一个心态，你期望不到，自己就想着自己承担，就不期望依赖国家，不能一点小事就找国家，那还不忙死。那么大的事你去找谁呢？这都外地人。就报一下派出所，查得到就查得到，就这样想的。

北房村鲜有发生群体性纠纷事件。在走访中，仅有一户受访村民向我们讲述了其曾经所在工厂职工的讨薪历程：聘请专职律师，由法院判决解决，最终胜诉。

> 村民：厂子里有打官司，我以前的厂子的没有给我们工资，我们就拿着条子找律师和厂子打官司，打赢了就给我们补发工资了，那时一审判我们赢、二审判我们赢了，厂子不服还进行了审判，我来上北京，它就服了就把钱给我们了。后来就不在那里干了，后来是电子厂也是八小时，因为我们家有孩子，上八小时能把家里孩子照顾照顾，要上夜班的话就不能照

顾孩子了，工资都差不多高。

二　村级治安管理

在北房村的治安硬件设施方面，村中马路平整，村容整洁，安全隐患较少。夜间，家家户户门口都统一安装有路灯照明。

在北房村的人员治安维护方面，每天都安排村干部值夜班，被安排值班的村干部当晚住在村口的村委会值班室，夜间在村中巡逻。

部分外来人口表示，北房村的治安环境和他们曾经去过的地方相比是相当好的：

> 外来农民工：那时候在广东待着，治安比较乱。大马路上都敢抢。这里晚上有巡逻。这里谁打架？打人钱吃亏、人也（被警方）拉走。

而在本村人看来，和北房村的治安环境历史沿革相比，现在的治安明显不如以前。对村民日常生活影响较大的事件一类是入户盗窃，另一类是由土地流转等引发的各类纠纷。

> 村民：现在治安也不怎么好，前一期在杨宋一夜盗了十一家呢！开着车偷，小偷跳墙进来把门开开，把东西都偷走了，有时把电脑都偷走了。派出所也管，不过他们也没有办法，派出所说下次谁犯事的我们在给你找。村里没有联防队，吵架打架时找大队处理。有时就因为分钱养老金的事有吵架的这时村里的主任就过来调解，也有找律师的。就是因为地的事找，其他也没有找的，政府也有民调，解决不了的上诉去。

三　北房村家庭的安保措施

对外出租房屋是北房村一个司空见惯的事情。因此，有不少家庭的住户构成是多元化的：房屋户主＋各种类型的租房客。因此，在房屋租金构成村民收入来源的同时，也面对着提供怎样的服务、如何管理租房客等问题。

一些房主在自己院中安装有多个摄像头，以此对可能会发生的偷盗行为进行威慑。并且倾向于对房屋进行长租；在房屋出租前对房客的人品、家庭等因素进行考量。部分无固定职业的中老年房主自觉承担了"守屋人"的职能。

> 村民：我在北房村生活40多年了。我两就没有这事那事。（笑）我两就在家看东西，人家这上班的都走了，这门锁了吗？有的人（租房客）走了，哪到哪都不锁门，你说着门锁了吗？这门根本不锁！（租房客:）"（你们老两口）都在家锁什么们呀？"我说"你成天不锁，我还一会儿都不出去呀？"我两上哪，都得一个在家一个出去。没法（一起）遛弯。

此外，也有部分房主对租客进出院落的时间进行控制管理。

> 村民：早上五点多六点多起来。我每天五点我起来，给院里那孩子，他上早班，六点钟上班，我得给他开门。开门你再回去，这岁数你睡不着。晚上也得他们十点钟关门就睡觉。咱们定点，十点关门。你回不回来？你要是不回来你给我打电话，你要不是你就别回来了。十点我就锁门。他一般就不回来了，我们家就这规定，就规定十点锁门。

这种人性化的考量规定在保障了住户合理生活作息的同时，也在很大程度上保证了院落的安全。

综上所述，尽管在北房村也会发生盗窃事件，家庭、邻里之间的矛盾纠纷，但是从宏观上的政府职能保障、中观上的村级治安管理到微观方面的村民、住户在安全管理方面的协同合作使得北房村的治安环境总体上保持着较为稳定的局面。

第三节　环境卫生服务

环境卫生与每个人的日常生活息息相关。在北房村的城市化进程中，居民的生活方式和生活条件有了较大的改变。例如，土地流转前，村民多以种地为生，农耕生活对于粪肥、柴火的需求使得北房村过去的环境较差。在农业不再是村民主要经济来源后，这部分环境卫生问题得到了有效的控制。

村民：现在环境比原来强多了。八几年的时候，街道也没有绿化，粪都在家门口堆着，有猪、有鸡，现在也就只有狗了。

一　日常生活环境卫生服务

（一）北房村的用水、噪声与空气质量

在生活用水方面，北房村自来水的覆盖率达到 100%。村子设有专门的自来水管道和污水处理管道。村民用水方便，部分家庭还安装有热水器、厨房热水宝等现代化设备供冬季使用热水。对北房村的村民来说，自来水是免费的，而外来租房客要收取水费。然而，由于自来水管道和污水处理管道相毗邻，部分老化的管道曾出现污染自来水的事件。

北房村周边不存在有严重污染的工厂企业。多数村民表示基本上无噪声污染，仅有村子东边的个别村民表示遭遇过饲料厂加工生产时的噪声扰民。

在空气质量方面，多数老村民表示现在的空气质量明显不如以前。外来人口也同样认为北房村的空气质量不如他们家乡的空气质

量好。

　　村民：现在这环境变化不小，污染也有。俺村，村自来水管和污水管都挨着，洗衣服、化粪池、洗澡水到污水管里。污水管直接留底下，直接流主管道。我们村地占了，办了一些工厂，有饲料厂、鱼粉、猪、鸡加工饲料，眼镜片厂，地毯厂等；水还不错，没喝出啥味来。我们这地下水管道和污水管道交叉，不坏还行。有时不行，地下污染，农村要好一些，有些国家的厂子把污水放到地下井里，污染最严重。

　　村民：我从小到现在变化太大了，污染也大多了，空气比原来差多了。我们一直吃自来水，好像有二十七八年了，水质好像没有什么变化，噪声还行吧，农村长大的都习惯了。

　　村民：我们这儿的卫生好多了，比先前强多了。水的质量这几年还行，村里老百姓不要买水，只是租房子的交消费，4块钱1方水，比楼房住户还要贵，五、六口人看着自来水，到时候要刷卡交费，我们每个月给4方水也够吃了，现在空气没有原来好，盖房子时有噪声外没有其他噪声。

　　村民：空气污染是普遍的事，有时都跑人。烤羊肉串最不待见，呛嗓子，从五六点到十一点多都是烤羊肉串的。国家要管，空气污染厉害了。和我年轻的时候相比，绿化比原来强多了，我那时干大队时就是春种春收、秋种秋收，烧火，烧黑烟。现在烧火的很少，烧火用的也是好柴火。

（二）北房村的垃圾处理

　　随着人口的不断聚集以及村民生活方式的转变，生活垃圾的处理成为北房村必须面对的一个课题。在北房村，随处可以见到摆放在路边的垃圾桶，集市旁边还有一个固定的垃圾堆放点。并由村委会出资雇有专人（多为本村在经济上需要得到特殊照顾的村民）进行垃圾打扫清理工作。这一点，在我国许多农村地区还是做不到的。

村民：平时的生活垃圾有集体的处理点。每天都拉，定点的，早上几点倒垃圾，晚上几点倒垃圾。我们每天送到垃圾场，离的不远，就几步路。村组织的人拉垃圾，都是镇政府组织的环卫人员，有的垃圾池是大队的出车。咱有一个垃圾点。垃圾场真正有一个是在××（另一个村子）那边，有一个垃圾污水处理厂。这村里有一个十米的大坑，就在那里面。哪村的往哪村里倒。固体垃圾往里倒，污水处理在××（另一个村子）那边。

村民：倒垃圾，这有垃圾桶、那也有垃圾桶。有环卫工人倒垃圾的，早起，每天早上都来到，村里很多垃圾桶，哪一片是（归）哪一片（管）的。这里的绿化也比广东那边好得多，这边的厂子也没有什么污染。

目前，北房村村民在生活卫生服务、资源享有方面较为方便，水、安静的生活环境、空气等基本生活所需，虽并不能够达到令人十分满意的程度，但并无太大污染。

二　村容整治与环境绿化

村容整治活动以来，北房村的集市被集中圈在一起，不再占用街道。曾经熙熙攘攘的主干道恢复了最原始的通车功能。由此，街道打扫也比较方便、展现出干净利落的状态。村中违章建筑的拆除，使得村容更加整洁；而由于无房居住而使得部分外来人口流出北房村。从而，人口密度也有所下降，环境卫生更容易得到保持。

村民：原来有摊啊，人家摆摊，上了就脏兮兮的。人家打扫卫生，不可能一个小时十几分钟都在那里扫了哈。人家也要有休息的时间啊，今年挺干净的，把摊弄掉了，以前好多摊。

在村庄绿化方面，不同的村民持有不同的观点。部分村民认为本村的绿化环境和邻村相比算是挺好的，街道上较为干净。部分村民认为，由于马路上都铺上了水泥，和原有北房村自然生态的历史相比，变差了。亦有部分村民对村庄绿化持无所谓态度，认为村庄绿化对于北京市整体绿化的增进作用是杯水车薪的：

> 村民：好也不好，得注意，也没钱，有些山里建个二亩地的别墅，这是我的理想目标。但也实现不了。北京投资多少多少搞绿化。就是拆东墙补西墙，把河北张家口的树给挖了补这边，还是那些树。北京环境好风沙也好些。

三　食品监管与村民处理意识

在食品安全与卫生管理方面，北房村的食品从业人员均表示自己办理有健康证，且每年均要体检。在笔者所走访的食品店中，也大都有相关营业证件。从在街道旁边卖饼的小摊点、自营早餐店到稍有规模的饭店，店主和从业人员均表示其相关证件齐全，生产及其他相关设备符合安全卫生标准。而且每年均有相关单位人员（包括所租用房子的房东，村干部，政府相关部门等）不定期上门检查本店的卫生及安全标准。如果不符合标准将会被禁止营业。

> 外来农民工：这饭店许可证是房东帮办的，我们没办过。健康证是一年办一次，来检查没有不给办的。卫生防疫站经常来，一年来好几次。进来看一次，他都懒得拿。新来的他会看一点，怕不齐全。我来的时候这啥都有，现成的。来打扫打扫屋子，办个健康证，只要身体好，两三天就下来了。一个星期

就开张了。

外来农民工：消防器材过期还不行，自己年年换。村里、房东和政府人过来要看的。这空调3000多（元），电扇都是自己装的。

外来农民工：我们现在租的这个店面，以前也是开早餐摊的。生产许可证是以前房东代办的，上面写的也是房东的名字。（而且）这桌子、椅子、炉子和锅都是以前（的早餐摊）留下来的。开张的时候，以前的设备基本上齐全，不用我们自己置办了。后来慢慢地干的大了，就自己添了一些盆，锅的小设备，也不算贵。这边开早餐摊要有健康证。一年办一次，基本上两三天就能办下来，挺快的。定期的卫生检查。刚开的时候（卫生检查）很勤，开的时间长了，（卫生检查）就少了。当地政府工作人员来看看，查看灭火器，煤燃气是不是安全，叫你注意安全。

外来农民工：我现在身体还好，每年都在这儿体检，一张饼3块钱，干我们这行的，每年都要体检，有健康证，自己交钱体检，每年都要查是卫生局来查的，每次体检要交80多元，不体检不给继续干。

从北房村村民对食品安全的处理意识看，多数村民表示自己很少会购买到不合格食品。村民大都在买东西时会关注食品的生产日期和保质期，商店也会对过期产品进行下架处理。

村民：买东西也瞅瞅生产日期，现在谁都注意这个了。买到过期的机会少，有的人家过期也就下架了。

如果碰到购买到残次品的情况时（见图6-3），35%的受访者会自认倒霉，25%的受访者会根据具体情况选择处理方法。35.71%

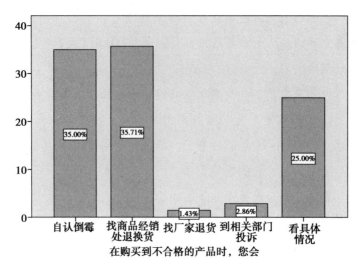

图 6-3　居民对所购买到的不合格产品的处理意向

的村民会选择到商品经销处退换货。找厂家退货和到相关部门进行
投诉的受访者仅分别占 1.43% 和 2.86%。此类问题最主要的方式是
直接找到卖东西的地方讨要说法，大多数情况下均能够得到圆满
解决。

一位村民向笔者讲述了自己为孙女做鸡蛋羹却买到了坏鸡蛋的
情形：

村民：我们没有买到过过期的食品，到超市买东西，我眼
不好，我都让他（老伴）瞅。昨天呐，我孙女回来嘛，她牙
疼，肿的，吃不了东西，要吃鸡蛋羹。我说那个买那鸡蛋羹要
坏的，我没给买。买几个柴鸡蛋吧。打完了，（发现鸡蛋）坏
了。我给他扔那了，我说我去找他吧。他说这有可能。人，也
能理解，鸡下蛋也不可能一天都下了，都下完了装盒吧。它肯
定是装盒的时候的毛病，不是人家（故意的）。日子没过期。
我去找他，他给我陪两个鸡蛋。他是浙江那边的，开了两年多的店了。他守信用。比如说我拎着找他去吧，他说大妈您别着急，我给您换就是了。他说退您钱。我说那多不合适，我说我都给孩子打了几个，一个坏的，那几个好的也都臭掉了。我说那好的您也拿不出来。他说要不我退您钱吧，您买点别的。我说我都给孙子蒸几个了，他说没事，让孩子吃吧。他说这多不好意思。我说这都可以埋解，鸡今天下一个，明天下一个，这天热，你给装盒里，可能就坏了。

在被问及"您对本村目前的生产、卫生监督工作是否满意时"，50.35%的受访者持满意态度，不满意的占有23.78%，仅有4.2%的受访者表示很不满意（见图6-4）。

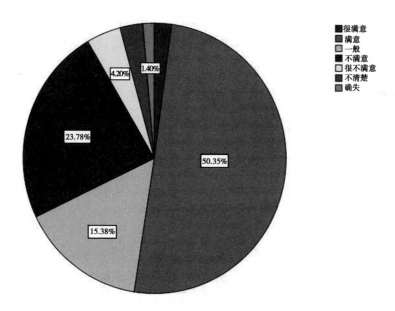

图6-4　居民对北房村目前生产、卫生监督工作的满意程度

可见，北房村的食品卫生监管方面出现了各级检查、村民监督、商户自觉的良性运营氛围。多数商家能够做到诚信经营。村民对自己从本村商户购买食品的经历，大都表示满意。

第四节　对北房村公共文化体育与
　　　　社会管理服务的反思

伴随着科技的进步、经济的发展和人民生活水平的提高，北房村在影视文化方面给村民提供了便捷的有线电视入户服务，且由村集体承担部分高清电视费用。鼓励本村村民学习与组织传承传统文化。亦能够充分利用各种渠道进行村情告知与信息沟通交流。北房村有着自己的健身活动场地。老年活动中心作为北房村一个特色，它可以称作是集本村休闲娱乐、体育运动、信息文化传递等多项社会功能为一体的核心文体场所。

在环境安保方面，北房村建立了从政府职能部门、村、村民三个层面的安保环境。在外来人口倒挂的背景下，村民的安保意识普遍较高。虽是处于城市化进程中型的村落，北房村周边并无严重污染企业。在垃圾处理上有着得到村民普遍认可的操作方法、食品监管方面也有着较为严格的检查监督风气。

文化服务方面，伴随着科技的发展、教育的普及和当地居民文化素质的不断提高，村中现有的书籍资源已经不能满足村民的文化需要。村中有待于设立、维护图书馆、阅览室，并可以老年活动站为场地建立电子阅览室，以满足村民对网络电子资源的需求。

体育设施提供方面，老年活动中心的主要体育运动功能在于满足村民跳舞的需求。然而，限于活动场所以及村民兴趣爱好的差异性，以跳舞为休闲运动核心的村民毕竟只是少数。对现有运动设施进行定期检查维修，在村民日常生活区域内规划增设部分健身设施将会对村民的日常休闲健身有所助益。同时，村中校园运动场所若能够在学生放学之后及周末对村民及持有北房村暂住证的居民开放使用，则将在很大程度上缓解有限的运动设施与村民对健身需求之间的矛盾。

　　在环境卫生服务方面，鉴于北房村出现的管道老化所导致的生活用水与生活污水交叉污染现象。现有的处理方式多为修补型策略，即水质出现问题后，仅对损坏的部分进行维修。这种修缮方式能够暂时性部分缓解村民用水问题。若要长远来看，进行管道的重新设计规划改建可能是需要采取的路径之一。

　　从村民的时间管理和休闲娱乐方式来看，在北房村闲暇时间最多的是本村的老年及其他无业群体（如失地后亦不愿重新找工作的中年女性）。表6-1为北房村内一个村民的典型时间分布案例。

表6-1　　　　　　　　村民一天的时间安排情况

时间	事件
5：00-7：00	起床、遛弯
7：00—11：30	做早饭、收拾屋子、买菜
11：30—14：00	做午饭、聊天、午休
14：00—16：00	打牌
16：00—22：00	晚饭、看电视
22：00—次日5：00	休息

　　由此可以看到，村民的休闲娱乐方式仍延续传统的农耕作息。总体上比较单一，缺少创造性和多元性。因而，鼓励村民参与非物质文化的学习与传承，在村中邀请相关专家进行村民感兴趣的健康知识、科技文化知识的普及，创造村民参与社会组织活动（如公益活动志愿者）的轻松积极氛围对于优化村民的休闲娱乐方式将赋有积极意义。

第七章

北房村的公共基础设施建设

农村公共基础设施是农村公共服务体系的组成部分，是改善民生的重要基础。十七届三中全会明确提出要健全农村基础设施维护机制，提高农村基础设施的综合利用效能。农村公共基础设施主要包括生产性公共设施以及生活性公共设施，具体包括交通设施、农田水利设施、饮水设施、电力设施、通信设施、基础教育设施、医疗卫生设施、农村文化体育设施等。目前，我国农村基础设施建设中存在诸如供求不平衡、基础设施资源分配不均以及基础设施运营管理不完善等问题。本章将以北房村为例，从现有公共基础设施现状出发，分析该村在公共基础设施方面存在的问题及其原因，并提出要提高农村公共基础设施利用效能、完善公共基础设施运营机制的相关建议。

现有公共基础设施是根据原有户籍人口数量建立的，但由于近年来北房村外来人口增长很快，该村生活公共基础设施处于一种供给不足的状态。

第一节　北房村公共基础设施建设的现状

农村公共基础设施主要包括生产性公共设施及生活性公共设

施。其中，生产性公共设施主要包括农田水利建设、农业科技以及农业生产物质装备等方面；生活性公共设施主要包括供水供电、道路交通、住房、文化体育设施、公共卫生设施、电话、有线电视、网络、生活用品购买等方面。北房村不同于一般的农村，位于镇政府所在地。从 2005 年起，北房村一共出现三次征地：2005 年征地很少，且全部为村集体用地；2009 年人均征地 0.5 亩；2012 年人均征地 0.2 亩。征地补偿标准为 16 万元/亩。由于征地的原因，该村的人均农业生产用地由征地前的 0.7 亩大幅度减少，部分人没有土地，部分人只剩下不到 0.3 亩土地。所以，与一般的以种地为主要生产方式的农村相比，该村公共基础设施的供应也有所不同。对北房村来说，生产性公共设施因失地现象作用降低，相比而言，生活性公共设施显得更为重要。与此同时，北京雁栖经济开发区多年的规划发展使得该开发区具备了很强的聚集效应和就业吸纳能力，加之位于镇政府所在地的北房村各项配套设施较为完善，距离怀柔区中心及开发区的距离很近以及村民大多使用征地赔偿扩大了住房面积，因此导致许多外来人口的流入。较为完善的配套设施和交通设施以及较低的租房成本在吸引外来人口的同时，也给北房村的现有公共设施带来很大的挑战。本节将具体分析北房村在生活性公共设施方面的现状。

一 道路交通设施

农村道路有助于农民走向城镇，将自身种植的农副展品销售出去，同时从城镇购买生产及生活所需用品。农村道路交通设施的完善有助于农民更快更多地获得市场信息，按照市场需求及时调整种植结构和经营项目；也有助于吸引城市居民走进乡村，使农村地区的旅游资源得到开发，拓宽农民致富渠道。种种现象表明，大力发展农村道路交通，可以促进城乡互通有无，帮助农民走出农村，打破自给自足的小农经济格局，提高农业综合效益。其次，我国目前存在许多外出打工的农民工，这些人外出务工以及返乡探亲都通过道路交通，利用农村客运来实现。

（一）北房村外部交通便利

北房村位于北房镇镇政府所在地。北房镇位于怀柔区东部3公里处，距离北京市区仅50公里，距离首都机场32公里，东临潮白河，北靠北京雁栖工业开发区，南部是京东平原。京承铁路、101国道横贯北房镇境内，交通便利。由于北房镇工业小区的规划，基本的交通设施已配套完善。位于镇政府所在地的北房村，能够十分便利的利用北房镇现有的道路交通设施，其中101国道紧邻北房村北部，驾车不到10分钟行驶3公里便能到达101国道与227省道的立交桥。

> 村民：村子里有去区里的公交车经过，它就是太绕了，你要去一趟区里，家里有电动车。骑电动车十多分钟，十里地嘛，方便。坐车也是，北边路口就可以。
>
> 村民：现有我们这儿很多年轻人都在北京上班，公交比较方便，有的早晨坐车去晚上就坐车回来，很方便，也就一个多小时。

（二）北房村的村际及村内交通完善

北房村的外部交通设施依托优越的地理位置已较为完善，同时在村际村内道路硬化及道路绿化方面也在逐步完善。2007年和2008年，由村委会组织村民按照人数出资，北房村开始了道路硬化建设。此后，在国家政策的支持下，开始由政府和村委会出资进行道路硬化改造。北房镇政府曾于2011年启动了一些二街三路的修复工作，完善了北房村周边村际道路的道路硬化及道路环境。此外，由于XD02县道自南向北穿过北房村，东西走向的大街道路平坦宽阔，因此该村主干道已达到良好的道路硬化标准。2010年北房镇政府曾投资 800 多万元用于北房村等周边村庄的街坊路硬化建设，其中用于北房村的工程造价总额达 440 多万元。目前，北房村整个村子的街坊路基本已完成路面硬化。

北房村曾开展道路绿化工作，清理了位于道路两边的路边摊，使得村内道路的环境得到改善，也提高了道路的安全性。但同时，由于之前的路边摊多由外来务工人员所设，因此，道路环境改善工作也改变了部分外来务工人员的生存环境，使他们失去了相应的谋生方式，不得不选择新的工作方式来解决他们的生计问题。

（三）北房村的公共交通

目前在北房村以及周边所设的公交站点多达 10 个，公交线路多达九条。虽然有多条公交线路经过了北房村，但设在村内的站点较少，不利于居民尤其是老年居民的出行，且村民认为现有的公交车线路过绕，出行效率较低，在调研当中发现，北房村居民的主要出行工具为电动车等家用出行工具，村民普遍认为这种出行方式更加便捷。

二　用水用电及供暖设施

（一）农村水利电力建设的重要性

农村用水总量以农户为单元而集成，主要是农业生产灌溉用水以及农户生活用水。目前，许多农业水利设施的建设以及安全饮水工程的开展，已大大提高了农村的用水效率以及用水质量。此外，用水价格以及农户的用水意识也决定水资源利用的效率和收益。因此，农村用水管理涉及了灌溉制度、村集体及村民的个人选择等方面（李香云，2011）。

在电力方面，我国农村电网覆盖面不断扩大，供电能力、质量和可靠性明显提高，农村生产和生活条件得到改善，有力地促进了农村用电量的快速增长。近年来，国家出台了一系列规范电价、促进电力消费的措施，类似于"家电下乡"这类工作的开展大幅提高了农村家用电器的普及率，改善了农民的生活质量。

（二）北房村在用水用电及供暖方面的现状

在用水用电及供暖方面，北房村的相关设施较为完善。由于征地的原因，北房村的农业用水主要是农村居民的生活用水。目前，北房村已经完成了村里的污水改造和自来水改造，并为每户安装了自来水表以节约用水，改造后居民的用水质量和生活质量显著提升，在用水改造的同时，用水设备的维修工作也在有序开展，方便了农户生活。2010 年，北房镇政府曾投资建设了镇内各村的安全饮水工程，其中对于北房村的安全饮水工程造价达 300 多万。目前，北房村每人每月免费 4 升水，供电方面，0.5 元/度。在调研中发现，电视机、电磁炉已成为农户的日常用电设备，此外，冰箱、洗衣机、空调、电脑等也成为大多数农户家庭的必备家用电器。对于有外来租户的家庭，农户普遍提供了网线服务，利用热水器提供洗澡服务，对于这些服务费用的收取，有的直接计算在房租之中，有的分开计算。

北房村虽然开展了污水改造和自来水改造工程，但是目前北房村的污水管道和地下水管道处于交叉状态，一旦出现管道故障，便会造成地下水污染。此外，对于北房村的本地居民来说，大多可以享受到集体供暖。但是，有些出租屋内并没有相应的暖气设施，部分外来人口无法享受集体供暖。

外来农民工：村里的地下水管道和污水管道交叉，不坏还行。有时不行，地下污染，农村要好一些，有些国家的厂子把污水放到地下井里，污染最严重。

外来农民工：我在这个村子租住了 5 年，房租一年 3 万，面积有七八十平方米多在里面搭个小房子，里面有个小房子住，冬天很冷，在里面可以生火取点暖。这里面都没有暖气。

三　环境卫生设施

党的十六届五中全会提出了："发展生产、生活富裕、乡风文明、村容整洁、管理民主"的建设社会主义新农村的战略决策，其中"村容整洁"是对农村爱国卫生工作的根本要求。农村环境卫生，是农村精神文明建设的重要内容之一，也是社会主义新农村建设的重要指标。加强农村环境卫生治理工作，是提高农民生活质量、缩小城乡差别、建设社会主义新农村的重要举措。

北房村在公共卫生方面的主要设施为垃圾集体处理点，在改善农村卫生环境方面除了建立垃圾处理点进行垃圾集中处理、安排环卫人员打扫卫生外，还有两项措施就是进行路边摊的清理工作和村民违章建筑的拆除工作。

目前，村里的垃圾集体处理点每天定点进行清理工作，村委会组织专门人员将垃圾送往本村的垃圾场，垃圾的定点处理方便了居民生活同时改善了村容村貌。同时，对于村里的污水处理工作依靠位于北房村南部的污水处理厂。

> 村主任：村里平时的生活垃圾有集体的处理点。每天都定点拉早上几点倒垃圾，晚上几点倒垃圾。我们每天送到垃圾场，离的不远，就几步路。村组织的人拉垃圾，桶是镇政府组织的环卫人员，有的垃圾池是大队的出车。咱有一个垃圾点。垃圾场真正有一个是在南房那边，有一个垃圾污水处理厂。这村里有一个十米的大坑，就在那里面。哪村的往哪村里倒。固体垃圾往里倒，污水处理在南房那边。

目前，在北房村，部分公共卫生间利用国家补贴所建，但却没有投入使用。在违章建筑的拆除中，一方面，是由于一些关系户的存在村组织没有一视同仁；另一方面，由于村民认为拆掉后的补偿款较低，出现了许多不公平和不公正现象，导致无法顺利展开。

> 村主任：村里现在的卫生好多了，比先前强多了，不过外来人口太多了，厕所拆了，厕所到星期六、日不开，其实厕所黑夜也不应该关门，盖是为了应付检查，盖好后又怕花钱所以就不给用，盖厕所国家给补贴的。

四 文化体育设施

随着我国新农村建设步伐的加大，农村生产力不断提高，农民对精神文化的需求也在增加。农村文化体育建设是新农村建设的重要内容，在一定程度上反映了农村文化体育事业的发展程度。加强政府对农村文化体育的公共服务，能够有效地推动农村文化体育的发展，提高农村的生活水平。

北房村目前的文化体育设施主要有村图书馆、老年活动中心和健身设施。文化体育活动主要是村里组织的电影播放、广场舞活动及节假日的文艺活动。

文化设施和文化活动方面，对于村图书馆而言，少数村民会去阅览书籍，但是大多村民都没有看书看报的习惯（如图7-1），村图书馆的使用率不高。

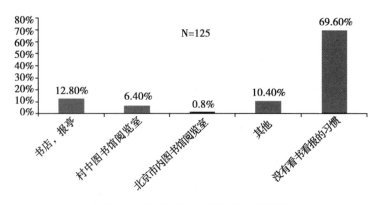

图7-1 村民获得书籍报刊的主要渠道

　　体育设施和体育活动方面，老年活动中心的主要活动就是打牌，聚集着较多的人。老年活动中心和广场舞在时间上衔接较好，早上 8 点钟老年活动中心开门，晚上关门后村民的主要活动便是跳广场舞。村里现在组织的放电影活动很少，一方面，由于农户家庭电视和电脑的普及；另一方面，是因为播放的影片过时，观众吸引度不高。逢年过节，村里还会组织一定的文艺活动丰富村民的生活。村里的马路旁边有着一些用于健身的体育设施，但是由于体育设施地处马路边，破坏程度较高；大多数村民认为目前的健身器材种类少（见图 7-2），并且在调研对象中，有超过 1/3 的人认为目前的健身器材不能满足日常的健身需求（见图 7-3）。

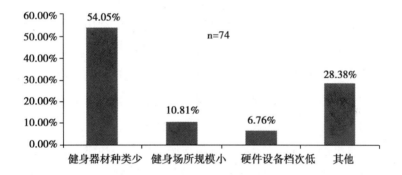

图 7-2　健身器材的不足

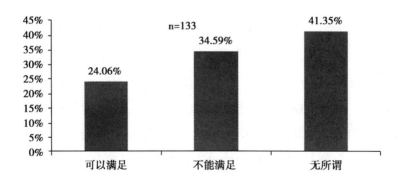

图 7-3　健身器材的满意程度

原来村里有体育设施，后来考虑到不安全就迁到其他地方去了，村里的菜市场花了几百万，也没有什么用，车进不进去转不过来身。锻炼身体的地方在马路边，现在都被破坏得差不多了。

对于外来人口而言，享受文化体育活动的机会很少。除基础设施长年欠修外，一方面，由于外来务工人员工作十分忙碌，并没有多余的时间休闲娱乐；另一方面，由于外来务工人员生活条件较差，电视和电脑拥有量较低，而没条件享受文化活动。此外，由于外来人口节假日多返乡，一些节假日文艺活动，也无法享受到。

五 生活用品购买设施

随着农村经济的不断发展，农村的相关生活用品购买配套设施也逐步完善，农民在家门口就可以购买蔬菜、生活用品等，方便了农村居民的生活，同时也促进了农村个体户经营的发展。

北房村由于地处北房镇政府所在地，因此有着较为完善的日常生活配套设施。通过调研可以发现，仅北房村就有着7家超市，所提供的产品足以满足居民的日常需求。此外，北房村还斥资几百万建立了自己的菜市场交易中心，菜市场交易中心的建立方便了居民的生活，但是菜市场交易中心的规划布局缺乏科学性，不利于车辆的进出。

第二节　北房村公共基础设施存在的问题

总体来看，虽然有大约一半的北房村现居人口对当地的公共设施满意，但是对现在的基础设施满意程度为一般和不满意的人口的比例也较高。值得注意的是，将近10%的外地人口不清楚北房村现有的公共设施，1/2左右的外地人口对北房村的公共设施持满意态度。

一　文体及环境卫生等公共基础设施供需矛盾突出

公共基础设施的发展应实现由量的均衡转向质的提高。首先，必须实现量的均衡，量的均衡主要体现在两个方面，一是总体的供给与需求平衡，二是内部供需结构均衡。在北房村，水、电和生活用品的购买可以基本满足村民的日常需求。但是文化体育及环境卫生设施方面的短缺还十分明显。目前，现有的公共基础设施是根据户籍人口数量建立的，然而随着北房村的外来人口的增多，部分公共基础设施在总量上供不应求。调查显示，目前，有超 1/3 多的人认为，健身器材不能满足日常的健身需求，并且超过一半的人认为目前的健身器材种类不足，环境卫生设施方面，一些公共设施更是没有投入使用，无法满足受众人群的需求，垃圾处理不够及时。

二　部分公共设施利用率低，缺乏合理的规划

政府为了追求政绩，往往利用国家拨款将资金投向一些形象工程以应付国家的监督评估，但是这些设施的利用率低并且浪费了大量的公共资金，有些甚至没有投入使用，斥巨资建立的一些便民设施却因为缺乏合理的规划而没有真正落实好便民性。

自建立以来，北房村的公共卫生间几乎没有投入使用过。公共卫生间建立，目的是为了方便外来人口使用，但现在并真正解决外来人口的日常生活问题。其次，菜市场交易中心在布局规划方面也缺乏一定的合理性。此外，村图书馆等文化设施的建立之后，很少有村民通过村图书馆阅读报刊书籍，利用率很低。

三　管理不到位，设施保护不善

农村基础设施管理普遍存在的问题是缺乏合适的管理机制和管理办法，管理模式也缺乏创新，基本上是政府无偿服务，农民无偿使用，人人有使用的权利，却没有人履行监督管理的义务（房桂

枝、董礼刚，2010）。从我国农村基础设施的现有情况出发，公共基础设施的管理存在很大的漏洞，许多村庄的基础设施处于无人管理的状态。

在北房村，设施管理不到位和保护不善的现象十分明显，主要体现在文化体育设施和环境卫生设施方面。调查发现，北房村现有体育健身器材设施数量很少，且大多都遭到了不同程度的破坏，无法正常使用。所建的公共卫生间没有投入使用并且环境很差，老年活动站棋盘室卫生较差，一些公共设施的卫生保洁问题做得不到位。

> 村民：老年活动中心那里平常不少打牌的，我以前去过，不过后来就不愿意去了。那里卫生不好，那个活动室气味很大，我觉得自己受不了。晚上的广场舞我也没去过，都是老太太在那跳，没看见有老头在那跳，我没怎么去过。不过我们家那位倒是经常去。

四　户籍人口与非户籍人口之间基本公共服务的非均等化

我国有着庞大的流动人口，他们为流入地做出经济社会贡献的同时，流入地理应让他们享受到均等的公共服务。但是许多聚集着大量流动人口的地区却存在公共服务有失公平的现象，公共品的提供也没有充分考虑到外来人口的需求，因此，外来人口与本地人口之间在公共品的使用方面往往存在着非均等化现象。

目前，许多地区的基础设施建设是按户籍人口来设定的，并没有考虑到外来人口的需求，使得基础设施供不应求。某些基础设施的提供也存在着本地人口和外来人口之间的差别待遇。例如，北房村在最基本的用水用电方面，外来人口与本地人口面临着不同的水电价格，本地人口的电价是 0.5 元/度，而外来人口的电价是 1 元/度，水价方面，本地人每户每月免费提供 4 立方水，而外地人口无法享受免费用水服务，需要花费 4 元/立方买水使用，该价格已经高于城镇住宅用户的用水价格。对于日常用水活动洗澡来说，外来人口每次的洗澡价格在 4 元/次或 6 元/次。对于外来人口来说，平均每个月花费在水电上的费用从 200 元到 1000 元不等，对于那些工资不高的外来人口来说，无疑是一笔重大开支。并且，部分外来人口没有享受到北房村的集体供暖服务。

> 外来农民工：我这点房租一个月 1000 块钱。20 多平方米。水电平均一个月花掉二三百。空调费电。夏天二三百，冬天要四五百。店里没有暖气。农村没有集体供暖。
>
> 外来农民工：我是山西运城的，07 年来的北京，我们原来是全国各地到处跑，原来在西安的时间长一点，到后来就在北京一直到现在，老婆孩子也都在这儿，我 50 了，房租高一个月 800 元也就一间小屋，电费 1 元，水电一个月 1000 多元，收入不多，只是比干庄稼的轻一点，一年拿个一两万就可以了。

城市实行以政府为主导的公共产品供给制度，公共产品无论从数量上还是质量上都优于农村。而农村很大程度上实行以农民为主的"自给自足"型公共产品供给制度，农民生产、生活所需的基础设施大都是由农民以上缴税费的方式自己来承担。基础设施数量短缺，质量不高是农村基础设施供给体制的基本特点。

五　外来人口影响了村子的环境

随着经济的不断发展，北房村聚集着越来越多的外来人口，据调查时间统计，北房村的外地居民有 2200 人左右，本地居民有 1700 人左右，外来人口明显多于本地人口，北房村目前已经成为典型的"人口倒挂村"。外来人口的大量聚集一方面为当地经济发展做出贡献，同时也给当地的各方面管理带来挑战。人口倒挂带来的突出问题是管理无序、环境脏乱、各种安全隐患突出。

在北房村，外来人口过多使得环境脏乱问题突出。表现在以下两个方面：一是本身的人口过多导致现有的环境卫生设施超过承载的能力，同时，部分环境卫生设施没有投入使用更加加剧了环境脏乱的程度；二是北房村目前的许多路边摊由外来人口所设，路边摊的存在无疑恶化了道路环境，一旦路边摊所带来的垃圾不能及时有效清理，便会影响到居民们的生活环境质量。

> 村民：空气污染是普遍的事，有时都呛人。烤羊肉串最不待见，呛嗓子，从五六点到十一点多都是烤羊肉串的。

六 违章建筑拆除过程中村委与村民之间存在的矛盾

在完善农村的村容村貌，推动公共设施的建设过程中，涉及了规划方案的选择、设施管理机制制定以及村集体与村民的个人选择等许多因素，也会出现集体利益和个人利益相矛盾的地方，如何在提高农村环境改善农民生活的同时处理好村民的个人利益至关重要，它维系到整个村庄的和谐发展。

北房村在完善公共设施和村容村貌的过程中，出现了村委会与村民之间的矛盾问题，主要表现在违章建筑的拆除过程中。从村民个人的角度出发，村委会对于违章建筑的拆除损害了自身的利益，没有得到足够的补偿，且在拆除过程中存在一定的不公平的现象。从村委会的角度出发，拆除违章建筑对于完善村庄环境、降低安全隐患方面有着重要作用，双方便在此过程中产生了一定的矛盾。

> 村民：村里现在自己搭建的违章的都拆了，没有卫生间厨房别人也就没法租了，村里有公共厕所但是都把门锁起来了也没法用，一个吃的一个厕所这是大事。村里不一视同仁，我们

原来一共四间房都给拆了，和我对面隔一个马路人家也是违章建筑就不拆，拆掉的也给的钱，是按几百元一平米给连本钱也不够。

七　道路环境改善过程中外来人口利益与本地环境之间存在的矛盾

农村基础设施具有广泛的受众群体，其利益涉及村集体、村民个人以及其他居住在此的居民。对于外来人口来说，他们以居住者的身份参与到了农村基础设施中，享受着由于基础设施改善带来的共同利益。在对待一些由外来人口所带来的问题时，村委会往往会以本村以及本村居民的共同利益出发，忽视外来人口的自身利益，这一过程便会给外来人口带来一定的损失，甚至影响到他们的收入来源。

北房村在进行路边摊的清理时，使得外来人口的利益出现损失，因为这些路边摊大多都是外来人口所设，在清理之后，一些外来人口失去了在北房村生活的经济来源，甚至有一些外来人口离开了北房村。这显现出了外来人口利益与本地环境改善之间的矛盾。

> 村民：村里的街上要比前几年少好多人哦。外地人都赶出去了啦，都不让摆摊了啦，都赶出去了，都赶的他们没地方呆啦，他们有的就回老家啦。有的也生存不下去，你不许摆、到处抄人家，是吧？叫人家没法过，有的就回老家，有的也就待在家里。好多人，都不摆。

第三节　原因探析

现实的北房村公共基础设施存在诸多的问题，包括供求失衡、管理不善、非均等化等方面。出现这些问题的原因也涉及许多方面，包括财政资金的约束、公共设施设立机制不健全、监督管理机制不完善、意识落后和沟通机制不完善等，在对"倒挂村"这一特殊农村形式进行分析时，还要将与外来人口有关的因素考虑在内。

一 财政资金的约束

一般而言，道路交通、环境保护等公共基础设施的建立应由政府主导并由公共财政提供。公共财政的公共性、公平性和非营利性特点，决定了其在向社会提供公共产品时，要将所有国民的利益作为一个整体，公平公正、一视同仁（余佶，2006）。为了提高自身的生活质量，农民一般也愿意在道路交通、村容村貌方面承担一定成本。但是，当前的农村基础设施陷入了无人管和无钱管的状况。另外，农村公共基础设施维护缺乏维护资金，在政府投入财政资金建设完成之后，没有投入相应资金进行有效维护。

调查发现，一些公共基础设施的建立存在明显的无人管和无钱管。在调查中可以发现，那些由国家兴建的水、电和有线电视、网络等设施的管理和维护可以得到保障，但是村集体修建的一些如公共卫生间以及健身器材设施却没有相应的维护费用，当地村集体以缺乏资金为由解释现有公共卫生间没有投入使用和健身器材设施缺乏专人管理。这些基础设施的后期费用涉及人员工资、维护费用等方面，并且是一项长期的工作。

> 村民：村里的厕所到星期六、日不开，其实厕所黑夜也不应该关门，盖是为了应付检查，盖好后又怕花钱所以就不给用，盖厕所国家给补贴的。

二 公共设施建立机制片面化

目前，对农业公共基础设施的评估是对政府绩效评估的重要方面。国家出台了许多加强农业基础设施建设的政策，这使得地方政府加大了对农业基础设施的评估力度，从而导致一些评估呈现出"形式主义"，带来了基层形象工程的问题。目前，对农业基础设施的评估指标主要包括：公里里程、道路硬化面积、有线电视普及率、安全用水普及率、图书馆的数量等，这些指标清晰的反映了基础设施的数量，却没有反应出其质量和使用效率；这导致了基层对农业基础设施的投入只看数量不重视后期维护，且较多的将关注度放在显性设施上，而缺乏对那些具有长期意义、回报周期较长的基础设施的投入，使得群众的满意度不高。

北房村的基础设施建设中，对于民众切实需要的基础设施投入力度不够，且缺乏有效的维护管理制度。此外，存在重视形象工程的现象。例如，对于公共卫生间的投入明显无法满足外来人口的需求，而仅仅是作为一种应对上级检查的措施。对于村民违章建筑的拆除，在改善村内环境的同时也是为了应对上级领导的检查，并且在拆除过程中产生了一些不和谐的问题。

　　　　村民：村里的环境这一二年好一些，把违建胡同都拆了。我们家也有。就是什么乱七八糟的东西。这马路早就有了，路灯早就有。五六年前新换的。每年都检查，政府有钱呗。管绿化的要不年年检查哪赚钱？

三　公共设施缺乏有效的监督管理机制

良好的监督管理机制是保证公共基础设施有效运行的前提。目前，我国的农村基础设施管理缺乏合适的管理机制和管理办法，缺乏有偿管理机制的建立。此外，对于公共设施的资金使用也缺乏相应的监督机制，导致一些浪费公共资金现象的出现。

北房村的部分公共设施处于无人管理的状态。例如，健身器材设施设立在马路边，无人监管，导致器材存在不同程度的破坏，健身器材所在地经常被一些路边摊或其他杂物所占，影响了器材的正常使用。村委会派专门人员管理而使得基础设施更多的成了一种摆设；对于破坏基础设施的行为，也没有建立相应的监督和惩罚机制。对于具有"公共品"性质的基础设施来说，存在有人享用却无人愿意管理现象。对于建立基础设施时使用的资金，缺乏严格的公开透明的披露机制，例如，在村民补偿款的发放上，对于补偿款数额的合理性并没有进行很好的评估，存在不公平不公正的现象。

四 村委与村民之间缺少良好的沟通机制

在我国，政府是公共设施的供给主体，尤其是对于那些完全依靠政府出资的公共设施的供给。在实施过程中，政府与村民缺少良好的沟通机制，而使得对村民的利益考虑不足，从而村民对政府的某些行为持不满意的态度，因此，村民参与公共设施建设的决策，将对农村未来的发展至关重要。

在北房村，村委会在一些工作中缺乏与村民有效沟通，村民的主体地位在基础设施的建设中常被忽视，村民的不满意和抱怨并没有得到很好解决。北房村在现有的道路交通、用水用电、文化体育设施、环境卫生设施等建立之前，并没有对村民的意愿进行调查研究。为了加强安全管理，改善村容村貌，对违章建筑进行的拆除工作也没有做到一视同仁，也没有建立正确的补偿机制，这增加了村民对于村委会的不满程度。

五 村民对外来人口的社会排斥

城市外来人口所遭遇的社会排斥是其难以融入城市的重要原因之一，这些社会排斥包括制度和空间的隔离、文化差异、社会偏见和歧视等。制度上的隔离可以诉诸制度政策的改变，而移入地居民的社会排斥却更为持久和根深蒂固（唐有财、符平，2011）。除了城市，一些大量聚集着外来人口的村庄或城乡接合部对于外来人口也是另类看待。

北房村作为典型的"倒挂村"，聚集着大量的外来人口，且这些外来人口面临着更多的生活压力。在当地人眼中，外来人口是租客，与他们之间的关系已通过租房合同建立关系，且有些当地村民对于外来人口的生活行为感到不适。当地村民和村委并没有将外来人口像本地村民一样对待，在规划基础设施时没有将外来人口的切实需求考虑在内，更是没有为外来人口提供良好的公共服务。在基础设施方面，有1/10的外来人口不知道当地的基础设施情况，多数外来人口并未真正融入当地的社会中。

一般通过与本村村民的互动，外来人口会形成对自己社会身份的认同，同时这一认同又会对外来人口的社会行为产生影响。外来人口缺乏主人翁意识，这往往会对流入地的经济发展产生不利的影响。

外来人口在对北房村的经济发展带来促进作用的同时，也给北房村的管理带来挑战。首先，外来人口的许多短时的行为，如，路边摊垃圾的不及时清理而污染了道路环境，自营超市中假冒伪劣产品的出现损害了消费者的利益。其次，外来人口更加看重自我利益而忽视村集体的共同利益，没有建立其自身能够从集体利益中受益的意识。

第四节　发展方向

一　拓宽资金渠道，保证农村基础设施的后续资金

财政资金的约束是农村基础设施运营管理中面临的重要挑战，因此拓宽资金来源对农业基础设施长期良好的运营发展至关重要。北房村周边有著名的北房镇工业小区和北京某经济开发区，开发区内聚集着大量的企业，因此，可以建立起相应的"政企共建模式"。工业区的不断发展，会拓宽占地规模，且有大量的人员需求。因此，可充分利用工业区对土地以及人员的需求，让这些企业参与到

北房村的公共设施建设和管理中来。一方面，可以部分解决资金不足的问题；另一方面，通过企业对于村庄的开发，建立起相应的产业基地，提高当地的经济发展水平，完善产业结构。对于企业而言，有助于加强自身的宣传，树立企业形象并且吸引更多的人员加入。

二 完善现有基础设施的供给结构和供给数量

基础设施的供给结构和供给数量必须达到均衡才能够使得公共资源不被浪费。北房村现有的公共设施结构不均衡和供求不足的现象十分突出，尤其体现在文化体育设施和环境卫生设施方面。因此，北房村应着力完善供需结构，加大具有战略性的基础设施的供给和投入，从而缓解供求失衡，以保证公共资源利用的有效性。

三 明确责任，建立农村基础设施的管理体制

要使得农村基础设施长期为村民服务，必须建立起完善的权责分明的管理体制。对北房村而言，首先要对现有的基础设施明晰产权，明确经营管理责任，在北房村，现有的公共设施主要靠国家和集体出资，这种情况下需要政府承担管理责任，担负维护费用；其次，后期如果出现社会资本的引入而建立的基础设施，则需要规划好建立和维护费用，明确管理责任；最后，还要加强村民自发的监督管理机制，提高村民科学合理使用公共设施的意识，通过这些方面的完善，能够最大限度提高农业基础设施的效能。

四 建立以所有居住者的需求为导向的供给决策机制

农村基础设施的供给事关农村经济的发展和社会的和谐稳定，应当在了解农民的需求偏好的基础上，以农民的需求为中心来决定社区基础设施的供给，从而使多数农民的意愿得以体现，使基础设施的供求顺利衔接（唐建新等，2009）。北房村在构建以农民需求

为导向的供给决策机制时，应考虑以下几点：第一，建立良好的沟通机制，以方便基础设施的供求信息能够很好地传递，应该定期召开村民大会来了解村民的需求并对所需要的农村基础设施进行表决，要让村民的意愿得到实实在在的表达，对于那些关系到村民生产、生活的基础设施的供给要由全体村民或村民代表进行投票表决；第二，应该考虑到外来人口的需求，将外来人员当作"新村民"，在决策机制中不能将外来人口的需求排除在外。

附件 1

部分现场访谈录音整理

个案 1：女，23 左右

时间：2013 年 7 月 24 日上午 10：30

地点：水果店

访谈员：丁玉

访谈员：像您在这接触的外地人多吗，比如说像您一样都是从内蒙来的。

被访者：有啊，不过我现在接触的都是来买东西的人，和他们也说不了几句话。

访谈员：你平常会到哪里玩吗？

被访者：没时间玩啊，要天天在店里看店。

访谈员：那您觉得现在本地人对咱们外地人有没有歧视啊？

被访者：有。

访谈员：哪些方面呢？能说说吗？

被访者：哪些方面，肯定就是有。怎么说呢，我也不知道哪些方面。反正就是觉得和他们接触有点别扭。

访谈员：像你们内蒙有没有自己的一个圈子啊？

被访者：在家里的亲戚，认识的朋友。

访谈员：像咱们村要是建点公共设施的会不会征求我们外地人的意见呢？

被访者：没有吧。

访谈员：您在这待了有多少年了？

被访者：好几年了。

访谈员：那您是不是觉得应该也要征求一下我们的意见呢？

被访者：嗯。

访谈员：就是想参与，最起码我们不要求有被选举权，但是我们需要有投票权。参与一些村里的基本公共服务设施建设。

被访者：对，有的。有这种想法。

访谈员：有没有他们做的不满意的地方，就是在这个基本公共服务方面？教育，医疗啊，卫生啊，环境啊，这些方面。

被访者：反正北京待遇就是比外地人待遇好啊。比如说医疗，比我们家那边都高啊；老年坐车都不要钱，家里边都没有这种政策。

访谈员：就是感觉和他们不平等，所以心里才会感觉到会有一些歧视。

被访者：像您这样来这边也有几年了，有没有感觉到有什么变化呢？像现在和几年前相比，有没有好一点？

被访者：以前小，现在长大了。哈哈……我没觉得有什么变化呢？

访谈员：像你的朋友都是哪些地方的，全国各地的都有吗？

被访者：都有。

访谈员：是怎么认识的呢？

被访者：我上班认识的，工作的时候认识的。基本上学的时候的同学，基本没有联系的，联系的很少，那都是老家的。

访谈员：您来北京有几年了？

被访者：06年来的吧。

访谈员：那有7年了。

被访者：差不多7年了，那时候我才16岁。

访谈员：就一直在北京，开始工作。那您人脉还可以，挺多吧？

被访者：还行。

访谈员：那您一个月能出去找他们玩一次吗？

被访者：以前玩也不会去太远的地方，出去逛逛街什么的。不过最近这几年没怎么出去过。

访谈员：像您这样结婚之后还会在北京吗？

被访者：不一定，也不会在，也许不会在。应该是在。反正目前目标是在北京。

访谈员：您对象也是在怀柔这边是吗？

被访者：我们都是这种想法。

访谈员：就是想着两个人在这奋斗一下，然后继续在这。

被访者：是的，目标是北京。

访谈员：这离你家近不近？

被访者：这离我家大约400多公里。

访谈员：要做几个小时的火车啊？

被访者：火车，大概有7个小时。

访谈员：直达的吗？

被访者：直达。

访谈员：那您觉得这个村子，与您老家那边的村子相比，哪个环境更好一点。

被访者：这儿的环境好吧。你指的是什么环境啊？

访谈员：像基础设施啊，健身器材啊，……

被访者：这些比我们那好。但是空气没有我们家那好。

访谈员：水呢？

被访者：水也没有家里好。我们家那边山都可蓝了，水也可清了。空气比这边好。这边夏天天也太热了。

访谈员：您会骑马什么的吗？

被访者：不会，没学过。

访谈员：像您原来在家是做什么的呢？

被访者：种田的。

访谈员：像你的话，听过非政府组织吗？像"工友之家"这样的，外来人的组织，草根组织。

被访者：没有。

访谈员：像您都是几点起床啊，会锻炼一下身体吗？

被访者：7 点半，不怎么锻炼身体，呵呵……没时间锻炼，想锻炼。我这上班吗，比较忙，人手不够。所以早上来了之后就理货什么的。

访谈员：那就是上午基本都是在店里，那中午饭是自己做，还是买着吃？

被访者：自己做。

访谈员：你做饭，然后大家伙一块吃？

被访者：对。

访谈员：那买菜呢？

被访者：买菜嘛，我们家不是卖菜吗，都有，呵呵……

访谈员：奥，哈哈……中午能休息一会吗？

被访者：休息不上，最多也就是在这趴一会。

访谈员：那晚上几点睡呢？

被访者：晚上可晚了，要十一二点吧。

访谈员：为什么呀？

被访者：关门关的晚啊。我们十点多才关门。外边不是还有摊吗，我们还得搬回来。

被访者：像村里的体育健身器材您去玩过吗？

访谈员：以前玩过，刚开始按的时候玩过。现在这几年都不玩了。

被访者：我听说这原来体育器材挺多的，后来那边盖了一个菜市场。就挪走了。

访谈员：是的，这不挪到这来了嘛。

被访者：我听说这只是其中一小部分，还有一些。

访谈员：对对，那些我不知道弄到哪去了。

被访者：村里的活动站你会经常去吗？

访谈员：不去，那都是他们当村的老头老太太去的。

被访者：我看也有那些带孩子过去的。

访谈员：您平常会怎么锻炼身体啊？

被访者：不怎么锻炼。不过我觉得我每天都在锻炼，每天就是在这跑进来跑出去。路走得比较多。有时候晚上特别累的时候，喜欢做个什么操啊。

访谈员：瑜伽吗？

被访者：嗯，跟书上学了一些。对身体反正管用。做完挺舒服的。

访谈员：那一般做多长时间？

被访者：也就半个小时吧。

访谈员：多长时间做一次呢？

被访者：有时候回去得早，就做。大约半个月吧。有时候一个月吧，反正是不是经常做。因为我在这上班，空闲时间比较少，要是空闲时间多的话，也许会早晨锻炼一下。

访谈员：像有没有其他的活动吗？

被访者：有啊。像唱歌啊，KTV。到饭店聚聚餐啊……

访谈员：都是和谁一块啊？

被访者：就是伙伴，同事，自己家人。

访谈员：是 AA 的吗？

被访者：不是 AA，都是有人请的。这次你请他，下次他请你，轮流着的。

访谈员：这方面的花销大约有多少呢？

被访者：一个月怎么也得五六百吧。

访谈员：像一般的活动，您是组织者还是参与者呢？

被访者：一半一半吧。不过有时候我比较能张罗。

访谈员：像本地人与外地人之间有没有发生过矛盾，您知道吗？

被访者：有啊，像那天我在这我就见到一个本地人打外地人。他们之间就是发生了一点冲突，好像他把他的车给碰了一下，两个都是骑车的嘛，然后那个人挺不讲理的，而另一个人挺老实的，就那样打了那个男的一下。

访谈员：有打起来吗？

被访者：那个男的没敢还手。

访谈员：有报警吗？

被访者：有报警的，还是本地人。

访谈员：是本地人报的警，把本地人带走了。

被访者：对，有的人就是看不过去了，然后就报警了。

访谈员：像这边做生意的外地人多吗？

被访者：多，基本上开店的都是外地人。本地人很少有干这个的。

访谈员：有赊账的情况吗？

被访者：有，特别多。

访谈员：有没有不还的情况。

被访者：我们是看人，就是认识的才会赊账，不认识的当然不会。

访谈员：平常又遇到什么困难吗？

被访者：有啊，比如钱方面的，贷款都能贷。

访谈员：像您有没有参加过创业培训什么的？

被访者：没有。

访谈员：您知道这边有什么培训的。

被访者：培训？没有。

访谈员：像他们本地人组织的那些 4050 的培训你们知道这种消息吗？

被访者：不知道。

访谈员：平常会去关注村委会公告栏吗？

被访者：不关注。我觉得我一天事挺多的，没有时间去关注。

访谈员：有找过村委会吗？

被访者：没有，因为我没遇到过什么特别事，没找过他们。

访谈员：像您平常会借书或者买书看吗？

被访者：会买书。

访谈员：去哪买呢，那种书呢？

被访者：书店，我一般都是书店。都是那些讲哲理的，理财的。现在就是那些健身的比较多。

访谈员：附近有没有图书馆能借到书？

被访者：没有，这没有图书馆。像怀柔就两家书店，一家是新华书店，还有一家是在商场里边。

访谈员：像国家图书馆您去过吗？

被访者：没去过，太远了。

访谈员：想买东西什么，您会关注它的保质期，生产日期吗？

被访者：这个肯定会的。

访谈员：在这边，有没有听说过哪个厂子有污染事件啊？

被访者：应该是有吧。我在工厂，那时还小，待了大概两年，我待的那个厂子有，镜片厂，有一些化学药剂，对人身体本身就有害，应该是有污染。

访谈员：那你们有没有抗议什么的？

被访者：那工作环境就是那样的，没有抗议过。

访谈员：那有没有给你们工作上的补贴吗？

被访者：没有，不过就是周六周日上班的话，双倍工资。节假日的话，三倍工资。奖金是根据你个人情况，如果你干得好，就多给。

访谈员：那时候干的时候，工资大约多少？

被访者：2000 多，工资还行。不过就是得靠你加班，你才能挣得多。你要不加班，也就只能挣一个基本工资。基本工资也就是1200 多。那是好几年前，08 年的时候。

访谈员：加班一般加多长时间呢？

被访者：加班就是 12 小时，不加班就是 8 小时。

访谈员：会管饭吗？

被访者：上班的时候会的，不上班的时候不会。12 小时班一般管 2 顿饭。

访谈员：现在厂子还在吗？

被访者：在。

访谈员：那一些污染问题有没有解决呢？

被访者：没有吧。

访谈员：那当地人有没有抗议这个厂子？

被访者：这个好像没有。

访谈员：厂子里有没有当地人，当地人多不多？

被访者：也有，不过比较少。还是外地人多。

访谈员：外地的，是全国各地都有吗？

被访者：对，哪的都有。

访谈员：您对这里的环境有什么期望吗？

被访者：期望它能比现在好一点吧。

访谈员：那您对社会保障啊有没有考虑过，比如医疗保险，养老什么的。

被访者：医疗保险不知道在北京这边能不能报，不过我觉得这个全国都能报才好。

访谈员：像你们那边，内蒙的在这和本地人结婚的，多吗？

被访者：有，很少。一般本地人都找本地人。

访谈员：为什么呢？

被访者：因为他们可能觉得外地人可能不太好相处。

访谈员：你老家那边在婚丧嫁娶上有没有什么风俗习惯呢？

被访者：有，可能比这边还要多。

访谈员：能说说吗？

被访者：比如我们那边死了人要隔上三天才能去火化，这边可能是死了人直接就去火化。嫁娶方面嘛，好像也都差不多。

访谈员：像您的婚礼到时会在老家办呢，还是在北京办呢？

被访者：老家，老家会热闹一点。

访谈员：您信教吗？

被访者：不信，没信过。

访谈员：谢谢您，我的问题大概就是这么多，谢谢您的配合。

被访者：不客气。

个案 2：卖凉皮师傅，45 岁左右

访谈时间：2013 年 7 月 24 日下午 14：30

地点：菜市场门口附近

访谈员：张立龙

访谈员：大哥，您好，忙着呢？看您生意还挺不错的。

被访者：生意还行吧。您是要凉皮吗？

访谈员：我不是买凉皮的。是这样的，大哥。您也看到了，刚才我在那位大姐那和他聊天，现在能不能和您聊一会？

被访者：聊天？我哪有时间聊天啊，你去找别人吧。

访谈员：不会耽误您生意的，这样吧，我现在自我介绍一下吧。我是中国社科院的调研员张立龙，我们中国社科院农村发展研究所在做一个国情调研，调研在全国的农村进行展开，其中在北京，我们选择了咱们村。在咱们村我们主要想了解一下农村的基本公共服务方面的问题，主要涉及生活的方方面面，比如教育、医疗、卫生、养老等等。

被访者：不过我在会有来买凉皮，不知道能不能和你聊起来，再说，对这方面我自己也不懂啊？

访谈员：大哥，没有很高深的内容，就是简单和您聊会。另外，我们这还有一个小礼品送给您，一条毛巾。和您聊大约 20 分钟左右。我会尽量不耽误您生意。

被访者：那好吧，你说吧。

访谈员：首先谢谢你配合我们。

被访者：不用谢，我知道你们也不容易，这么热的天也要出来调查。

访谈员：您是本地人吗？

被访者：我不是本地人，河南人。

访谈员：河南的吗？那您在这个村待了几年了？

被访者：在北京待的时间长了，来村 5 年了。

访谈员：您一直是做这种生意吗？做凉皮凉面。

被访者：不，其实我也不是只做凉皮凉面。

访谈员：您还有其他生意吗？

被访者：我是在工厂上班的，做这个东西是兼职的。

访谈员：工厂上班，怎么还会有时间做这个兼职呢？

被访者：我上夜班，晚上 8 点到早 8 点。下班休息完后，这个时间我就出来做会这个。

访谈员：是这样啊，您好厉害，这么辛苦。

被访者：也算不上辛苦，为了挣钱嘛，呵呵……

访谈员：那您上班的工厂在什么地方，是在村子附近吗？

被访者：是的，就在那边，很近。骑车一会就到。

访谈员：您是夜里上班，那您的工资肯定很高吧？

被访者：工资不高，一个月 3000 多块钱。

访谈员：那确实不算高，厂子会给您交各种保险吗？

被访者：交啊，现在不都交嘛，五险都有。

访谈员：工厂像您这样的外地人多吗？

被访者：多，几乎全是外地的。本地人很少。

访谈员：全国各地的人都有吗？为什么本地人在那上班的少呢？

被访者：全国各地的都有。本地人吃不了这苦，也就我们这些从农村出来的人还行。

访谈员：您是全家都这边吗？

被访者：是的，我爱人也在这边上班，我女儿在北京上学。

访谈员：您女儿在北京上学？她今年有多大年纪了？

被访者：今年 18 岁了。

访谈员：那她是在北京上大学吧？

被访者：不是大学，是上中专。也马上就要毕业了。

访谈员：您怎么让她上中专，没让她考大学呢？

被访者：她一直在北京上学，小学，初中都在北京上的。但是你也知道，外地人在北京，如果没有北京户口，是不能在北京上高中的。所以只好让她考的中专。

访谈员：噢，是这样啊。这政策确实让我们这些在北京的外来人没办法。

被访者：是啊，你说我们两口子都在北京打工。要是让孩子回家上高中，家里我们的父母都年老了，让孩子自己一个人在家上学，我们也不放心啊。

访谈员：您女儿现在应该放暑假了吧？现在是在北京还是回老家了呢？

被访者：就在这里呢。上午就是我女儿在这边做凉皮。

访谈员：是嘛？您女儿也会做这个？

被访者：是的，这东西没有什么的，我简单地教她就会了。料都是现成的，就是切切而已，放调料的时候注意一下就行了。

访谈员：这凉皮您做多久了？

被访者：这个做的时间不长。我原来也没打算做这个。我有一个朋友，原来在这做这个，后来离开北京了，然后这些东西又带不走，就把它送给我了。我想着自己上夜班，正好睡到下午，到上班的时间还早，做做这个东西也挺好，还能挣些钱。

访谈员：确实挺好的。您来北京这么多年，您的家里还有地吗？

被访者：有地，我的父母在种着。

访谈员：您的父母还在种地吗？他们年纪不小了吧？

被访者：是啊，都快70多岁了，我也给他们说，让他们不要种地了，这么辛苦，一天到头的瞎忙活，也挣不着钱，白费功夫。再说年纪大了，也种不了了。

访谈员：的确这样，像您这三口，在您那里大约有多少地呢？

被访者：每人1亩多地。不过我老婆和孩子在老家都没有地。

访谈员：没地？为什么呢？他们的户口不在老家吗？

被访者：这个说来话长了，自从我结婚的时候，家里说要给补地，后来就一直等着。我结婚后不久就出来打工了，到现在很少回家，所以弄到现在还不给补。

访谈员：怎么会这样呢？您没找您老家的村委吗？

被访者：找过了，说是现在的地不能动，要等集体动地的时候才能给补上。

访谈员：怎么还有这种事？

被访者：我现在也不管它了，反正自己又不在家，就是弄到地，也是要承包出去。等我在外边在干几年，回家后再说吧。

访谈员：您在老家有没有参加新农合什么的？

被访者：好像是入了，我上次回家我父母还给我说这事来着。

访谈员：您现在看病什么的，是用的新农合吗？

被访者：不是，我和我老婆都是在厂子入的医疗保险。

访谈员：对了，你在工厂的五险中包括了医疗保险。那您的医疗保险，如果看病的话，能报销多少呢？

被访者：报销多少，好像是85%吧。

访谈员：像您在村里这些年了，感觉村里有什么变化没？

被访者：越来越好了吧，呵呵……

访谈员：你感觉这个村与您老家的村子相比，怎么样？

被访者：那比我们老家的村子好多了，我们那很穷，不像这个村子这样发达。

访谈员：您是在这租的房子吧，像您全家租房子一个月大约多少钱呢？

被访者：我们租的是200元块钱一间的，租了两间。

访谈员：一个月水电费大约多少呢？

被访者：夏天要多一些，一个月要一两百吧。其他时候也就一百左右。

访谈员：您平常和本村的村民接触的多吗？

被访者：平常接触很少，也就买凉皮这一会。平常也就和房东接触。

访谈员：那您觉得在这个村，有没有本地人歧视咱们外地人的现象？

被访者：这个倒没感觉到。就是这个村的一些政策，外地人享受不了。

访谈员：你指的是？能给我举个例子吗？

被访者：比如说这个水电费吧。他们本村里的人用电是 5 毛一度，给我们外地人算 1 块钱一度。

访谈员：有这事吗？

被访者：有，另外，那个水费，他们自己的村民有个优惠，就是每个村民每个月可以免费用 4 方水，如果不超过 4 方水，就不用缴费。而我们外地人，一律按 4 块钱 1 方水算。

访谈员：这样啊。

被访者：当然这也不能说什么的，谁让咱是外地的呢？

访谈员：现在这个村的本地村民有 1800 多口，而外地人有 2000 多口。您觉得村里在以后制定村里的政策或规定的时候，是不是应该考虑我们的利益呢？

被访者：这个是肯定，但是现在很难啊，你怎么样才能让人家那样做啊。我们毕竟是外来的，没什么说话的权利。

访谈员：就是我们虽然没有被选举权，但是我们应该有选举权。如果假设将来真的能实现我们外来人口能够参与村里的政策或者选举的时候，您会积极参与吗？

被访者：当然会。

访谈员：您业余时间都去哪呢，你会去那边的那个老年活动中心玩吗？

被访者：没去过，那都是老头老太太去的地，年轻人很少有去的。再说，像我这样的，也没时间去的。

访谈员：好的，大哥，就先和您聊这么多吧，我看时间不早了，您这也渐渐忙起来了，我不能耽误了您生意。

被访者：没事。

访谈员：这条毛巾是送您的小礼品，再次谢谢您的配合。

被访者：太客气，好的。

个案 3：村民，男，年龄 70 岁左右

访谈时间：2013 年 7 月 23 日上午 10：00

地点：村民某大爷家中

访谈员：张立龙

访谈员：大爷，您好，我是中国社科院的调研员张立龙。我们中国社科院农村发展所有一个关于农村基本公共服务的国情调研项目，项目在去全国各地都有进行，其中在北京我们经过抽样选择了咱们村，然后在村里经过抽样，选择您家作为我们的访谈对象之一。

被访者：中国社科院的？都要访谈什么啊？

访谈员：是这样的，我们是关于农村基本公共服务的，具体说就是我们聊一下您生活中的一些基本情况，比如说小孩的上学，看病，养老，村里的基本公共设施，水电供应等等。

被访者：噢，你们这是到我们家来了解情况的。

访谈员：也不是，很简单，就是和您简单的聊聊天，大约占用您半个小时的时间。然后我们还有一个小礼品送给您。

被访者：还送礼品，呵呵……不用，太客气了，反正我现在也没事。

访谈员：大爷您今年多大年纪了？

被访者：你猜猜呢？小伙子你看我有多大年纪了？

访谈员：嗯？你应该有 60 岁了？

被访者：69 岁，过年就 70 岁了。

访谈员：马上 70 岁了，还真看不出来。看您气色这么好，身体还好吧。

被访者：身体还好，没什么大毛病，就是血压有点高。

访谈员：血压高，平常会吃药吗？

被访者：吃啊，每天都吃，这要一停啊，血压就要升上来。

访谈员：平常有什么异常的感觉吗？

被访者：感觉到没有，偶尔会有些头晕。

访谈员：您是农村户口吗？

被访者：是农村户口。

访谈员：现在您还种地吗？

被访者：哪还有地啊，都被政府给征走了。

访谈员：我听说不是还有剩的吗？

被访者：是有剩的，不过已经很少了。原来一个人一亩多地，家里还能有个四五亩地，现在征走了，一人还剩三分地，全家也不过一亩地。

访谈员：那这一亩地，您没有种一些粮食什么吗，还是您把地承包给别人种了？

被访者：没承包给别人，自己种了些玉米，花生什么的。

访谈员：我问了这几家，好像都是种的这些东西。

被访者：是啊，我们这都种这些，很少有人种别的。都是年纪大的在家种地，年轻的人都去上班了。种点花生，玉米也省事啊。

访谈员：你们这年轻人一般都在哪上班呢？

被访者：周围不有很多工厂吗，在里边上班的不少，再有就是在怀柔县城。

访谈员：没有到北京市区上班的吗？

被访者：有啊，很少，太远了。

访谈员：像您的话，您是兄弟几个啊？

被访者：我兄弟三个，我是老二。

访谈员：您的哥哥和弟弟也都在本村吗？

被访者：都在本村。

访谈员：您有几个孩子呢？

被访者：我有一个儿子，两个女儿。

访谈员：他们都是什么文化程度呢？

被访者：我那大儿子是中专文化，两个女生都是大专。

访谈员：儿子现在那上班呢？

被访者：中国中铁。

访谈员：好单位啊，您的两个女儿都是本村吗？

被访者：不在，她们都去县城了。

访谈员：会经常来看您吗？

被访者：我和老伴身体都还好，也怕她们费心，不怎么让他们来，倒是经常电话联系，离县城又近，我们去县城的时候一般都去她们家。

访谈员：您应该有孙子了吧？

被访者：有啊，今年上初三了。

访谈员：是在我们镇上的中学上的，还是在怀柔上的？

被访者：怀柔上的，他妈说我们镇上的中学不是太好。

访谈员：孩子前几年上小学也是在怀柔上的吗？

被访者：小学是在镇上上的。其实让我说的话，都出不多，学生学习好坏，要看个人努力不努力，自己不努力去什么学校也白搭。

访谈员：那他现在学习怎么样？

被访者：听说还行，咱也不太清楚。

访谈员：您平常身体不舒服，都是去哪看呢？

被访者：看病啊，小病呢，都是去那边的卫生院，大病呢，都去县城的医院。

访谈员：咱村里的卫生室您没去过没？

被访者：那里就一个老医生，年龄已经很大了，一般很少有人找他去看病，在他那也一般不能打针，只能拿点药什么的。

访谈员：村里卫生室的医生服务态度怎么样？

被访者：服务态度倒还好，一个老先生了，也不能指望他能水平多高。再说现在镇卫生院离我们又近，一般都去卫生院了。

访谈员：那您觉得镇卫生院怎么样，比如服务态度，还有药品价格什么的。

被访者：现在镇卫生院是比以前强多了，现在看病的环境好多了。服务态度嘛，也不能指望他多好了，也就那样吧。药品的价格倒是不高，关键是卫生院有很多药不齐全，一些药品没有还要去县城拿。

访谈员：药品的种类不多？都是一些基本的常用吗？

被访者：差不多吧，常用的药他那好像也不全。

访谈员：您参加村里的新农合没有呢？

被访者：参加了，那个村里的每个人都参加了吧。

访谈员：您每年交多少钱？

被访者：100块钱吧，我记得听老伴说是100，都是他给我交，我还没自己交过。

访谈员：那您报销过医药费吗？

被访者：没有报销过，听说是挺麻烦的。像我这样，一年吃哟也花不了多少钱，就没报过。

访谈员：像您现在除了种那些地之外，还有其他工作吗？

被访者：都年纪这么大了，还能干啥啊，你想进工厂，人家也不要啊。

访谈员：那您平常的生活来源有哪些呢？

被访者：那有什么生活来源啊，就是靠那点征地补偿生活吧？

访谈员：当时您家被征了多少地呢？

被访者：就我们老两口的，儿子家的征地的钱都是儿子家的，我们只有两口人的地。

访谈员：那您二位征地的钱也20几万呢？

被访者：20几万不假，可是花销也大，你看我们家这房子，前年就简单地重修了一下，买了几套家具，就花了五六万。现在物价又高，买什么东西都那么贵。

访谈员：你没有养老保险什么吗？

被访者：有，现在我们老两口都是 60 岁以上的，每个月都能领到一些养老金。

访谈员：够花的吗？

被访者：那些养老金，那就我们两个吃药的吧，哈哈……

访谈员：呵呵……平常您儿子还有女儿会给您经济上的支持吗？

被访者：儿子、女儿都挺孝顺的，每次来都拿很多东西，有时候还给钱。不过他们生活也不容易，在家里上有老，下有小的，花钱的地方多。我们都很少要他们的钱。

访谈员：大爷，您平常会有什么娱乐活动吗？

被访者：我啊，娱乐活动很少，就是闲着和老邻居聊聊天，在家看看电视。

访谈员：我们村的那个老年活动中心您不经常去吗，我看看那里的老人挺多的，有好多人在那下棋，您没去过吗？

被访者：去过，不过后来就不愿意去了。那里卫生不好，那个活动室气味很大，我觉得自己受不了。

访谈员：我看他们晚上有在跳广场舞的，你去过吗？

被访者：那都是老太太在那跳，没看见有老头在那跳，我没怎么去过。不过我们家那位倒是经常去。

访谈员：那您平常怎样锻炼身体呢？

被访者：农村人下地就是锻炼身体。现在地少了，年纪大了，去地里干活也少了。锻炼身体嘛，像我也就早上起来去遛遛弯吧。

访谈员：那您一般早上几点起床呢？一般在哪遛弯？

被访者：早上一般 6 点就起床了，早上醒了也睡不着了。遛弯一般就沿着村头那条路走走吧，也就半个多小时。

访谈员：你觉得村里的治安还好吗？

被访者：治安还好，村里不是都有巡逻的。倒是没有听说谁家有丢东西，也没有听说有打架的。治安我觉得还行。

访谈员：村里的供电供水系统您还满意吧。

被访者：这个倒还行，没有什么可说的。都挺方便的。

访谈员：我看村里那个路旁，有许多健身器材，您会经常过去玩吗？

被访者：那个健身器材，很少过去，我看都是一些年轻人和小孩在那玩。我也没怎么过去玩过。

访谈员：在我们村，现在有很多外来人口，您对他们印象如何？

被访者：我和他们接触很少。

访谈员：您家没有往外出租房屋吗？

被访者：没有，不过就是到了夏天，特别是这个时候，那些烧烤店，弄得公路上挺脏的，我觉得这个很不好。你做生意是做生意，但不能破坏大家的环境。

访谈员：您有没有遇到过村里的外来人闹事打架的情况。

被访者：这个倒没有遇到过。

访谈员：那好，大爷，今天就和您闲聊这么多，我看这差不多占用了您大约半个小时的时间，这是我们为您准备的一个小礼品，一条毛巾。

被访者：没事，太客气了。有什么需要的，可以再来找我，反正我也天天在家没什么事。

访谈员：好的，大爷，再次谢谢配合我的访谈，再见。

被访者：再见。

个案 4：卖蔬菜夫妻，45 岁左右

被访者 1：主要被访者，女，45 岁左右；被访者 2：主要被访者的丈夫（蔬菜摊老板），男，45 岁左右；被访者 3：买菜顾客，男，40 岁左右

访谈时间：2013 年 7 月 23 日晚上 19：00

地点：菜市场

访谈员：张立龙

被访者 1：没事，没事。身体不舒服？怎么回事？

访谈员：可能吃了什么东西了，现在已经好了。我能接着和您聊会吗？

被访者 1：好啊，聊吧。聊啥啊？

访谈员：你就在那就行，我们简单地聊会天。不能耽误您生意。这一会人好像比刚才少一点了。

被访者 1：我看你们都是聊得啥啊？

访谈员：这是我们其中一部分的访谈提纲。我们随便聊聊，不一定按她的来。您现在来这边多长时间了？

被访者 1：7 年了。

访谈员：来到这边就一直在做这个，是嘛？

被访者 1：嗯。是。

访谈员：现在您也是住在这个村吧？

被访者 1：是的，住这个村。

访谈员：全家都在这边，家里几口人呢？

被访者 1：四口。（其丈夫过来），这是我们家那位。

访谈员：噢，您好，我应该称呼什么呢？叫大哥吧？

被访者 1：行，叫大哥。（笑）

被访者 2：你们这是干啥的？

访谈员：噢，是这样的。我们是中国社会科学院农村发展所，对全国的农村做一个调查，在北京的我们经过抽样，选择在这个村。调查什么呢？就是农村的基本公共服务方面，现有的做法有什么的问题，或者政府的提供的供给和我们老百姓的需求是不是有些脱节的地方，在未来的应该需要有哪些改进。我们在咱们村面临一个问题就是村里的外来人口特别多，我们前段时间做了一些他本村人的访谈，现在我们又在做一些外来的人口的访谈。像您是从河南过来的，是吧？

被访者 2：访啥啊？

访谈员：就是和您聊会天。聊一下您的基本情况，还有我们这个村，对您来说，他们应该还有哪些需要改进的地方。

被访者 2：我们这没有啥，啥都没有。我们外来人，还要求啥啊？

被访者 1：没事，我们为村里的人提供的服务，给他们提点要求也行啊。

访谈员：就是这个学生在这边上学的事，应该改一下。

被访者 1：您是说异地高考的问题，是吧？

访谈员：嗯，不让考高中。要是来回转，那孩子多麻烦啊。

被访者 1：对，是的。这个问题也有人在说。

访谈员：像您是不是在农村也有新农合，我们农村的医保啊？

被访者 1：有啊，都有。

访谈员：您那边每年交多少钱？

被访者 1：交多少钱？还真不清楚。

访谈员：各地还不一样。你像咱们村，村民是交 40 块钱，村委给村民补助 60 块钱，这样就算是 100 块钱。

被访者 1：（问丈夫）咱那新农合交多少。

被访者 2：（回答妻子）这个我也不知道，问这些干什么，我们一个外来的，对我们啥时没有。

被访者 1：我们好像交 100（元）。

访谈员：100，是吧。

被访者 2：它这和咱那不一样，咱那啥都没有。

被访者：咋没有新农合，有。

被访者 2：在这哪有啊？

被访者：老家啊，老家有。问你老家呢？

被访者3：你们这是调查啥呢。调查新农合吗？

访谈员：不是，新农合只是其中一个问题。我们主要是针对农村的基本公共服务、教育、医疗、养老、基本公共设施等等。

被访者3：新农合啊，就是一个字，看病还是太贵。

访谈员：您是本村的吗？

被访者3：我不是本村的，隔壁村的。

访谈员：隔壁村的。这是您家孩子吧，上几年级了？

被访者3：二年级。现在这个新农合就是太贵，你说能有啥呀？报销要超过600才给报，看病超不过600就不给报。

访谈员：您是农业户口吗？

被访者3：是啊，你说它600起步，你说这有什么用啊，谁能花到600啊。

被访者2：你花个200,300的又不能报。

被访者3：原来的时候是零起步，我觉得是还可以，现在是600起步，说能花这么多啊。

访谈员：现在是600起步？

被访者3：对啊，600起步。国家是精明了，老百姓还是不合适。除非你得了大病，这个可能还行。

被访者2：其实我们现在也不要求啥，就希望我们的孩子能在这边上高中就行。

访谈员：就是异地高考的问题，现在还没放开呢。

被访者3：是的，现在异地高考还不可以。好像现在当兵的可以，可以落户。

访谈员：当兵的可以落户，对的。这也是一个新放开的政策。

访谈员：像您在这个村里边做生意，有没有受到本地人的歧视的现象。

被访者2：他歧视我们干啥啊，我们自己做生意挣钱，歧视不歧视没啥用。

被访者1：其实歧视不歧视，也没有那个啥的，人家有时候都挺客气的。

访谈员：您家几个小孩？

被访者1：两个。你说你们调查这个有啥意思，查来查去的，还都是这样。我们也不想配合。

访谈员：您的意思这种调查对您有什么益处，是吧？

被访者2：是，我觉得没啥用。我们外地人一点好处也没有，没啥意思。以前也有过，没有一点效果。

访谈员：不会的，你比如我们的异地高考，如果我们呼声高的话，说不定到您孩子升学的时候就能放开了，或者即使是不放开，也会有更有利于我们农民政策。

被访者2：你们是记名的调查吗？

访谈员：我们是不记名的调查。我在给介绍一下，我们是中国社会科学院农发所，我们做这个调查呢，最后会形成一个报告，这个报告是可以直接有机会上交给国家有关部门的，就是将来在制定相关政策时，他会考虑我们这些报告。

被访者2：这个都没用，对我们来说都没用。

访谈员：您像现在我们这个新农合，您如果生病的话，您在北京看病，在您老家是不能报销的。现在有很多人再提这个问题。

被访者1：是不是拿回家才能报？

访谈员：不是拿回家才能报，是你在外地看了病，在当地不能报，在老家也不能报。比如现在有人在想是不是我们可以全国统筹，就是您在外地生病，如果相关证明齐全的话，在任何一个地方都可以报销，就是您在家有了新农合，在全国任何一个地方都可以报销。这对我们流动人口是有益处的。

访谈员：或者我在给你说一个，像您这样在这个村待了7年了，那我们的村委在制定相关政策的时候，是不是应该考虑我们流动人口的意见，您也知道在咱们这个村，现在有一半以上的流动人口。

被访者1：唉，算了吧，我们没有那么多要求。

访谈员：别的村有这种情况的。

被访者2：我们没有啥要求，我们就要求能让我们好好做做生意，挣点钱够吃够喝的就行了。弄那些干什么啊，等把问题反映清楚了，我们也不干了。没啥好反映的，我们就挣点小钱，不值当的反映这些。那都是当官考虑的事，和我们没关系。我们不是不配合你。你说我们就是和你聊一天，该怎么样的还是怎样，有啥用啊。你说你要不记名。你一天能访谈几个人。一天三四个，三天十几个，有啥用啊？

访谈员：我们是3个人一起来的，一个人访谈十几个，三个人就是三十几个，虽然访谈的人数不多，但是我们能把大多数人反映的问题综合起来。您比如说异地高考，新农合的报销问题等，大家都是这说这些问题。

被访者2：我们就反映哪一个就行了。你说我们说啥好，挣钱就挣钱，不挣钱就拉倒。

访谈员：像您在这摆摊，给这里的村民带来了便利，也算是为这个村的发展做出了贡献，村里在制定相关政策的时候，就应该考虑到我们。

被访者2：你说的这些，倒是挺实在。不过在外地，又不是自己家里，在人家一亩三分地，你永远都不敢吱声。这是一句实话。在人家一亩三分地，你永远抬不了头。

被访者1：那你就给我们反映一下我们小孩上学的问题。

访谈员：这个没问题，虽然我们不一定能影响政策，但是我们至少能把问题反映出来，让上边看到。

被访者2：行，这就是我们大众的心声，争取明年给我们解决的了。

访谈员：那我们再问您几个问题，像刚才这个大哥，他家里兄弟几个呢？

被访者 2：我们就跟那个要饭的似的。

被访者 1：你是外地的，还是北京的？

访谈员：我也是外地的，也是从山东农村出来的。

被访者 1：外地人在这，说实话，就和那要饭是一样的。你会要的就多要点，不会要的就少要点。哈哈……

被访者 2：我们要收摊了，他们这边马上就要锁门了。要不还能再和你聊会。

访谈员：这个是不是要盖住啊？

被访者 1：没事，你甭管了，我们自己来就行了。

访谈员：我们争取三年后，到您孩子升高中的时候把问题给解决了。

被访者 1：你说孩子在这上了这么多年学，还得回家。他们老师也给我说，你们在这考高中根本考不了，要考还是回去考。

访谈员：对啊，这个问题是一个很严重的问题。

被访者 1：是，你说在这都学的差不多了，回家了，学习的内容也不太一样，小孩回家也适应不了。

被访者 2：适应不适应咱先不说，你说父母都在外边，就一个孩子在家，你说这咋办吧？

访谈员：也行，您说得很对。

被访者 2：你说这小孩回家上学，大人也得跟着回家。在老家，你怎么挣钱。

访谈员：是的，大哥，这确实是一个问题。

被访者 2：我们就回家去就行了。就现在，他能考虑你外地人吗？你说为了孩子，大家伙都得回家。要不回家，小孩在家怎么上学啊。天天整一些，没用。还是替我们做些实实在在的。

访谈员：您感觉这边的教学质量怎么样啊？

被访者1：教学质量还好。就是在这边，我孩子还行。咱自己本身大人也没能耐，也不能要求孩子有多大出息。你说是不是啊，呵呵……

访谈员：呵呵……

被访者1：我们家小孩，以前上小学学习不咋的，现在上了初中还能跟个差不多。英语在小学的时候啥都不会，到了初中的时候，还行了，能跟上班了。

被访者2：你们晚上住哪？

访谈员：我们就住这，很近的。

被访者2：吃过饭了？

访谈员：我们刚吃完饭，我们那个同伴身体有点不舒服，要不我早就过来了。刚才陪她去了一次，检查了一下。

被访者1：像你们调查几天啊？

访谈员：我们这次是来7天，不过这个调查要持续一年。我们会不间断地来几次。下次我们来了，可能就会租一个民房，在这待一个月。我们将来要写一本书，关于咱们村的。因为北方村外来人口，我们调查要考虑到。

被访者2：你们是一年，给你们多少钱啊？

访谈员：我们社科院的一个课题，算是一个项目吧。我们老师申请的一个课题。

被访者2：一天多少钱呢？

访谈员：也是给发一点劳务吧。

被访者2：义务的？

访谈员：不是，会发一点劳务费的。

被访者2：有工资了？

访谈员：算是吧。我们来这边一星期了。上周五来的，明天我们就要走了。

被访者1：现在村里有多少人？

访谈员：本地人口是 1800 多人，外地是 2200 多人。外地人比本地人，已经算是倒挂村了。

被访者 1：你们在这调查村里知道吗？

访谈员：村委知道的。

被访者 1：你们将来还要写一本书。

访谈员：是的，写一本关于农村基本公共服务的，以咱们村为例。

被访者 1：像你们就应该多找外地人聊聊，就孩子上学这事，现在确实很麻烦。别找本地的，本地人肯定都是喜欢外地人的孩子都回家去，我们外地的孩子在这上学学习都挺好，我们外地人如果留在这考学，他们本地人肯定会有很多人上不去。

访谈员：您像我们在这做这个调查，就是希望把大家关心的问题反映出来。他有可能不是每个人的问题都顾及得到，但是大家都反映的问题，呼声最多的问题，我们肯定能为大家反映一下。

被访者 1：他这边人总体来说还行。

访谈员：像您这河南在这边，平常有没有老乡会什么的？

被访者 1：没有。

访谈员：那您是怎么来到这个村做小生意的呢？是朋友亲戚介绍来的吗？

被访者 2：自己摸过来的。

访谈员：行，时间也不早了，天已经黑了，谢谢您二位今天的配合。

个案 5：村民李某，65 岁左右

时间：2013 年 7 月 23 日上午 10：30

地点：村民家中

访谈员：丁玉

问：您家里还有地吗？

我原来是种地的，现在家里6口人还有1亩多地，那开发区呗（地给征了）。现在地里就种点玉米，自家吃，不够的话再买呗。去年种的麦子，种了1亩多的麦子。

问：看你们家的院子外面贴的租房广告，你们家的房子出租了吗？房租多少钱呢？

我们家人都是农业户口，这就是我们住的房子。我们家（对外出租）了几间房子。房租也1个月也就100多块钱1间。租的最短的要是不听话的，不到1个月就让她就走了。最长的那个都6年了。他们在雁栖印刷厂上班。他们一家三口人，还有一个孩子，还有他媳妇。孩子刚上幼儿园，刚走，是个人开的幼儿园，在这上的。这就跟我们孩子似的，有啥活帮我们干点。他是承德那边的，他要开车也得两个多小时，他们自己开车回去，买一车。那女的在县城是搞美容的，做美容师的，一个月6000多块钱，这孩子挺好的。男的31了，人挺好的，你像我们家有啥事，他们都帮着都干。这孩子挺仁义的，这也住合一年了。

问：你们可有养老保险？

我们都有那个什么的大队给入的新农合，唯一入的就是那个，养老保险我们都没入。那点儿没钱嘛（笑）。那时候一年一个人交几千交不起，没有那条件。现在，像我们过60的就不可以入了。现在只有国家发的那个200多，今年好像有310了吧。女的是55岁，男的是60，就是那钱。一个月310，每月发给我，一个是285，一个是275，就是算养老保险，那两样加一块是310。那个国家补助一个285，中央补助一个275，不是，27.5。这样是310。

问：够花吗？

310那够肯定是不够，像这农户吧，自己种点菜，要是买点菜，你再随个份子，那不都得几百块钱。310也就够买点菜，够不了，不够的话孩子再给点呗。

问：你们身体可还硬朗？有新农合吗？

我有糖尿病，不能喝茶水，我得吃药。早上、中午、晚上，一天三遍吃。（大爷）得过血栓，现在好多了，没事了。吃药一个月，嘿，像我们，定期的，糖尿病的药也得几百块钱吧。新农合能报，按50%报，能报一半。报销的程序吧，时间太长，得4个月才能报1次，这时间太长了。

得靠孩子买药，三个孩子，月月给点生活费。大队给点粮食钱，还加点房租钱。也没有啥大的事情，孩子帮着点就成。农村这一块不像城里面，咱这住房不花钱。

合作医疗有几年了，反正这报一部分，老百姓就想报点。够是不够，报销比例太低。有一些门槛费是不给报的，还有的吃药那是自费的，他不知道国家是咋规定的，还有自费的药。贵的吧，自费的。你要是那什么的，你报的就太少了就。

我这租了8间房子，这儿子闺女都不给家住，这都给租出去了。一个月收入，刨去乱七八糟的，也就收入1000多块钱。水电费，我去买卡，他们出。

问：你听说过"非政府组织、草根组织"这些词吗？

（没听过"非政府组织、草根组织"这些词）我们这边也有现在都不讲了，像法轮功呀什么的，像这，我上银行换了一沓子钱，这钱不是都印在背面嘛，这钱让我给银行换了。（笑）基金会，咱这好像没有。前一阵子都是大队组织捐款，就像那个哪地震啊、救灾啊，我们这都捐款，村里头组织的，村委会组织，完了那什么。有捐物的，有捐钱的。我说，要是咱们这受灾了，人家大伙不也帮咱们么，多少就献一点爱心呗。（笑）一有什么都大队组织，大队一广播，大街上安的都是喇叭。一般都捐什么10块20块的，党员捐得多，没人100。

问：你是党员吗？

我不是（党员），我俩都是老百姓。你老百姓，你入它也没什么用，没那意思，思想太落后了（笑）。我孩子，媳妇和儿子都是（党员），大姑爷是（党员）。二姑爷说，入吧，这入党太费劲了，得经过群众代表同意、得经过党员同意，入的太费劲，递了申请。二姑爷和二闺女都在这村里。户口没走，可是没有住房啊。她是96年结的婚，97年递的申请，98年赶上那点，就没批房子了。

我儿子39了，户口在这，租房住呢。二姑爷家是怀柔区的。他是那边（地点）挺背的，他是怀柔镇卧龙岗村的，那边太小，一山旮旯里。我说孩子上学不方便，上学得走出三四里地，户口就放这儿。你说大东边的，这边有学校也挺方便的。我就说你要是愿意的话，你就把户口入这，我就让你们结婚。这儿方便点。孩子在北京那个学校来着，上高二了。二姑爷得肺癌了，还租房住。他是给别人打工的，没有正常工作。给人家工地当电工。病情也就是稳定住了，得定期得检查去。

他户口在这，也能享受本村的医药政策，家里花了30多万，报了一部分，自己花了七八万。就是，自费药很多。要是他使咱们国内的药有的还不报销呢，你要使进口的药就一点都不报销。他大夫建议了让我们使，效果好。之前会告诉。

问：那个人是不是在你家租房子的？

（租房客）也就三十几，他就是平时工作太累了，出点体力，就是干干活也不怎么太干了。他不是初中就高中（毕业），他们家就一个小女孩，高二，学幼儿教师呢。

问：给我们说说新农合吧。

我们这新农合交的少，大队给补的多，每年那几年是交10块钱。今年嘛，去年报的多一点，今年交40。每个人交40。这个我说多交点少交点，咱用着咱也没得说。村委会好像补，正规的好像交140还是120？自己交40。

问：村里有企业吗？

村里没什么企业，那彩钢厂什么都是个人的，咱大队没有。那地儿有，那是人家承包的，人家盖的。那都不属于大队的。

地多的时候 1 人合 1 亩地吧，后来 1 人 7 分地，国家规定的 1 人 7 分地口粮地嘛。现在全家才 1 亩 7 了。平常种点玉米、大豆、花生的。没有（菜园子），那地都老远老远的，你种了也不得收。（笑）08 年以前 1 人 7 分地，九几年的时候 1 人 1 亩地。这还有 1 亩地，那 7 分地雁栖给征过去了。当时征地的时候按 1 亩地给 16 万，这我们不是 1 人 7 分地嘛，那样征过去的。先征了半亩给了 8 万，这 2 分地吧，去年给征过去了，给了 3 万 2。

它征地盖的厂子，里面的工人咱村的太少了，没有。就像东边厂子，像服装厂，要点，像那啥其他没有。

他不够岁数，我给他入了一份（保险），完了他入了二年就能领钱了。那时候提倡入的时候我过岁数了，就入不了了。

问：你们平时看病到哪里？

我平常拿药去镇上的卫生院，村上有一诊所，但是药不全。诊所里面就一个人，早先三四个，一个一个都不干了呗，就大队还有一个。大队医瞧病，我那难病还就他瞧出来的，神经官能症。就是成天失眠，就跟那什么一样，见到人就那什么着，你要是顺心啊，能瞅着，能说两句话。不顺心地瞅着就吐。神经性的。就他给瞧出来的，他岁数也大了。你没有这个继承人。

镇卫生院离这不远，往东走，就 1 里地。

你说那（卫生院）报的比较多点，离得近点，（但是）什么药都没有。我吃的药这有的是有，有的没有我就得上镇医院去。药进不来货，药不全。

我现在就（吃）两样（药），先前是三样，现在吃不了了。我以前也一直没查出来，后来我晕，一天干活回来就出汗，我心想干活给我累的，就晕。他们家是遗传性的血压高。镇卫生院给我们 60 岁以上的老人定期体检。有的时候，一个季度检查一次，检查就是几种，那叫什么密度，血脂密度、心电图都有。这样对老百姓还是

（不错的）。他们做的都是免费的。也有没去的，解释就是没病嘛，我这次就有事没赶上。

问：你们这边有组织什么公益活动吗？

这没有污染。公益活动这边少，西沟那边做编织做灯笼的，卖的那小玩意儿，那包。我们这村没有，这村也是去学去了，但是没搞起来，没有。他免费教大家，想学就去学，前两天组织残疾人去学，他们学回来也没做。

问：这是你孙子吧？现在上几年级了？

孙子在怀柔上的小学、初中。平常周六周日都有课，中午想让他回来吃顿饭吧，都得到 12 点。这边有去怀柔的公交车，它就是太绕了，你要去一趟怀柔，家里有电动车。骑电动车 10 多分钟，十里地嘛，方便。坐车也是，北边路口。

问：村里治安环境怎么样？要是遇到不好解决的问题怎么办？

要是遇到不好解决的问题，有啥子就找村里干部，父母官嘛（笑），一找他们就解决了。我们村都挺和平的，没有说那打架斗殴的，太少了。

计划生育管得严，外来人口没法管，不属咱范围之内，你管不了那么多。他们基本上都是去医院（生孩子），有的是去他们老家（生）。你像我们这要生第二胎得罚多少万。你要是到人家那，几千块钱，就入个户口。他在外地，没人管。咱这干涉不着人家。这是那什么着也找他，找他你那什么也抗不了人家。

咱们这都那什么，都有 1 个月，老流动的嘛，老走的来的，我们这都有登记，在村委会。你来了我就给你登记上，完了，他就 1 个月检查一次。哪个走了，就给他记个日子，完了他再销了。这管得挺严的。闹事的我就不给你住。你来了我就给你登记上闲杂人不准乱糟糟。为啥我都买的监控呢。旅店都用身份证登记，村委会每个月都会检查一下这个单子。村委会过来检查。他今儿查完了吧，有的时候像明天换一个人，我就告诉他。谁谁走了，谁谁来了，身份证号，哪的住址，姓啥叫啥。我就是为了大伙安全。有的时候我们都办暂住证，他来了，有的不办，我就亲自给他办暂住证。你能查出来你有没有前科呀，有没有事儿。

问：村里有打架的嘛？

我们村没发现斗殴的。就是丢东西，肯定要丢的。就我们东边，新电动车，还锁着呢，就让人家不知道怎弄走的。村里人不可能（偷），村人没有。外来人，那今来三明来两的，那肯定都踩好点的。咱们村有联防队维护治安的，有啊，有夜查的，有那大队组织那什么的住街道的。那不可能（保证不丢东西啊），老虎还有打盹的时候呢。那总要回家吃饭的吧。他们每天晚上都要出来在街上巡视，晚上他要轮班的时候，一到后半夜肯定就那什么着（顾不过来）。它那丢是晚上，就是刚黑天的时候丢的，那点儿还没黑天呢。东边那个侄女招的亲，那侄女丫头有是病，那男的也跑医院去了，家里就 1 个老头，就那一会工夫。他们家也有租房子的。所以我为啥要装监控，安四个探头呢。都是自己安的，为了住户和我们俩的安全。家里就我们俩在家。

人家（租房客）都上班，有一个两个回来了，都在屋里玩电脑，不可能给你看着（家）。

俺们村比较和谐，就说打架斗殴的、吵架的，太少了。

问：你对计划生育怎么看？

计划生育就是独生子女的到老了，女的 50，男的好像是到 60 吧，政府一次性补助 1000 块钱。往那以后一个月有 100 块钱。1 人100，父母 200。像我这岁数那独生子女太少了。刚开始，那时候没有几个。以后有点多，以后要实行计划生育，肯定要注重这一块。

像年轻这一代要孩子这都是要 1 个，我们家三这都是要 1 个（孩子）。是少！有的，像我，3 个。你要是有个什么事 3 个孩子就能互相照应。你要是就 1 个孩子，为啥我说呀，像我姐，她就 1 个闺女，她住院我得跟着陪床去。她（姐的闺女）伺候她（姐），她

（姐的闺女）上班我得跟着伺候她（姐）。1个孩子太少。就算你有两个，两个有什么事也能商量。

我这也不能劝我孩子再生了。大闺女也都40了。二的也都38、9了。那老（小）的媳妇在外面，连上班带孩子，她咋弄。现在这农村好像都没有这个（偏向于要男孩或者女孩）的意识了。（笑）过去那时候，为啥我们要3个，婆婆不干。我丈夫兄弟哥三个，他是老三。那个哥俩也生三，人家家都有儿子，我们俩也受气。没有儿子挤对我们。老太太劝我们：趁着我能给你带再要1个。这才要个小三。现在儿子闺女都一样。

大的是外孙子，二的是外孙女。还有个孙子。他们三个关系挺好的。一放假了就上一块了。这都还是孩子呢，什么都不懂。

你吃着，物价还得涨。那时候我们老年人就给200块钱，现在涨到310。（笑）像那时候鸡蛋都1块多，现在都3块多4块多。

自来水要不是哪坏了，都不会停水，电也是这样。要是哪段坏了，就通知哪段哪段修变压器什么的。停水停电，这一年也没几次。要修也就一两个小时就好了，他急修了他就。你像哪坏了，你不停水没法换呐，你要是按个太阳能也指不定那什么的。

我家里也有个太阳能，都是给他们（租房客）用的。

问：村子有残疾人吗？您觉得他们的生活条件怎么样？

这村残疾人还不少呢，有老的也有小的。生活就是残联照顾一部分，完了大队再照顾点。村里有残联。有的是生下来就是傻不点哈的有几个，有的是肢体残疾的，有的是不会说话的。

问：村里有五保户吗？

村里光棍还有，现在就是搞（到对象）的人不少了。现在我们村不是搞到地发了八万块钱嘛，这搞了好几个，就那老光棍，小光棍，那还不少，这几年搞的，现在还有几个吧。老man子都70了，搞不上了。76了还是77了，他是搞不上了。那些四五十的都搞上了，那些征地补助的。

我说那征地补助的现在都花完了，你将来靠什么生活呀？你说你年均收入1万多块钱，人家发这8万，后头发一万三，剩下这钱能活几年？这老百姓还是那什么的。这娶了媳妇，剩下来就这寥寥无几的事儿。

问：你们这彩礼钱多么？

我们这没有彩礼钱，就装修房子办办事呗，再给媳妇买点衣服什么的。我们村不像过去那样，就像这家，说要有一个起码要花十万二十万的。我们家结婚，我就送东西给媳妇1000块钱，都给媳妇带回来了。怀柔山里头还有，娶媳妇要三金什么的。你说好家伙，要彩礼钱三万五万的。你再办事，你就得每人得有所房子。你起码要有所房子。你一所房子盖，现在起码也要十万二十万。你再给点彩礼钱。

那村里的光棍后来娶的媳妇有二婚的，有带孩子的。30岁左右的，不是说搞不上对象的对象。现在你文明了，不可能找个小学毕业的。现在村里面都是高中大学毕业的。现在单身的很少了。要是没结婚的可以再生一个，女方要是没有孩子的还可以再要一个。

问：村里马路修的蛮好的，你们这里的水电用着怎么样？

早上7点多我们吃完饭。

村里头这条路，街上，都通通给打一层，好像是前年弄的，村里给弄得，个人好像没交钱。

以前都是土路，有坏的。之前，没有几年，好像07、08年的时候，打了一会，那时候是大伙儿掏钱，按人头掏的。完了，这回上面不是说路路通嘛，村村连着，国家拨一部分，大队拨一部分。那污水道什么的都给弄好了，先前有污水道，街上家家门口有一丁沟，那闻的油的全都是。现在家家污水、自来水全给改造了。那你老百姓享福啊，那污水，晚上苍蝇、蚊子嗡嗡的。现在都没有了，现在大队组织街上撒药，街上都喷。从这书记上来开始，一个是市场给弄了，北边给盖三层那楼。菜市场那小楼都是这项目弄的。还有污水改造、自来水改造全部都是他上台之后弄的。从前那书记，你甭说别的，那上头拨款，他说污水改造他弄不了，也没给改。那时候自来水是三天两头坏，一坏那水吧，还有水质不行，就我这三天两天是绿的。现在这井是下锥了，还是那水层不一样。污水改造和自来水改造都是村里给的钱。

平时的生活垃圾有集体的处理点。每天都拉，定点的，早上几点倒垃圾，晚上几点倒垃圾。我们每天送到垃圾场，离的不远，就几步路。村组织的人拉垃圾，桶是镇政府组织的环卫人员，有的垃圾池是大队的出车。咱有一个垃圾点。垃圾场真正有一个是在南房那边，有一个垃圾污水处理厂。这村里有一个十米的大坑，就在那里面。哪村的往哪村里倒。固体垃圾往里倒，污水处理在南房那边。

厨房里都有热水，我这关节疼，一着点凉就关节疼，孩子给安一个厨宝。刷碗洗菜的有热水，插电的，夏天就把它给拔了。

我们这有个污水道，下大雨的时候就顺着污水道流走了。我们这院子里不积水。我们这一块弄的还行。

问：村里放电影吗？

我家里头有有线电视。

先是放着点（电影），这阵子没放了。先是每个月有一次，这是前几天了，得九几年，好像到零几年没大放了。现在放的少了。

现在放电影也没人去看了，家家有电脑有电视。就除了外来户，打工的，他们少点。我不去老年活动中心跳舞，我先跟她们扭秧歌玩个，自从搬怀柔这我就跟她们就掉线了，我在怀柔那边住了一年半。再一个，我那玩不了，一听那音乐 bengbengbeng 我就闹心。

问：您早上一般几点起床？

我天天遛弯，早上遛半天，早上五点多六点多起来。我每天五点我起来，给院里那孩子，他上早班，六点钟上班，我得给他开门。开门你再回去，这岁数你睡不着。晚上也得他们十点钟关门就睡觉。咱们定点，十点关门。你回不回来？你要是不回来你给我打电话，你要不是你就别回来了。十点我就锁门。他一般就不回来了，我们家就这规定，就规定十点锁门。

租房子的，就这两小孩就天天要跟我，每天晚上下学和我们一块吃，早上我们吃饭"奶奶我也要吃"。他们家那孩子比我孙子还大呢。就在东边那个七彩幼儿园上学。他比我家孙子都大呢，他叫我奶奶，我家孙子回来了，他说，去，她不是你姥姥，是我奶奶。（笑）今年 5 周多了。

那户没结婚的时候就在这住，结了婚了还在这住。都 6 年了。另一户住了 2 年，关系搞得还行。

问：您觉得您和老伴谁比较当家一点？

在我们家我两平起平坐，没有男女之分，我俩都当家。

问：您买到过过期食品吗？

没有买到过过期的食品，到超市买东西，我眼不好，我都让他（老伴）瞅。昨天呐，我孙女回来嘛，她牙疼，肿的，吃不了东西，要吃鸡蛋羹。我说那个买那鸡蛋羹要坏的，我没给买。买几个柴鸡蛋吧。打完了，坏了，我给她扔那了，我说我去找她吧。她说这有可能。人，也能理解，鸡下蛋也不可能一天都下了，都下完了装盒吧。它肯定是装盒的时候的毛病，不是人家（故意的）。日子没过期。我去找他，他给我陪两个鸡蛋。他是浙江那边的，开了两年多的店了。他守信用。比如说我拎着找他去吧，他说大妈您别着急，我给您换就是了。他说退您钱。我说那多不合适，我说我都给孩子打了几个，一个坏的，那几个好的也都臭掉了。我说那好的您也拿不出来。他说要不我退您钱吧，您买点别的。我说我都给孙子蒸几个了，他说没事，让孩子吃吧。他说这多不好意思。我说这都可以理解，鸡今天下一个，明天下一个，这天热，你给装盒里，可能就坏了。

问：村里面有没有图书馆？

咱们村有借书的地方，村里的老百姓去看。我眼也不好，我不去，大字还好，小字瞅也瞅不见。村有一图书馆，现在有没有人借书我也不知道。我不信教。我这钱上有这法轮功，背面印着字。我就一张一张存，碰着了我就存。

问：你们房子是怎么对外出租的？

我在村里生活40多年了。我俩就没有这事那事。（笑）我俩就在家看东西，人家这上班的都走了，这门锁了吗？有的人走了，哪到哪都不锁门，你说着门锁了吗？这门根本不锁。"都在家锁什么门呀？"我说"你成天不锁，我还一会儿都不出去呀？"我俩上哪，都得一个在家一个出去。没法遛弯。

有房我就贴一个（租房广告），没房我就撕了。他们有的是做钢构的、做镜片。有劳动局介绍过来的，有亲戚带过来的。现在村里外来人也不少，和以前比差不多吧。

我买了个洗衣机，冬天你洗个棉袄，洗个床单什么的。一个月100，我一个窗帘180呢。一个人我要100元押金，我约束他，走的时候你不破坏东西我还给你。冬天暖气是集体的。

（房子）都有网线，我们给安的。用路由器，分支器把它给分开了。租出去6间，这厢房我们俩用。这村里面盖了好几个公用厕所呢。我们俩有热水器，我说安一个大伙使，下班了能洗澡用，2010年安的热水器。现在得收钱，洗一个得收4块钱吧。太阳能2000多，这水我还得买。给孩子们图个舒服。夏天和冬天洗澡都是4块。这边也有洗澡的地儿，家安一个就是方便点。

两个孙女，一个高二，一个高三了。都是望子成龙。我们现在说话都不顶用。

三院的孙子的孩子满月了。现在随礼随个200块钱呗，结婚那肯定要得多点，家人多点要好几百。

个案 6：女，40 岁左右

时间：2013 年 7 月 24 日上午 14：30

地点：店中

访谈员：丁玉

问：你是哪里人？怎么想到在这里开店？这有你们的老乡会吗？

我和我爱人一起都是年前来的，我家是江西的。我就是自己出来，老家那边生活挺难的，种地啊，好辛苦的，来到这边开一个店啊。我亲戚介绍我过啦的，我亲戚在杨宋。我侄女在这里。这边就我侄女在这边，没有江西老乡会。我和旁边的做生意的都熟，在这待了 5 年，肯定要熟一点哦。这都是邻居了。

问：店面是自己的嘛？

店面这是我租的，就人家刚建好就租过来了，我租了 5 年了，房租一年呐 3 万。可能有七八十平方米多。在里面搭个小房子（笑），里面有个小房子住的，冬天好冷的，在里面可以生（火），取点暖喽。冬天好冻哦，冻的这脚啊全冻肿哦，这里面都没有暖气的。

问：您有没有医疗保险？

我在家里有农村的医疗保险，就一个人交 10 块钱，100 块钱，每年都要交的嘛。回家报不了，这是北京呐，到我们那里都报不了。我这一年也就没买过多少药，也没算过，发票都扔掉了。要是能报的话肯定要报的喽，这是北京，到江西去报不了。我们那个地方就能报。这两边药价都差不多，这边贵可能要贵一点，地方也不一样的哦，贵也贵不了几块钱。

问：您多大了？交过养老保险吗？

我今年 45 了，我没问过什么养老保险，也没交。我们只买过我们农村那种 10 块钱的医疗保险。

问：是否买过商业保险？

什么叫商业保险？（解释举例：什么意外伤害险啦，什么分红的）我没买过。说实在话喽哈，这农村里面赚点钱不容易，骗掉了怎么办啊？就说出来赚两块钱也不容易，是吧？

问：一个月能赚多少钱？有几万吗？

这一个月哪能赚个几万块钱？（笑）这就混饭吃，这天天检查嘛都没人，这大街上的。这天天卖都是卖 100 块钱，你能赚多少？（笑）就赚个二三十赚个十多块钱就那样。今年不好做生意，今年大街上都检查都没什么人。这房租也贵。我也没换过地放，换来换去的这也麻烦，也没出去找过。

这街上要比前几年少好多人哦。外地人都赶出去了啦，都不让摆摊了啦，都赶出去了，都赶的他们没地方呆啦，他们有的就回老家啦。有的也生存不下去，你不许摆、到处抄人家，是吧？叫人家没法过，有的就回老家，有的也就待在家里。好多人，都不摆。为了大街上干净一点喽。城管管的，他说是上面管。上面也管，城管也管。

这（衣服）是后来上的，后来这赚钱不了又想点办法，就卖点衣服赚点零喽，干点零工。周围也有其他卖衣服的，以前有好多摆地摊的。这衣服鞋子卖了有两年多了。这么大的店面（如果只维修售手机）就浪费了哈。

店刚开始起步的时候资金肯定不够，办的贷款。有利息。这无息的（贷款）我们没办，这要到农村里去办，还要回去拿户口。这我们不知道，我们刚来也没去打听也没去问。就家里面弄的，找亲戚借了点钱。

问：怎么想起来开手机维修店的？

我儿子原来是学这个的，后来就做这个（维修）的手艺。读书也找不到工作。他也学了很多书啦，就学点技术。他是大专。他毕业之后也找了工作，赚钱还不够花。大学也找工作太难。工资不够自己花，刚开始就 1000 块钱 1 个月。还不够自己花，也难过在外面是吧，你打工。也没好事干，他说包分配工作，就有的大学毕业分派你就卖那个汽油。他啥事都干过，毕业之后给别人打工。后来他说学点技术就算了。你有的找不到，人家都要熟练工，人家要熟练的喽，人家要有技术的，要有年龄的。他现在才 24 岁。他 18 岁就开始开这个店了。找不到好的工作。

问：你爱人是做什么工作的？

我爱人在彩钢城，干脏活、干累活嘛。都那么大年龄了，这么多年了就干苦活。在家里的时候我和我爱人都是种地，家里面地多啊，我那边 1 个人 1 亩地。现在家里面的地都被拿完了。都是大队里面了，没有了地。以前不是刚搞种的粮费嘛，一个人要搞几百，一亩地又要高几百。都搞不起。都让大队里面给占去了。大队用地租给人家了，我家以前有十多亩地，全都给了大队。没有补贴，就算有补贴也都给了大队了。你现在要拿都拿不回来了，原来都给了大队了。

问：你们有新农合吗？

我们户口都在镇上，非农户。跟以前也就是那个，都交不起那个田费喽，一个人要好多钱呐，一亩地要好多钱呐。我们就把户口迁到镇上来啦，农村里面只有一个人的户口了啦，也就没有地啦。家里农村户口是我婆婆的。我们都是非农户。新农合是在我们镇上非农户交的，镇上居民也有管的。

问：你们和本地人打交道多吗？

我和本地的打交道的也不多，讲普通话人家也听不懂，一般人家也听不懂我讲什么话。我们哪有时间去老年活动中心啦，要做生意呀，为了生活，要过日子呀。

早上一般 6 点多到 7 点，晚上十点多钟关店，11 点多睡喽。中午有的时候休息有的时候不休息。就中午睡一觉。做饭什么的都是我做，买菜也是我买嘛。有的时候我老公下班了他也做饭嘛，他也买嘛。

刚才抱孩子的是我儿媳妇，孙子1周了。生孩子之前谁有工作，都没有工作。都是老家的，江西人。带孩子啦，洗衣服啦。

问：没跳过舞？

我们都不是这里人，哪有这闲工夫去跳舞。平时没有时间去健身跳舞什么的。

问：你觉得当地人怎么样？

欠账的有时有，就几十块钱，哪个去要的？要也要不到，你也不知道他是谁，是当地人。当地人有的也霸道，有的也挺好的，人也说不准。有的人买你1个手机啦，要你换这要你换那，都没坏就让你换（零部件）。就是我们外地儿也不跟他们一般样啦，换就换啦。你外地人经常跟别人吵架那是不可能的是吧？你又不是那种人，再说你在这边又不是待一辈子，是吧？

我们外地人本身也就这样，就像攒点钱这样，不止我们花（钱），家里面也要花（钱）。哪有由着自己花？我一年想花1万，你能赚到吗？赚不到，是吧。

问：你觉得这里和老家哪个更好？

和这里相比那肯定是家里好喽，家里又不用租房，都是本地人，也说话，人家普通话，我们说话人家也听不懂啊，是吧。（到这里来），因为家里生存不下去呀，你在家里咋子生活呀。唉……家里的生意也不好做，家里生意不好做，这里打工的人多喽，家里那边没厂子没什么。经常来店里的顾客外地也有，本地也有。如果能安排工作，那肯定愿意在家里面安排工作了是吧？你现在都是没有工作安排，现在都靠自己。

问：有失业金吗？

失业金是什么？我不懂，不知道，没有去找。做点生意能赚点钱就自己赚，没有去找过。他们说我们那边老人家到了60岁有工资拿，不知道是真的假的。说每个月都有几百块钱，那我们就不担心了，到老了就也有了，哈？都是那边的户口，就没有去问过，那样说自己还没老嘛。如果到了60岁就自己去问了，就是这样想的，现在自己能赚嘛。女的55有，他们说。这边也就是女的55有，男的60嘛，是吧？农业的少嘛，农业的有地嘛。要交钱的是吧？我不懂，没问。就过年回一次家。过年也问不到，人家也放假了。就问农村里面的人，人家有的有哈，有的也就帮人家也办一个哈。现在国家都挺好的，是吧？都照顾那农村里面。

问：你有几个孩子？平常联系的多吗？

我有两个孩子，闺女24，儿子小一岁，23。闺女平时也联系，电话嘛，哪有一个星期打一次，她也没时间，就有的时候十多天，我打给她，有的时候是她打给我。今年她失了学，刚毕业。在那里给人家当老师，教小孩，她说，就跟人家当小儿家教。她的学费都是我们担着了，不要她去借，自己少着点花也得给她是吧？当时她上学也借了点，现在早就还上了。跟亲戚借的。家里的朋友多，这里的朋友少。

问：本地人结婚会请你吗？有份子钱吗？

这边的都是本地人，见面打一声招呼。也不算太熟。本地人结婚什么的一般也请喽，关系挺好的就请，关系不好的也不请，因为你是外地人，请了人家也不那个。随份子200，家里还要看什么亲戚了，那亲的有时候一千多、二千多，那有的朋友，差不多就五六百啦。一般（关系）的也就二百啦、三百啦。一年随份子就一两万块钱。就是，还是熟点的我们那边，这边随份子随很多，我听他们说。24：41

问：有没有参加过创业培训？

这缝纫机，给人家接接裤边、换换拉锁、补补衣服。这都是打工的，就是帮人家擦一下喽，拿一两块钱。我以前就去学过那种，自己学的，没参加过创业培训。文化都没有，一年都没读完，就读了半年，你到哪里去呢，没文化。

问：有没有买过过期食品？

我不认识字，牛奶我没买过，都是他们年轻人去买。买回来不知道是过期还是没过期的，从来都没看过。

问：本地人和外地人发生过矛盾吗？

这几年来（本地人和外地人）发生矛盾的也有，少，也有不讲理的，讲理的还是多。人家来吵架，就不需要和人家吵架喽，就好比你买我的手机，你买多少我给你多少喽。不需要吵架了就是，我们自己迁就人家了，毕竟自己是外地的。

问：您觉得这里生活环境怎么样？

生活环境呐，就是吃好一点呐、多赚一点钱。有钱你就吃好一点穿好一点喽，就那样。就根据条件来。今年这绿化挺好的，这大街上也挺干净的。原来有摊啊，人家摆摊，上了就脏兮兮的。人家打扫卫生，不可能一个小时十几分钟都在那里扫了哈。人家也要有休息的时间啊，今年挺干净的，把摊弄掉了，以前好多摊。

问：你和你爱人每月赚的钱够花吗？

刚来的时候赔钱，现在就能赚点饭吃，算房租。全部压掉了，这（鞋）都五块钱一双赔钱卖。卖不动不就拿出来赔钱卖，也不知道人家要穿什么，这都是赔钱卖的啦。这裤子卖 25 块钱都是赔钱卖的。这些衣服都是赔钱卖的都卖不出去。这都是小孩的，（进货）进错了。小孩要穿紧的，这都是松的。你这 5 块钱，1 块钱人家都没人要，不是松紧的，就赔钱都配不出去。现在小孩都穿松紧的啦。

店也就是够饭钱，不赔钱。我爱人赚的钱就是拿给我们够吃饭的。赚钱不是压嘛，不是一下两下能卖得掉。压在那里卖不动就送人，就扔掉。我爱人一个月能拿到 3000，他说有五险一金。他说厂里面帮他算，我不知道是不是五险一金，反正他说算保险。加班要给钱，就给加班费。夏天发两包糖一包茶叶，冬天发了一箱水果。

问：谈谈你对计划生育的看法。

计划生育严，就不严人家都自动就生一个两个，都不生多，生多了负担太重。现在我们那边最多就三两个。我们那边你都能生两三个我们都不生，生的那么多负担太重。（问：还想再要一个孙子吗）现在负担太多了，都不想要那么多小孩。自己再看，就是那样想的。（风俗）生小孩，就满月做酒给人家吃了。

问：你是少数民族吗？

我不是少数民族，我信佛，跟静功（音）老法师信的。在家从小就信一点。就自己好玩，就跟他们信。佛教讲做好事，不做坏事（对我影响比较大啦）。人要心好一点，心好就对了，不能贪心。

问：村里有外地人和本地人结婚吗？

这个村子里面肯定也有外地人和村里人结婚，但一般人家瞧不起外地人，外地人来这里上不上户口。人家本地人有钱分啦，外地人没钱，分不到钱，一个人分几万，外地人没有，是吧？人家瞧不起外地人。

问：遇到困难找谁帮忙比较多？

有困难找这边人帮忙找不到，找亲戚帮忙喽。房东人家在北京（市里），从来就没有遇到过，刚来的时候，给人家端钱端了两万多。不是房东，外面好多骗人的，偷走的。没有追回来，到派出所去谁给你追回来。报了警，查不着，2 万 8 千多。就刚来的第二年发生的，现在都有两三年了。哪有那么好的人给你找呢？又不熟，你去找谁呢？又没找人。

问：你对社会保障有什么期望？

（对社会保障和环境）期望不到，都不去想那个事情。想是想人家赔个你，谁赔给你呢？国家事情那么多谁能管得到你一个那么小的店呢？咋不期望呢。对于异地医疗报销，养老保险在哪里都可以实行，那肯定期望啦。期望不到。国家都对农民挺好的了。就是自己要有一个心态，你期望不到，自己就想着自己承担，就不期望依赖国家，不能一点小事就找国家，那还不忙死。那么大的事你去找谁呢？这都外地人。就报一下派出所，查得到就查得到，就这样想的。

问：江西人在这里有多少？

江西人在这里也不知道多不多。

问：看病能报销吗？

小病报不到就算了，大病没报过，要是报的到就肯定去报了，我们那边都规定要有专门的医院，没有专门的医院报不到。没去问过医院报销开药的事情。从来没报销过，这都到外地来了。要是能报销肯定去报销了。这几千块钱的都没报。外人多都没去想这个事情，要是本地就拿去报了，就是那样想的。

个案7：第一被访者：店主配偶，女，26 岁，来自某省农村；第二被访者：店主，男，29 岁，来自某省农村

时间：2013 年 7 月 25 日上午 8：30

地点：手机店

访谈员：戈艳霞

访谈员：您好！我能和您做个简短的访谈吗，在不影响您工作的情况下？

第一被访者：访谈什么？

访谈员：主要是针对咱们农村的基本公共服务状况。想通过您了解一下当前教育、就业、医疗、养老服务的基本情况，再看看您有什么意见和建议。

第一被访者：哦，那行。你问吧。

访谈员：好的，谢谢！

访谈员：首先，我想了解一下，您二位是哪一年来到本村的？老家在哪里？怎么想着来这里了呢？

第一被访者：我是 2006 年来的，他是 2004 年来的，他来了 10

年了，我来了 8 年了。老家都是张家口的。当时有亲戚在这边，介绍过来的，这样亲戚们也有个照应。

访谈员：刚来的时候，亲戚之间的照应，用处大吗？

第一被访者：当然大了。刚来这个地方的时候，也不认识这里的朋友，有点啥事儿不得靠亲戚啊？

访谈员：那您现在主要从事什么工作？还务农吗？

第一被访者：早已经不种地了，种地不挣钱。我们现在就开的这个手机店，他是店主，我就帮他在这儿看看店，卖卖手机。

第二被访者：开手机店，卖手机，维修手机，手机充值服务。现在一共开了 3 个小店，都是卖手机加维修。这个店还大点，我们两口子在这边（照顾生意）。那两个店小点，雇了两个人看着呢。有啥事的就打电话联系我们，我就过去。

访谈员：您开店几年了？之前做什么工作呢？

第二被访者：开店有 4 年了。刚来这儿的时候，找了个地方上班，挣不了钱，（感觉）不行，就开始卖小货，（后来）买二手手机，（中间）自己慢慢地自学了手机维修，（再后来）就用自己攒的钱开了个小手机店，后来又换了个大点的。

访谈员者：手机店的盈利怎么样？

第二被访者：这个大点儿的店一年能盈利 25000（元），那两个小点的店就还差点儿。实际上一年也就那样吧，凑合。就说，光房租一年就得给房东 2 万多。每个月要给移动公司交 1000 多块钱（17%）的税。另外，还得（自己）办（那个）营业许可证。虽然 20000 元以下免税，但是手续特麻烦。还有朋友欠账的，大部分都是这儿的本地人，谁敢催要呢？

第一被访者：这交房租，一沓子钱给人家了，有时候也心疼。这 4 年给人家 10 万多（块钱），现在想想还心疼呢。

第二被访者：（但是）租人家房子就得给人家钱。

访谈员：您有几个孩子？都在您身边吗？

第一被访者：家里一共三个孩子，大女儿今年 5 岁，二女儿和儿子今年都 3 岁，是对儿龙凤胎。大女儿跟着我们在这儿上学前班呢，二女儿和儿子在老家跟着老人呢。我们在这儿忙，也没时间管孩子。他姥姥和奶奶在老家各帮我们带一个。

访谈员：外地孩子在北京上幼儿园有没有入园难的问题？

第一被访者：公立幼儿园入园难！得要北京户口、房产证还能行。私立幼儿园入园简单，只要报名就能上。

访谈员：您的三个孩子都上幼儿园了吗？在上大班还是小班？

第一被访者：就大女儿上了，二女儿和儿子太小没上。等孩子能自理了，再上幼儿园。大女儿刚上完（幼儿园）大班，下半年开始上学前班，为小学打个基础。

访谈员：您大女儿当时就读的幼儿园设施、师资和学费怎样？您是否满意？

第一被访者：（幼儿园）设施还可以，比老家强多了，可是比人家那公立幼儿园就差多了。幼儿园大班的学费 500 多（元/月）要是想学点才艺，还得另外单交。一个月 10 几次课要 150（元）。（幼儿园）老师没有（教师）资格证，文化低，还有错别字呢。老师课上（知识）教的浅，课下补课。老师对孩子差，有一次我去幼儿园看我们家大闺女，就亲眼看见那么点的小孩被老师掌嘴。空调和暖气都不好，没人监管。夏天（的时候），我闺女回来跟我说教室里热得不行；冬天（的时候，我闺女回来跟我）说冷的不行。水果一年只有一样，而且量少。饭也不够（孩子老师都吃不饱）。早中餐听着好，实际上（质量）差得很。比如说，公布栏上写的是土豆牛肉，实际上就有那么一丁点牛肉粒，（几乎）全是土豆。家长会上大家意见也很多，但是反映也没多大用。而且人家还不愿意让你反映（意见）呢。家长会上那么多家长，只给一个话筒，而且还是个坏话筒。那么多人，（幼儿）园长还说，根本听不清你说啥呢。所以，你有什么意见也反映不上去啊。

访谈员：外地孩子在北京高考容易吗？

第一被访者：外省（高考）可难了，北京（高考）容易。北京当地人占便宜大了。人家不让外省孩子在北京参加高考。在这儿上高中的外省学生，到（高考）的时候，还得回老家高考。北京这边教的浅，老家高考题难，不好考（上大学）。即使是高中回老家念，那也只有初中学习最好的那一两个能考上大学。

访谈员：那您有让孩子上大学的打算吗？

第二被访者：没怎么想上大学的事。（大学）要上就上好的，上赖的也没啥用。现在上大学没有太大前途，除非专业和大学特别好。你没听说有大学生上学都上傻了吗？说有个大学生算不出个小学数学题"1+1=2"，结果自杀了。

第一被访者：我也没怎么想着让他们上大学。要是打算让孩子考大学的话，孩子就得一直在老家读初中和高中，我更希望孩子成长的时候能跟着我们在一起。

访谈员：能问一下您二位的教育学历情况吗？

第一被访者：我文化程度是初中毕业，后来掏了3000多（块钱）学的裁缝。但是后来在工作单位没啥用处。他是初中没上完就不上了，不过人家他聪明。自学的维修手机。小学还跳级呢。

访谈员：那当时为什么没有选择继续上学？

第一被访者：（一方面）学习不太好，上高中也考不上大学。（另一方面）也觉得学着没劲，不想上了。

第二被访者：那会村里学校少，初中就得去外村上学。我当时老实，受大年级学生欺负，就不想上了。（另外）上高中没啥用，大学也没有，上到初中就足够了。

访谈员：你认为新农合怎么样？用处大吗？

第一被访者：新农合有啥用？只能在老家用，北京不能用。

第二被访者：在老家可能用处还大点，在北京一点用处都没有。

第一被访者：在北京看病还难呢。现在这孩子金贵，病了就得去大医院看。这一个感冒发烧就得七八百快（钱）。一分钱也报（销）不出来，全得自己掏，这是病不起！我前几天就在这路口，被小轿车给撞了，车跑了，没办法，医药费都得自己掏，都报（销）不了。

访谈员：您被车撞了的事，怎么没有报警，通过公安机构寻找肇事司机？

第一被访者：没有找，找也找不到。还好伤的也不是太严重。

第二被访者：就是报警也没啥用，现在法律漏洞太多，找到也没啥用。还不够麻烦的呢。

访谈员：你对村里的基础公共设施满意吗？

第一被访者：不满意。别的不说，就说这垃圾吧，"聋子的耳朵瞎摆设"。（垃圾桶里的）垃圾没人收，还得我自己天天收拾垃圾提着那边的垃圾处理点儿。你看我们门前的（垃圾）桶都被人偷跑了。垃圾扔的一地（都是），还得我天天打扫这门前头。

访谈员：那您是否就这些事情给村里提过什么建议或者意见？

第二被访者：外地人没有发言权的。要说提建议，村里就说了："你们外地人有什么资格跟我们提建议（条件）啊！你们用的电啊，水啊，都是我们架的。"每次村里开会，都只召集他们本村的，从来没有一次叫过外地人的。在北京外地人没有权利，选举权、发言权这些基本的权利都无法保障。

访谈员：本地人是否对外地人存在什么看法？

第一被访者：北京人瞧不起外地人，那是根深蒂固！就说，京北大世界，（你要是）穿的破的烂的、邋里邋遢的，人家那售货员就说，你看就这个还来这呢？

访谈员：那这个村呢？他们是怎么看待外地人的？

第一被访者：也是瞧不起！（这个村）广播里就喊："你们外地人喝多了，满大街吐得到处都是！""如果没有你们外地人，我们就不用派出所了"你看话多难听！

访谈员：您现在和本地人处得怎样？

第一被访者：刚开始不如意，现在好了。也有不少本地朋友，他们有啥红白事，也去帮忙随份子。这不，"9·18"的时候，他那个哥们（本村人）还叫他一起去（北京）市里参加"钓鱼岛是中国的"游行呢。

访谈员：那（店门口）电子屏幕上的"钓鱼岛是中国的"也是您特意做的吧。

第二被访者：钓鱼岛本来就是中国的！要是打仗的话，我就要去前线打小日本！

访谈者：那您对当前在这个的生活满意吗？

第二被访者：要说满意，也有不好的地方；要说不满意，还行吧。比老家强多了，可是比人家本地人就不行。

访谈者：那你觉得这儿比老家好吗？好在哪了？

第一被访者：这儿更好。（我们）在这儿时间长了，都（北京）适应了。（这儿）收入也高；设施也比老家好，干点啥都挺方便的。在老家干点啥都不方便。

访谈者：那你们将来还打算回老家吗？

第一被访者：虽然（感觉）老家不好，可是，早晚还得回老家啊。

第二被访者：北京不让留，早晚还得回老家。

访谈者：那你们打算什么时候回老家？心里有个打算吗？

第一被访者：这个不好说，看情况吧。在北京待不下去了，就只能回老家了。要是将来北京让留了，还是想留北京。毕竟都适应（这里）了，回老家还不适应呢。

第二被访者：北京制度管得太严，想留下来太难了。像人家深圳啊，只要你长期居住够多少年，就是申请（深圳）户口。北京就不行，北京的暂住证也没啥用处。

访谈者：好的，访谈结束。非常感谢您的配合。

第一被访者：不用谢，这也没啥，就是聊天呢。

个案 8：第一被访者：店主，男，45 岁，来自某省农村；第二被访者：店主配偶，女，40 多岁，来自某省农村

时间：2013 年 7 月 25 日上午 10∶30

地点：早餐店

访谈员：戈艳霞

访谈员：您好！我能再了解一些其他问题吗，在不影响您工作的情况下？

第一被访者：行。你问吧。

访谈员：好的，谢谢！

访谈员：首先，我想了解一下，您是哪一年来到本村的？老家在哪里？怎么想着来这里了呢？

第一被访者：我们都是 2008 年来的，来了 6 年了。老家是河南农村的。亲戚介绍过来的。

访谈员：刚来的时候，亲戚之间的照应，用处大吗？

第一被访者：我们来这里就是亲戚介绍的。开早餐摊也是跟他们学的。他们在工业区那边开早餐摊，我们在这儿开。

访谈员：那您现在主要从事什么工作？还务农吗？

第一被访者：从（19）97 年开始，我们就不种地了。家里的地给亲戚着呢。我们俩人的工作就是开这个早餐摊。

访谈员：那您不种地之后，（之前）都做什么工作呢？

第一被访者：从（19）97 年开始，我们去了广东。我给人家工厂里开车。

访谈员：当时因为什么原因选择了离开广东呢？

第一被访者：在广东开销太大，而且天气太热，我们北方人不适应。

第二被访者：广东那边的治安不好，外地人太多太乱。这白天，大街上就有抢劫首饰的，还有当街剁手的呢。

访谈员：那您在广东是否遇到过什么麻烦？

第一被访者：只给人家开车，没遇到过什么大麻烦。

访谈员：在这儿开早餐摊，是否有人吃饭欠账？或者遇到过什么麻烦？

第一被访者：欠账的（人）很少。吃个早餐就两三块钱，欠账的（人）很少。小生意也没啥大麻烦。而且北京管得严，治安好，外地人相处的也好。

访谈员：开早餐摊手续麻烦吗？开张用了多长时间？

第一被访者：不麻烦，开张很快。从打算做到开张也就半个月的时间吧。我们现在租的这个店面，以前也是开早餐摊的。生产许可证是以前房东代办的，上面写的也是房东的名字。（而且）这桌子、椅子、炉子和锅都是以前（的早餐摊）留下来的。开张的时候，以前的设备基本上齐全，不用我们自己置办了。后来慢慢地干的大了，就自己添了一些盆，锅的小设备，也不算贵。这边开早餐摊要有健康证。一年办一次，基本上两三天就能办下来，挺快的。定期的卫生检查。刚开的时候（卫生检查）很勤，开的时间长了，（卫生检查）就少了。当地政府工作人员来看看，查看灭火器，煤燃气是不是安全，叫你注意安全。

访谈员：您的早餐店盈利怎么样？

第一被访者：挺好的，比种地强多了。一个月刨了 200 多块钱的房租，1500 元的店租费，还能剩下个几千块钱。

访谈员：您家有几个孩子？孩子上学吗？

第一被访者：两个孩子。老大是儿子，23 岁了，上完初中就不上了，现在厂子里给人家当主管呢。老二是女儿，跟着我们在这儿上小学呢。

访谈员：当时大儿子为什么没有继续上高中？

第二被访者：他那会儿初中毕业后就不想上了。（那会儿）15岁的时候，他（体重）有160多斤，觉得不好意思，就不想上学了。

访谈员：您女儿现在上几年级了？

第一被访者：小学六年级，下半年上初中。

访谈员：打算让您的女儿在哪儿上初中？回老家上吗？

第一被访者：打算叫她跟着我们在这儿上（初中）。不打算让她在老家上（初中），（因为）老家没人帮着带孩子，只能在这儿上学。(况且) 一个女孩子家，在我们身边，离得近，（我们）也还放心。

访谈员：您女儿是一直在这边上的小学吗？

第一被访者：是，她一直跟着我们在这村里上的（小学）。

访谈员：作为外地学生，是否存在入学难的问题？是否需要另外交什么费用？

第一被访者：入学很方便，拿着户口本去，就能入学。也不需要交什么另外的费用，现在都是免费的（义务教育）。

访谈员：在这儿上学的外地学生多吗？

第一被访者：外地学生挺多的。就我闺女待的班里，有一半都是外地学生。

访谈员：您女儿就读的学校设施、师资怎样？您是否满意？

第一被访者：这儿的学校不错，这儿的学校真的不错，没有什么不好的。老师也挺好，外地的学生和本地的学生一样的待遇。家长会上外地家长也有发言权，有什么问题都能解决。

访谈员：您女儿学习怎么样？

第一被访者：她学习挺好的，年年拿"三好学生"呢。

访谈员：您是否知道现在还不允许外地学生在北京参加高考？

第一被访者：知道。不是说现在正要改吗？希望（外地学生）

将来能在北京参加高考，享受和北京本地学生同样的高考待遇。

访谈员：是否考虑过让您女儿考大学？

第一被访者：只要她能考上（大学），就让她上（大学）。我和她妈没啥文化，希望她将来好些，上大学。像我初中（文化水平），她也就小学（文化水平）。

访谈员：让她上大学的主要原因是什么？

第二被访者：（她将来上了大学），能找个好点的工作，工作环境好，可以坐办公室（里工作），活也不累。不像我们开早餐摊又脏又累的。希望她后半辈子幸福，找个不是农村的对象，对象的工作也好。

访谈员：是否想过将来她挣了钱，让她照顾你们呢？

第二被访者：没想着她挣钱给我们养老，我们能自己干就自己干，不依靠孩子。

访谈员：您再这边看病难吗？医药费能报销吗？

第二被访者：这边医药费贵，在家花二三十看个感冒发烧的，在这边就得花 100 多块钱输液打针吃药。去医院看病，咱也不懂药，人家说开啥咱就开啥，不懂。这边医药费不能报销。看病也没指望报销，太麻烦了，太耽误时间。

访谈员：我看到，这一个早上，吃早餐的人就扔一地的垃圾。您这垃圾好收拾吗？有地方扔垃圾吗？

第二被访者：好收拾，我们把垃圾扫成堆儿就行。环卫工人每天早起收垃圾。

访谈员：您现在跟本地人处得怎么样？跟他们熟吗？红白事的去帮忙吗？

第二被访者：跟人家不熟，人家不请你，也没给这里人随过礼。要是叫你去，你就得去，愿不愿意，都得给（随份子）。

访谈者：好的，访谈结束。非常感谢您的配合。

第一被访者：不用谢。

个案 9：女，45 岁左右，来自某省农村

时间：2013 年 7 月 25 日下午 2：30

地点：经营店中

访谈员：戈艳霞

访谈员：您好！我能和您做个简短的访谈吗，在不影响您的情况下？

被访者：访谈什么？

访谈员：主要是针对咱们农村的基本公共服务状况。想通过您了解一下当前教育、就业、医疗、养老服务的基本情况，再看看您有什么意见和建议。

被访者：哦，那行。你问吧。

访谈员：好的，谢谢！

访谈员：首先，我想了解一下，您是哪一年来到本村的？老家在哪里？怎么想着来这里了呢？

被访者：我家是 2004 年来的，来了 10 年了。老家是湖南农村的。亲戚介绍过来的。

访谈员：你家一共几口人？都多大了？

被访者：我家三口人，我，我老公和儿子。我，46 岁；我老公 49 岁；我儿子 24 岁。

访谈员：您儿子还在上学吗？还是工作了？

被访者：不上学了，跟我们在店里帮忙呢。

访谈员：您现在主要做什么工作？

被访者：跟我老公在这儿做铝合金门窗的生意。

访谈员：来北京就一直做这门生意嘛？怎么想着卖铝合金门窗了？

被访者：来北京就一直做得铝合金门窗生意。也是亲戚介绍的生意，他们也在北京其他地儿卖建材呢。

访谈员：生意怎么样？好做吗？

被访者：不好做，现在越来越不好做了。欠账的太多，都给不了。

访谈员：欠账的是本地人还是外地人？一般欠多长时间，能够要回来？

被访者：本地人，外地人都有。河北、河南人欠账多。欠多长时间，不好说。有的欠了好几年都要不回来。有的外地的都找不到人了，还要啥钱？就没啦！

访谈员：一般都欠多少钱？

被访者：几千块钱的多。三四千的，四五千块钱都有。

访谈员：那您现在外面一共有多少钱被欠着呢？

被访者：有个三四万吧。

访谈员：欠这么多钱，现在的生意是否还能正常运转？

被访者：不能（正常运转）能怎么办？只能少进点儿货。

访谈员：钱周转不开的时候，有没有向别人亲戚，或者当地的朋友借过钱？

被访者：很少借钱。有时候从亲戚那儿拿点儿。没从本地朋友那儿借过钱，跟当地人都不熟。

访谈员：在这儿的湖南老乡多吗？您跟老乡联系的多吗？

被访者：湖南人不多吧，河北、河南、山东的多。（我）跟老乡联系的不多。

访谈员：您和您的家人身体怎么样？看病花销大吗？新农合管用吗？

被访者：我们身体都还挺好的，没什么毛病。也没怎么花钱看过病。不用过新农合报销。

访谈员：将来打算一直在北京待下去吗？

被访者：看情况吧。我们一家三口现在都在这儿。要是生意做得凑合就在北京凑合着。要是不行，就回老家。

访谈者：好的，访谈结束。非常感谢您的配合。

第一被访者：不用谢。

个案 10：女，39 岁，来自农村；配偶，男，36 岁，来自农村

时间：2013 年 7 月 25 日下午 3：00

地点：村租房客

访谈员：戈艳霞

访谈员：您好！我能和您做个简短的访谈吗，在不影响您的情况下？

被访者：访谈什么？

访谈员：主要是针对咱们农村的基本公共服务状况。想通过您了解一下当前教育、就业、医疗、养老服务的基本情况，再看看您有什么意见和建议。

被访者：哦，那行。你问吧。

访谈员：好的，谢谢！

访谈员：首先，我想了解一下，您是哪一年来到本村的？老家在哪里？怎么想着来这里了呢？

被访者：我是 2006 年来的，来了 8 年了。老家是山东的。出来找工作就来这儿了。

访谈员：那您爱人呢？什么时候来的，怎么来的？

被访者：他没我来得早，也是出来找工作来的这儿。

访谈员：您爱人的老家在哪里？老家怎么样？

被访者：他老家是河北山里的，种的地不行。老家就一点房，老人住着呢。老家没这里好。

访谈员：在这儿的山东、河北老乡多吗？您跟老乡联系的多吗？

被访者：不知道多不多。（我）跟老乡联系的不多。

访谈员：您现在主要做什么工作？

被访者：现在没有工作，在家带2岁的儿子。

访谈员：那您之前做什么工作？为什么不做了？

被访者：（我）以前做保洁的。在上班的时候，我出了点事儿，后来也就不做了。

访谈员：当时出了什么事情？

被访者：上班的时候，巧克力囊肿破了，后来就做手术耽误了几个月，再后来就没去（上班）了。

访谈员：这件事情，雇主是否给了一些补偿？你是否争取了？

被访者：我没要，人家也没给工伤款。

访谈员：手术是在北京做的吧？那医药费够吗，是否报销了？

被访者：手术费要1万多，当时家里没有那么多钱，还是给老家的亲戚们打电话给送来的钱。花了1万多，回老家只报了200多块钱。

访谈员：北京这边的医药费您觉得价格贵吗？是否能负担得起？

被访者：北京的医药费贵死人了！孩子发个烧上医院，输两瓶液，拿了几天的药，要800多块钱！贵死人了！

访谈员：您爱人呢？他做什么工作？

被访者：他今年在附近的汽车维修厂里，给人喷粉打磨。

访谈员：他每天工作几个小时？工作环境怎么样？福利待遇怎么样？

被访者：说是一天8个小时。每天都加班，至少要工作12个小时。工作环境不好，有粉尘。一个月能挣3000多，刚够花。加班费一个小时是8块钱。福利就是夏天给发箱白糖，冬天给发箱水果。

访谈员：加班是他主动申请的，还是厂子里强制的？

被访者：主动申请的，不加班，挣得工资不够花啊。加班就能多挣 1000 多块钱。厂子里有人不想加班了，他就替人家加班。

访谈员：厂子里给他上保险了吗？是否有定期的体检？

被访者：没有体检过，也没有上"三险一金"。

访谈员：他上一份工作是做什么的？待遇怎样？

被访者：以前在厂子里上班，一个月挣 2000 多块钱，不够花。有"三险一金"。

访谈员：那现在他的"三险一金"还交着了吗？

被访者：现在没有交保险，没钱交。（以前的保险）断了就断了。

访谈员：您一共有几个孩子？都上学了吗？

被访者：一共两个孩子。大的是女儿，我跟我前夫的孩子，今年该升初二。小的是儿子，是我现在丈夫的儿子，今年 2 岁。

访谈员：能问一下，您为什么离婚吗？

被访者：我前夫骂我只会生女儿，不会生儿子，不是计划生育不让超生吗？为了生儿子，他要跟我离婚的，跟别人结婚生儿子。结果他后来的媳妇儿又给他生了两个女儿。我现在给我现在的丈夫生了个儿子，他可高兴了呢，对我们娘仨可好了！

访谈员：您女儿是一直在这个村上学吗？学习怎么样？

被访者：是，她一直跟着我。小学和初中都在这里上的。学习上很省心。

访谈员：您女儿在学校的本地朋友多吗？

被访者：挺多的。这会儿她就去和本地的同学出去玩了。

访谈员：您女儿就读学校的设施、师资和学费怎样？您是否满意？

被访者：学校的设备挺好的。就是今年新来的老师教得不好，还打孩子。

访谈员：有没有想过将来让她上大学？

被访者：想让孩子上大学。因为我没文化，必须要让孩子上大学。有文化了，找活儿，找工作好找。看这厂子里招工，都招大专毕业，中专毕业的，都没有一个招初中毕业的。

访谈员：现在孩子上学的花费大吗？是否能够承担？

被访者：现在不大，还能承担。以后上高中、大学了，学费贵，就得借钱了。希望学校能设立贫困生补助金或者勤工助学金，帮助家庭困难的孩子完成学业。

访谈员：您是否知道外地学生不能在北京参加高考？

被访者：知道，现在是不让（外地学生在北京参加高考）。

访谈员：外地学生只能在老家高考，您打算怎么办？

被访者：外地人走一步，说一步吧。回去上学也跟不上啊。回家高考就得蹲一班，复读一年。

访谈员：那您打算让小儿子上幼儿园吗？本村幼儿园入园困难吗？

被访者：等明年（孩子）3岁了，就想把他送到幼儿园去。公立幼儿园（收费）一样的钱，外地人不好入。好的私立幼儿园也要排队。孩子的学费按天算，也不便宜，一个月得500多。

访谈员：那将来您还打算工作吗？

被访者：等把孩子送到幼儿园，我也打算上班，找零活干。攒钱回家买房子。现在幼儿园不便宜，一个月得500多。我要是找的班挣不了多少钱，还不如在家自己看孩子呢。

访谈员：您现在除了看孩子，还做什么吗？

被访者：嗯，我给人小孩子理发，哄着小孩子理发，不要钱的。

访谈员：那您有没有想过自己创业？比如开个小的托儿园，你也可以一边照顾自己的孩子？

被访者：想啊！我觉得我还是挺会哄小孩的。我给小孩儿理发，小孩都不哭呢。可咱没有钱，没有起步资金怎么办开托儿园啊？还是给人家看孩子吧。

访谈者：好的，访谈结束。非常感谢您的配合。

第一被访者：不用谢。

个案 11：女，45 岁，来自某省农村

时间：2013 年 7 月 26 日上午 8：00

地点：经营店中

访谈员：您好！我能和您做个简短的访谈吗，在不影响您的情况下？

被访者：访谈什么？

访谈员：主要是针对咱们农村的基本公共服务状况。想通过您了解一下当前教育、就业、医疗、养老服务的基本情况，再看看您有什么意见和建议。

被访者：哦，那行。你问吧。

访谈员：好的，谢谢！

访谈员：请问您怎么称呼？可否在纸上写下您的名字？

被访者：朱北芳。我不会写字，还是你写吧。

访谈员：哦，好的。

访谈员：我想了解一下，您和您家人是哪一年来到本村的？老家在哪里？怎么想着来这里了呢？

被访者：我们是 2009 年来的，来了 5 年了。老家是江西农村的。老家没地种，生意也不好做，挣不了钱。

访谈员：您家一共有几口人？都做什么的？

被访者：一共 6 口人。我，我老公，我儿子，我儿媳，我孙女和我闺女。我老公在城里打工。我跟我儿子在店里。我儿媳带孙女的，孙女不到 2 岁。我闺女在青岛上大学呢。

访谈员：那您现在主要做什么工作？

被访者：现在就是在这个店里买买衣服，再给附近厂子里的工人补补衣服，扎个裤边的。

访谈员：那您儿子在店里做什么工作？

被访者：卖手机，维修手机，给手机充值。

访谈员：店里的生意怎么样？好做吗？

被访者：生意不好做。我们俩人（在店里）挣的钱还不够给人家房租交税的呢。有时候还得往里面垫钱。你看，这衣服这么便宜了，都没什么人买。手机也卖不动，压了很多货，又不能不进新样式的手机。充值的也不多。店里挣得这点钱全进了新货了。我们吃饭都得我老公的工资。

访谈员：生意不好做，是否想过出去打工？

被访者：打工也挣不了多少钱。我儿子学的电子技术，大专毕业了在厂子里上班，一个月死工资才 1000 多块钱，根本不够他自己花的呢。还不如自己开店，有机会多挣点。

访谈员：那开店是否遇到过什么纠纷或者麻烦吗？

被访者：遇到过。开店第二年，店里就丢了 2800 多的手机充值卡。

访谈员：那是否报警了？结果怎么样？

被访者：报警了，不管用。没有抓到人，也没有追回充值卡。

访谈员：您爱人在城里做什么工作？待遇怎么样？

被访者：他在奥彩钢城给人搬钢材挣钱呢。工作又脏又累又苦的。加点班，一个月能挣 3000 多，还不算太少。有五险一金。夏天给发两袋白糖一包茶，冬天给发一箱水果。

访谈员：他身体怎么样？公司是否安排有定期体检？

被访者：身体还行，公司没有体检过。

访谈员：那您女儿上大学，经济上是否能够承担？有没有借钱？

被访者：偶尔借钱，她开学的时候，从亲戚朋友那儿给她凑点学费、生活费。她自己假期不回来，在青岛给人家做家教，也能挣点生活费。

访谈员：家里人身体怎么样？最近两年有人住过院吗？能报销吗？

被访者：身体都还挺好的。儿媳妇生孙女的时候住了几天院。北京药费、住院费贵，生个孩子好几千块钱。外地人也没报销的地方。人家本地人生孩子能报销七八百块钱，外地的就报不了。

访谈员：您知道新农合吗？是否知道异地报销的相关规定？了解新农合的报销比例吗？

被访者：知道新农合，我们老家都办着呢。不知道异地报销的事，报销比例不清楚。

访谈员：有没有想过以后在北京也能从老家的新农合？新农合在全国范围内都能使用呢？

被访者：能用那最好啦。不过我们也没期望过，觉得期望也期望不到。啥就都自己承担吧。

访谈员：您觉得在这儿，外地人和本地人处得怎么样？好吗？

被访者：不好。当地人瞧不起外地人，外地人让着当地人。本地人能分到 20 几万块钱，外地人一分都拿不到。

访谈员：将来还打算回来家吗？还是继续留在北京？

被访者：不打算回去了。家里没地种了。以后还在北京，不行的话再去别的地方。

访谈员：为什么不打算回老家了？老家不好吗？

被访者：老家挺好的，在老家不受人欺负，也有房子，不用租房子。就是回老家，听不懂他们说话，跟他们说不到一块去。

访谈员：老家还有老人吗？是否需要你们照顾？

被访者：家里有老人。他们都领着村里的养老金呢，几百块钱。不用担心家里的老人。

访谈者：好的，访谈结束。非常感谢您的配合。

第一被访者：不用谢。

个案 12：第一被访者：女，15 岁，来自农村；第二被访者：女，16 岁，来自农村；第三被访者：男，58 岁

时间：2013 年 7 月 26 日上午 11：30

地点：工作饭店中

访谈员：您好！我能和您做个简短的访谈吗，在不影响您工作的情况下？

第三被访者：访谈什么？

访谈员：主要是针对咱们农村的基本公共服务状况。想通过您了解一下当前教育、就业、医疗、养老服务的基本情况，再看看您有什么意见和建议。

第三被访者：哦，那行。你问吧。

访谈员：好的，谢谢！

访谈员：我想了解一下，您和您家人是哪一年来到本村的？老家在哪里？怎么想着来这里了呢？

第三被访者：我们是 2010 年来的，来了 3 年了。老家是成都农村的。开饭店来这儿的。

访谈员：您家一共有几口人？都在这个村吗？都做什么的？

第三被访者：一共 5 口人。我，我老伴，我儿子，我儿媳和我孙女。一家人都在这儿。我孙女上小学呢。我儿子开这个饭店，儿媳、我和她妈在这帮忙。

访谈员：店里还雇了其他人吗？

第三被访者：雇了 3 个人。一个配菜工，在这当学徒呢。还有两个亲戚家的孩子，在这帮帮忙。

访谈员：配菜工是本地人吗？配菜工和那两个女孩得给工钱吗？

第三被访者：配菜工是本地的。配菜工一个月给 1700 的工资，两个女孩是自己家的亲戚，不给工钱。

访谈员：您儿子是老板吧？他主要负责什么工作？

第三被访者：我儿子是老板。他是大厨，炒菜做菜都是他。

访谈员：那您儿媳呢？她主要负责什么？

第三被访者：她在前台给客人结账收钱。

访谈员：那您主要负责什么工作？

第三被访者：买菜，上菜，摆桌子，都干。

访谈员：那您老伴主要负责什么工作？

第三被访者：烙饼、切菜、洗碗。

访谈员：这饭店是自己开的，还是承包别人的？

第三被访者：承包的。

访谈员：承包了几年？什么时候承包的？

第三被访者：承包了三年。2010年承包的，今年就快到期了。

访谈员：饭店的生意怎么样？好做吗？

第三被访者：不好做。开张三年，房租还没赚到呢，更别说原材料开支了。这还是自己人还不给工资呢。

访谈员：房租一年得多少钱？

第三被访者：房租一年6万块钱。三年就是18万。

访谈员：那现在亏了吗？

第三被访者：还行，亏了一点，不多。

访谈员：刚开店的时候，有没有贷款或者借钱啊？

第三被访者：也贷了点，也借了点。从农村信用社贷的款，把老家的房子抵押了，贷了6万块钱，一个月600块钱的利息。从亲戚朋友那里借了5万。

访谈员：农村是否有小额免息贷款，帮助农民创业的？

第三被访者：老家没有听说过。（北京）这儿倒是有，路对面的农村信用社就能，需要抵押或者是有保证人。只贷给本地人，不贷给外地人。

访谈员：那开饭店是否遇到过什么纠纷或者麻烦吗？

第三被访者：没有什么大麻烦，倒是挺好的。

访谈员：有人吃饭欠账吗？多吗？

第三被访者：也有吃饭欠账的。很少。

访谈员：承包就要到期了，到期后有什么打算吗？

第三被访者：以后还开饭店。这儿生意不好做，就换个地方开。

访谈员：生意不好做，有没有想过去不自己干了，去给别人干？

第三被访者：没想过。自己干比打工强。打工只能拿死工资。自己干还能有挣多点钱的机会。也还自由点。

访谈员：您孙女现在多大了？上几年级了？在哪儿上学？

第三被访者：我孙女今年13岁了，上小学六年级，在怀柔区五小上学。

访谈员：为什么选择去怀柔区上学，而没在本村上？

第三被访者：（怀柔区）那边教学效果比本村里好。

访谈员：费用大吗？都什么费用？

第三被访者：比老家贵很多，也比在本村贵。学费不掏钱。就是中午在学校吃顿饭，一个月几百块钱。

访谈员：学校离家挺远的，她每天上下学怎么弄？

第三被访者：他爸开车接送。

访谈者：外地学生，想去怀柔县城上学，容易吗？

第三被访者：不容易。要有关系才能去上。

访谈者：您孙女成绩怎么样？

第三被访者：成绩中等。

访谈者：作为爷爷，您希望再添一个孩子吗？

第三被访者：再多一个也行。不过，我们那边二胎要罚款，罚10000多。

访谈者：好的，访谈结束。非常感谢您的配合。

第三被访者：不用谢。

访谈员：我想了解一下，你们姐妹俩多大了，哪一年来到本村的？老家在哪里？

第一被访者：我 15 岁了，她 16 岁。我们是今年才来的，快半年了。老家是承德农村的。

访谈员：你上到几年级了？为什么没有继续上学呢？

第一被访者：我上到高一，不想上了。天天抱着本书学，也没啥实物，感觉太没意思了。

第二被访者：我上的是职高，上了一年不想上了。刚开始（对专业）挺感兴趣的，后来就不感兴趣了。也不能换专业。

访谈员：是否考虑以后再继续上学？

第一被访者：先这么干着，以后再说。不太想上。

第二被访者：以后不想干活了，再换个专业学学也可以。

访谈员：那你们现在主要做什么工作？

第一被访者：（我俩）就在我姨的饭店打工。端盘子、上菜、洗盘子、扫地、摘菜、洗菜都干。

访谈员：每天工作多上时间呢？周六日休息吗？

第一被访者：每天工作 12 个小时，上午 9：00 到晚上 9：00，中午 2：00 到 5：00 休息。周六日不休息。

访谈员：那一个月给你们多少工资呢？

第一被访者：没有工资，就是管吃管住。

访谈员：为什么没有出去找其他的有工资的工作呢？

第一被访者：年龄不够，厂子里都不要。就在亲戚开的饭店帮帮忙。

访谈员：在这儿工作累吗？感觉好吗？

第一被访者：不累。挺好的。

访谈员：哪里好？跟老家比吗？

第一被访者：吃得好，环境也好。这儿比老家好多了。

访谈员：那你们有没有在北京逛逛玩玩？附近的杨宋影视基地，很近，你们去玩了吗？

第一被访者：没有去过（杨宋影视基地）。也没怎么出去玩过。去过怀柔县城。

访谈员：经常去怀柔县城吗？去过几次了？

第一被访者：不经常去。去过两三次吧。

访谈员：好的，谢谢你们的配合。

个案 13：男，60 多岁，来自北方某省农村

时间：2013 年 7 月 26 日下午 2：00

地点：超市

访谈员：戈艳霞

访谈员：您好！我能和您做个简短的访谈吗，在不影响您工作的情况下？

第一被访者：访谈什么？

访谈员：主要是针对咱们农村的基本公共服务状况。想通过您了解一下当前教育、就业、医疗、养老服务的基本情况，再看看您有什么意见和建议。

第一被访者：哦，那行。你问吧。

访谈员：好的，谢谢！

访谈员：我想了解一下，您和您家人是哪一年来到本村的？老家在哪里？怎么想着来这里了呢？

第一被访者：我们是 2000 年来北京做保安工作的，来了 13 年了。老家是内蒙农村的。

访谈员：您今年有多大岁数了？

第一被访者：我 60 多了。

访谈员：您现在工作的单位是国企、外企还是民营私企？规模大吗？

第一被访者：民营私企。规模不大。

访谈员：您每天工作多长时间？

第一被访者：每天 12 个小时，黑白班的倒。

访谈员：现在的工资是多少？达到最低工资水平了吗？

第一被访者：一个月 1300，没有达到北京 1460 的最低工资。

访谈员：像这种情况，是否向劳动局反映过？

第一被访者：反应也没有。劳动局管正规单位，民营私企不管的。

访谈员：除了工资低以外，民营私企还有什么不好的吗？

第一被访者：没有什么福利，待遇差。有的还拖欠工资。

访谈员：公司给上保险了吗？

第一被访者：上了五险。去年 3 月份上的。

访谈员：在工作单位，本地人和外地人处得怎么样？

第一被访者：外地人受本地人欺负。（本地人）想抢你（外地人）一炮子，就抢你（外地人）一炮子。干着活只能忍气吞声。倒是外地人不欺负外地人。

访谈员：您当时找工作容易吗？

第一被访者：不好找。超过 60 岁不好找工作。正规单位都不要，只能去民营私企做内保工作。

访谈员：外地人和本地人找工作，难易度一样吗？

第一被访者：当地人还是好找工作，外地人还是难找。

访谈员：本村的 4050 就业培训，你们有没有参加？是否愿意参加？

第一被访者：想参加 4050 培训，外地人不让去。人家也不通知你外地人去。

访谈员：老家是否有类似的就业培训项目，通知你们去参加？

第一被访者：不知道。我们一直在外面，也没人通知。通知了也去不了啊，这么远。值当的跑一趟呢？

访谈员：有没有想过什么时候不再上班工作了，安心养老？

第一被访者：等干不动了，就回老家。只要身体允许，就继续工作。

访谈员：您在北京待了十多年，觉得北京和老家的基本公共服务有差距吗？比如教育、医疗、养老什么的？

第一被访者：有，差距太大了。

访谈员：教育方面有什么差距吗？

第一被访者：老家城里的高中学校设施和师资配置和这儿都差不多，但教学效果不好。北京的学费太贵，可是高考还容易呢。

访谈员：养老方面有什么差距？

第一被访者：我们内蒙农村 65 岁以上老人的养老金是一个月 70 块钱；北京的农村是 300 多块钱。差得多了。

访谈员：好的，谢谢你们的配合。

个案 14：男，58 岁，来自某省农村

时间：2013 年 7 月 26 日下午 3：00

地点：菜市场服装摊

访谈员：戈艳霞

访谈员：您好！我能和您做个简短的访谈吗，在不影响您工作的情况下？

第一被访者：访谈什么？

访谈员：主要是针对咱们农村的基本公共服务状况。想通过您了解一下当前教育、就业、医疗、养老服务的基本情况，再看看您有什么意见和建议。

第一被访者：哦，那行。你问吧。

访谈员：好的，谢谢！

访谈员：我想了解一下，您和您家人是哪一年来到本村的？老家在哪里？怎么想着来这里了呢？

第一被访者：我们是2001年来北京做保安工作的，来了12年了。老家是河南农村的。亲戚介绍过来卖衣服的。

访谈员：您家有几口人，都和您在一起吗？都做什么？

第一被访者：我家一共四口人，都在一起呢。我们两口子赶集买衣服，我大儿子上班了，二儿子还上学呢。

访谈员：您大儿子的学历是什么？现在在哪儿上班？通过什么途径找的工作？

第一被访者：他上到初中就不上了。现在张自口中韩合资的汽车配件厂上班。去（怀柔）区劳动局找的。

访谈员：他当时在哪儿上的学？什么时候来的北京？

第一被访者：他一直在老家上的学，初中不上了就来北京找我们了。

访谈员：他每天工作多长时间？需要加班吗？

第一被访者：每天工作12个小时，黑白班倒班。不用加班。

访谈员：工资待遇怎么样？

第一被访者：一个月3000多块钱，有三险。

访谈员：您二儿子现在上几年级？在哪儿上学呢？

第一被访者：他在老家读高中呢。

访谈员：他是一直在老家读书吗？

第一被访者：不是。小学和初中都跟着我们在北京读的。高中回老家读了。

访谈员：为什么回老家了？

第一被访者：为了高考。北京教的基础知识比老家浅。在这儿念书，不让在这儿高考，还不如回家念去呢。

访谈员：孩子上高中开销大吗？能承担吗？

第一被访者：上高中一年怎么着也得花10000块钱，现在还能承担。

访谈员：如果北京将高中纳入义务教育了，外地人也能在北京免费上高中，您还会让孩子回老家吗？

第一被访者：即使北京高中免费，不让在这儿（高）考，也不在这儿上高中。

访谈员：回家念书，他能跟上吗？

第一被访者：聪明的孩子回去也能跟上。

访谈员：您孩子学习怎么样？

第一被访者：现在刚回去读，不知道。小学（和）初中成绩都在中上等。每次考试都是班里的前 10 名。

访谈员：孩子当时在北京上学，是否需要交借读费？

第一被访者：最开始的两年交借读费了，一个学期几百块钱，以后就政策下来了，不用交了。北京这个地方还是比较说理的。

访谈员：像您孩子这样，高中回老家念书的多吗？

第一被访者：很少走的，凑合着都在这儿了。可以在北京念职高。

访谈员：您的服装摊生意怎么样？好做吗？

第一被访者：买卖很难做了，挣钱很难。

访谈员：服装买卖遇到过什么麻烦吗？

第一被访者：有，有时候当地人衣服都穿了 3 天了，还找来要退货呢。

访谈员：这种情况多吗？

第一被访者：挺多的，大部分都是老人和女的。

访谈员：那您怎么办？退吗？

第一被访者：没有退。衣服都穿脏了，怎么退。

访谈员：钱有没有周转不开的时候？

第一被访者：刚开始偶尔有，要借钱，后来就不用借了。

访谈员：除了买卖上的麻烦事，本地的管理人员找过什么麻烦吗？

第一被访者：怎么说呢。以前我们在大街上摆摊，现在把我们撵到菜市场了。以前在大街上，工人上下班的时候，顺便就能卖，生意还好点，现在在菜市场，买的人就少多了。

访谈员：现在在菜市场，是否需要收取摊位费？

第一被访者：现在不收。过些日子可能要收了。

访谈员：摊位费得收多少钱？

第一被访者：要是大队里管理，就收点公共管理费，一天5块钱。要是这个菜市场承包给开发商了，那摊位费一天就得100多。

访谈员：那您对本村的公共管理有什么要求吗？

第一被访者：现在这种情况，只要规划好了，让我们有个出摊的地儿就行。

访谈员：您是否向村委会反映过这些心愿？

第一被访者：没有。我们外地人，人家不让你参与啊。没有发言权，也没有建议权。

访谈员：您是只在本村卖衣服，还是还去别处卖？

第一被访者：我们是逢集必赶，没集就在本村卖。

访谈员：您和家人身体怎么样？医药花销大吗？

第一被访者：身体挺好的。有点小感冒发烧的吃点药基本上就过了，不行就去医院看。

访谈员：药费能报销吗？是否报销过？

第一被访者：去医院看病买药都不能报。没报过，也没想过报。

访谈员：您跟当地人处得怎么样？熟吗？

第一被访者：也就跟经常一起赶集摆摊的熟。关系挺好的。平常摆摊的时候，有啥事都会想帮忙。

访谈员：都帮什么忙？是本地人吗？

第一被访者：有本地人。上厕所的时候帮着看看摊什么的。前些天，我中暑了，还是邻摊的回家骑自行车把我送镇卫生院的。

访谈员：您觉得在北京赶集卖服装好，还是在老家种地好？

第一被访者：卖服装比种地清闲些。

访谈员：好的，谢谢你们的配合。

个案 15：第一被访者：男，38 岁，来自某省农村；第二被访者：女，16 岁，来自某省农村；第三被访者：男，52 岁，本村村民，在菜市场卖菜

时间：2013 年 7 月 26 日下午 5∶00

地点：菜市场

访谈员：戈艳霞

访谈员：您好！我能和您做个简短的访谈吗，在不影响您工作的情况下？

第一被访者：访谈什么？

访谈员：主要是针对咱们农村的基本公共服务状况。想通过您了解一下当前教育、就业、医疗、养老服务的基本情况，再看看您有什么意见和建议。

第一被访者：哦，那行。你问吧。

访谈员：好的，谢谢！

访谈员：我想了解一下，您和您家人是哪一年来到本村的？老家在哪里？怎么想着来这里了呢？

第一被访者：我们是 1999 年来北京的，来了 15 年了。老家是河南农村的。弟弟介绍来北京了。

访谈员：您家有几口人，都和您在一起吗？都做什么？

第一被访者：我家一共四口人，都在一起呢。我和我媳妇都在厂子里上班。我大女儿在房山上职业中专，我小儿子在镇上初中。下班了没事的时候，就卖凉皮。

访谈员：您和您爱人当时上学上到几年级？

第一被访者：我小学，她初中。

访谈员：您和你爱人在厂子里的工作收入怎么样？待遇好吗？

第一被访者：我一个月的工资 3000 多，有五险。我媳妇一个月 2000 多，也有五险。我媳妇上班的那儿三个月没发工资了。

访谈员：您和您爱人每天需要在厂子里工作几个小时？

第一被访者：我是 12 个小时，黑白班倒班。她在做智能卡的厂子里一天工作 8 个小时，不用倒班。

访谈员：在你们工作的厂子里，外地人的待遇和本地人一样吗？

第一被访者：外地人待遇比本地人差得多了。

访谈员：这个凉皮摊是您自己看着吗？您要是上班去，怎么办？

第一被访者：我，我媳妇，我们俩轮流看摊。她下班了过来接我的班，我去厂子里上班。有时候我闺女放学了，也过来帮着看会儿。

访谈员：昨天您是上的夜班吗？白天几点出的凉皮摊？

第一被访者：昨天上的夜班。今天上午 10 点多出来的。

访谈员：您在厂子里的工作挺累的，再看凉皮摊会不会觉得有些吃力？

第一被访者：身体还行。我一天睡个五六个小时就够。

访谈员：这个点儿您快要去上班了吧，那下面是收摊，还是有人来接你的班？

第一被访者：我媳妇就快下班了，她下班了就过来。

访谈员：卖凉皮一个月能收入多少？好卖吗？

第一被访者：还行吧。天气好就能卖得好一些，下雨天就不能出来卖啦。一份凉皮 4 块钱，平均一天能买个四五十份，一天挣个 100 多块钱吧。一个月能挣两三千块钱。

访谈员：除了在菜市场门口卖，您还去别处卖吗？

第一被访者：去，工人上下班的时候就去厂子门口卖。

访谈员：做凉皮的手艺是自学的吗？

第一被访者：不是自学的。我弟弟认识一个卖凉皮的，就跟着学做凉皮了。

访谈员：您大女儿现在上职业中专学什么专业？花销大吗？

第一被访者：学的幼师。免学费。

访谈员：学费给免多少钱？是所有的学生都免吗？

第一被访者：农村户口的所有的学生都免。学费一年是3000多，国家政策给退2800多。

访谈员：一般你多久回家一次啊？

第二被访者：每周回家一次。周五下午下课后就回家呆两三天，周一再去。

访谈员：房山离怀柔还挺远的呢？回家不嫌麻烦吗？

第二被访者：不麻烦啊。我就是喜欢回家。

访谈员：怎么样？职中老师教得好吗？

第二被访者：教的还行。

访谈员：当时怎么想着上职业中专了？为什么没有继续读高中？

第一被访者：上职业中专的基本上都是成绩差考不上高中的。

第二被访者：上职业中专学门技术，将来给发本（证书），拿着（证书）本好找工作。

访谈员：当时初中毕业班里，和你一样去读职中的同学，多吗？其他同学都干嘛去了？

第二被访者：我们初中毕业班一共35个学生。其中有20个是外地学生，15个北京本地的（学生）。（初中）毕业了，有六七个上了职中，8个不上了，有3个回老家上高中的，只有2个在北京继续上普通高中。

访谈员：那六七个上职中的，都学什么专业的？

第二被访者：女生有跟我一样学幼师的，男生还有学汽修，电子的。专业还挺多的。

访谈员：那8个不上学的同学都做什么去了？

第二被访者：他们在饭店打工呢。十六七岁的小孩，人家厂子里也不要。

访谈员：为什么那两个同学能在北京继续读普通高中？

第二被访者：他们有关系，认识提招老师。

访谈员：那两个同学学习成绩怎么样？

第二被访者：中等，跟我差不多。

访谈员：你将来毕业了打算做什么？会去做一名幼师吗？

第二被访者：也不一定当幼师，等年龄够了可以先去厂子里找个临时工作做。

访谈员：你了解现在幼师的待遇吗？工作好找吗？

第二被访者：找工作也碰运气呢。我表姐在北京市里的幼儿园当幼师，一个月（工资）4000多。

访谈员：有没有想过自己办个幼儿园，托儿所之类的？

第二被访者：没怎么想过。一个孩子还不好管，管一堆孩子更麻烦。还是愿意给人家干。

访谈员：将来职中毕业了，有没有打算继续上学？

第二被访者：还没打算呢。看情况吧。要上的话，只能上成人教育，上个职高。

访谈员：当时为什么没有选择把孩子送回来家继续读高中？

第一被访者：孩子回老家跟不上，老家老人年纪大，照顾不了孩子。

访谈员：以前大女儿一直都在北京上的学吗？回老家上过学吗？

第一被访者：就回去过一个月。

访谈员：什么时候回去的？怎么回事？

第一被访者：她初一暑假回去的，她弟也跟着回去上了一个月。她妈请假回去照顾她俩。回去课程跟不上，还得回（北京）来，白搭！学校管得严，一个月才能回家一次，她俩不适用。一个月后就又回（北京）来了。

访谈员：是不是大部分回老家读书的孩子都存在着一些不适用的问题？

第一被访者：肯定的。在北京多好呢。北京学校的基础设备也好，老师也教的生动活泼。回到（老）家里，学校破的不行，老师也老气死板。

访谈员：那老家的教学质量怎么样？

第一被访者：老师教的还行，学的知识太深，学生也累啊。北京老师教的浅，也还生动，学生也轻松。

访谈员：是不是大部分回老家读高中的孩子都存在跟不上的问题？

第一被访者：都有。要回去就得蹲一班，才能跟上呢。除非这孩子特聪明，回家能跟得上。要不回家也不行。

访谈员：除了这些，就你自己的切身经历，你觉得回家读高中还有其他困难吗？

第二被访者：用的教材不一样，北京的教材比老家浅的多。老师的教学风格也不一样，上课听不懂，也跟不上。回老家听不懂老家同学说什么，语言不通，没办法沟通。老家的环境比北京差多了。你看北京去哪儿都是公路，干干净净的。老家全是土路，哪儿都是土。回去了不适应。

访谈员：您儿子现在读几年级了？学习成绩怎么样？

第一被访者：我小儿子今年读小学六年级，下半年升初中。成绩中上等。

访谈员：您儿子是在本村上的小学吗？还是在其他地方上的？

第一被访者：就在本村小学上的。

访谈员：打算让您的儿子在哪儿上初中，还在北京还是回老家？打算上公立的还是私立的？

第一被访者：还在这儿，让他在镇上的公立初中上。

访谈员：您觉得上普通高中参加高考好，还是上职中好？将来想让儿子上哪个？

第一被访者：我还是想让他上大学。上普通高中参加高考上大学好。比上职中职高好。

访谈员：将来打算让他上高中吗？回老家还是在这儿？

第一被访者：走一步看一步吧。要是高中免费了，就还在北京上，高考的时候再回老家考。

访谈员：打算让他回老家上高中吗？

第一被访者：没怎么打算。家里老人年纪大，照顾不了孩子，回去也怕跟不上。老乡的孩子在这边上学，一回老家成绩就下降，跟不上。后来又回北京学职业中专了。

访谈员：不让在北京高考，会不会影响您儿子上高中的决定？

第二被访者：（即使）不让在北京高考，还是想让他在北京上高中，希望他将来上大学。

访谈员：在北京上高中，学杂费您了解吗？

第一被访者：在北京上高中花销大，一年得个20000多块钱。好多外地人收入太低，都上不起。

访谈员：如果将来北京让外地人高考了，您觉得好不好？

第一被访者：不好。

访谈员：为什么觉得不好？

第一被访者：让外地人在北京高考了。外地人就都来北京了。那北京不就更挤了吗？（这样的话）也不行。

访谈员：好的，谢谢你们的配合。

访谈员：您好！您孩子现在还上学呢吗？

第三被访者：我儿子上高中呢。我闺女大学毕业了。

访谈员：您儿子上初中的时候，外地同学多吗？那些外地同学都跟他一起上高中了吗？

第三被访者：上初中的时候，外地同学挺多的。班里一多半都是。高中就几乎没有了。北京这儿不让外地学生在这儿上高中。

访谈员：那您了解外地人在北京不能中考和高考的事情吗？

第三被访者：知道。外地人不能在北京中考，不能在北京上高中。也不能在北京高考。好像只有北京这样规定的。

访谈员：为什么不让外地人在北京中考和高考？

第三被访者：保护北京地区的知识分子呗！

访谈员：您觉得放开高考限制好，还是不放开好？

第三被访者：放开好！

访谈员：放开了，您儿子考大学可能就难了？

第三被访者：嘿！儿孙自有儿孙福！放开政策，那样就那样呗！也许还有其他好处呢。

访谈员：能说说，有什么好处吗？

第三被访者：北京将来都是外地人的，放开有啥坏处啊！你看北京本地小伙儿娶得是外地媳妇儿，北京本地姑娘嫁的是外地人。老人父母哪管得了啊？

访谈员：好的，谢谢你们的配合。

个案 16：女，50 岁，本村村民

时间：2013 年 7 月 27 日上午 9：00

地点：本村

访谈员：戈艳霞

访谈员：您好！我能和您做个简短的访谈吗，在不影响您工作

的情况下？

被访者：访谈什么？

访谈员：主要是针对咱们农村的基本公共服务状况。想通过您了解一下当前教育、就业、医疗、养老服务的基本情况，再看看您有什么意见和建议。

被访者：哦，那行。你问吧。

访谈员：好的，谢谢！

访谈员：我想了解一下，您家几口人，都是本村村民吗？

被访者：我们家3口人，我，我爱人和我儿子。都是本村土生土长的。

访谈员：您和家人现在是农业户口还是非农户口？

被访者：我转非（农）了，我儿子上学转的户口，我爱人是农业户口。

访谈员：您家人都做什么工作的？

被访者：我没有工作；我爱人，瓦匠工，帮人家盖房子；我儿子在工业区碧水源（音译）研发部上班呢。

访谈员：您现在还种地吗？种的什么作物？

被访者：还种着点。种了一亩花生。

访谈员：一年要投入多少成本，收入多少钱？

被访者：一年得150元的花生机耕费，100块钱的地膜，150块钱的化肥，300块钱的种子费和100块钱的收割费。一年能收入400斤花生。

访谈员：为什么想着种花生了？

被访者：种点儿花生，自己吃油安全。现在卖的油不好。

访谈员：以前您家种多少地？

被访者：以前种8亩地。

访谈员：怎么种？累吗？

被访者：都是机器种，机器收割。不累。

访谈员：您除了种地，是一直没有工作吗？

被访者：以前做过临时工，还做过幼儿保姆。

访谈员：临时工是什么是否做的？都做什么？

被访者：我儿子上大学的第一年，2009 年。在公路上做了一年的公路养护。拔草、维护、油漆、装车（给车上装土和石子）。

访谈员：都去哪儿的公路段做啊？离家远吗？

被访者：远的近的都有。远的地儿，来回路上要花费 2 个小时。

访谈员：临时工的工作一个月能挣多少钱？

被访者：临时工便宜，工资是按天算的。一天是 30 块钱，一个月要是天天有活的话，就是 900 块钱。大部分时候没有天天去，一月就是七八百多块钱。夏伏天和冬天最冷的时候休工。

访谈员：做公路维护的人里面，女的多吗？

被访者：男的女的都有，男的多点儿。

访谈员：男的都是多大岁数的？什么人做这个？

被访者：基本上都是 40 多 50 岁的男的，没有技术的才做这个呢。年轻人很少做这个。

访谈员：后来为什么没有继续做公路养护？

被访者：太累啦！离家也远，照顾家不方便。

访谈员：那您做幼儿保姆做了多长时间？什么时候开始做的？

被访者：不在公路上打临工了，就做的幼儿保姆，给人看孩子，是 2010 年开始做的，做了 2 年。

访谈员：照看几个孩子？在哪照看？

被访者：就看一个孩子，在自己家里，照顾家也方便。

访谈员：那一个月给你多少钱的工资？

被访者：保姆工资也是按天算的，一天 30 块钱。一个月能拿个 600—800 块钱。

访谈员：那后来为什么不继续做幼儿保姆了？是太累吗？

被访者：看孩子不累。后来我爱人做手术，需要我照顾，就没有再看孩子了。

访谈员：那您爱人现在康复了吗？还需要人照顾吗？

被访者：去年就好了的，不需要人照顾了。

访谈员：现在家里也没什么负担了，您为什么没有再去工作呢？

被访者：不想再工作了，年轻的时候都干够了。

访谈员：您是否参加了"4050"就业培训？

被访者：参加了。

访谈员：就业培训是哪儿组织的？在哪儿上课？上多长时间的课？

被访者：怀柔区劳动局组织的，在怀柔区上课。一次培训上十多天课。

访谈员：是全天上课吗？

被访者：是。

访谈员：上课的人多吗？

被访者：挺多的，都是怀柔的。

访谈员：这个就业培训经常开吗？想学的话，得等多长时间才能去学？

被访者：每个月都有。只要你想学，就可以去，随时可以学。

访谈员：这个培训主要开设什么课程？希望达到什么目的？

被访者：开设的课程挺多的。有教如何开幼儿园的，还有开超市的、学装潢的、学厨师的、学喷漆的。结课领了证能自己创业，有证找工作也还好找。

访谈员：您选择的什么课程？

被访者：我选的如何开幼儿园。

访谈员：老师都怎么教如何开幼儿园的？

被访者：老师给讲课，将如何创办幼儿园，如何盈利，招人，租房，算账……

访谈员：您学得怎么样？学会怎么开办幼儿园了吗？

被访者：不是太会。

访谈员：那最后结课是否需要考试？怎样才能拿到证书啊？

被访者：考试好过。只要记性好基本上就能过。老师上课的时候，就把考试题说了，只要记住就行。

访谈员：那有考试没过的吗？考试没有通过的话，怎么办？

被访者：有几个没过的。没过的话，下个月开班的时候再去学。

访谈员：您觉得这个就业培训效果怎么样？经过培训，找到工作的人多吗？

被访者：效果不好，对我们岁数大点的女的效果不好。对年轻点的，效果还凑合。像我们年纪大点的女的，基本上都找不到工作。像年纪小点的和男的，比较好找工作。

访谈员：培训结束领了证后，您是否能去幼儿园，找份照看孩子的工作？或者自己开办个幼儿园？

被访者：不能。自己开幼儿园必须得有幼师证。去幼儿园找工作，人家也要你有幼师证。

访谈员：那这个就业培训也没有给您带来什么好处吗？是不是？

被访者：参加这个就业培训通过后，就是自己能少交点基本养老金。有证书的话，基本养老金三个月只要交 150 元钱。要是没有证书的话，三个月就得交 600 块钱。

访谈员：为什么说是三个月，不是一个月？这个结课证书的有效期是三个月吗？您能再说清楚点吗？

被访者：结课证书的有效期是三个月。拿到结课证书就说明接下来的三个月你有工作了。基本养老金自己交一小部分，村委给交一大部分。有这个证，三个月（自己）就能省 450 块钱。

访谈员：那要是这个证到期了，怎么办？

被访者：到期了，可以再去培训。培训完了拿上证，就能再省450块钱。

访谈员：要是没有这个证，您也没有工作，您就算是失业了。这样的话，您也能领失业金啊？

被访者：能领。我领过两年的失业金。

访谈员：失业金一个月给多少钱？

被访者：一个月800块钱。

访谈员：领失业金可比参加就业培训划算啊？为什么后来反而不领失业金了？

被访者：失业金最长只让领两年，超过两年就不给了。只能去参加就业培训。

访谈员：村里像您这样先领失业金，不行了再参加就业培训的人，多吗？

被访者：不少。像我这样50多的女的，转了非农的，基本上都是这么着呢。

访谈员：您是否这个就业培训能够真正地教会你们一技之长，真正解决你们的就业问题？

被访者：岁数大了，脑子跟不上，学不会了，不想学了。儿子毕业工作了，家里没啥负担，也不想工作了。

访谈员：你儿子是哪年毕业的？上的哪个大学，学的什么专业？

被访者：他今年刚毕业的，在哈尔滨工业大学读的本科，学的材料化学。

访谈员：毕业了工作好找吗？

被访者：挺好找的，一次就找到了。

访谈员：工作是通过什么渠道找到？

被访者：从劳动局找的，劳动局里有招聘信息。

访谈员：工作了几个月了？现在他主要做什么工作？

被访者：工作了5个月了，在碧水源研发部工作。

访谈员：现在一个月工资多少，是正式员工吗？

被访者：一个月2000多，实习期半年。还有一个月转正。

访谈员：一个月2000多的工资，够他花吗？

被访者：够花。

访谈员：碧水源离这儿远吗？

被访者：挺近的。骑车子10分钟就到家了。

访谈员：是一开始就打算让他回家工作，离家人近些吗？

被访者：是，就一个儿子。离家近点好。

访谈员：您儿子上大学的那几年，家里经济负担重吗？

被访者：经济压力挺大的，每次开学都得出去借个2000多块钱给他。

访谈员：您儿子上高中的那几年，一年得多少钱的学费？家里经济负担重吗？

被访者：他高中上了4年。高三复读了一年。一年学费10000多。有时候也要借钱。

访谈员：高三为什么复读？是他自愿的吗？还是家长要求的？

被访者：第一年高考差几分，没走了。他自己要复读的，我们也支持他复读。

访谈员：之前的成绩为什么不好？

被访者：之前他兴趣不对。我们和老师都劝不住。

访谈员：复读效果好吗？

被访者：挺好的，成绩提高了。老师学校都挺负责的。学校组织英语辅导班，老师建议上的，他英语成绩提高得挺多的。

访谈员：他高中4年是在怀柔县城上的吗？

被访者：是，开始在怀柔一中上的，在怀柔二中复读的。

访谈员：觉得怀柔县城的教学怎么样？好吗？

被访者：挺好的，老师和学校都挺负责。家长会上，老师也教家长如何教育孩子。

访谈员：您儿子初中在哪儿上的？

被访者：初中在镇中学上的。

访谈员：在孩子上初中的时候，有没有遇到什么问题？希望怎样改进？

被访者：那会儿就是孩子有不会的题，我们没文化都教不了。孩子只能第二天去学校问老师。我孩子性格内向，不爱说话，就希望老师能够多提问多关注孩子。

访谈员：那您上到几年级不上了的？

被访者：我上到初中。

访谈员：你们那个年代上课都学什么？

被访者：学数学、语文、英语、劳动课、体育课。

访谈员：当时为什么没有继续上高中？

被访者：劳动课都讲什么？

访谈员：拔草、捡粪、捡煤，冬天还有烧火取暖。

被访者：那会儿穷，教育意识也不强。初中我买不起教材，上英语课听不懂，高中没考上，就不上学了。

访谈员：不上学了，你做什么？

被访者：不上学了，就在家干农活，看孩子。

访谈员：过去和现在的教学环境、师资配置有什么进步吗？

被访者：进步挺大的。

访谈员：教学环境上有什么进步？

被访者：教学设备差得多了。以前我们上学的时候，空地儿上就是操场，现在的操场都是塑胶的，还有室内的。

访谈员：师资配置上有什么进步？

被访者：那会儿老师教的不行，现在的老师更专业。现在的老师就说，好孩子是夸出来的，不要给孩子压力。

访谈员：您能介绍一个和您一起参加"4050"就业培训的人给我做下一个访谈吗？

被访者：那去找许书华，她跟我一起参加的培训，她家就在前街。

访谈员：好的，谢谢你们的配合。

个案 17：女，52 岁，本村村民

时间：2013 年 7 月 27 日上午 11：30

地点：本村

访谈员：戈艳霞

访谈员：您好！我能和您做个简短的访谈吗，在不影响您工作的情况下？

被访者：访谈什么？

访谈员：主要是针对咱们农村的基本公共服务状况。想通过您了解一下当前教育、就业、医疗、养老服务的基本情况，再看看您有什么意见和建议。

被访者：哦，那行。你问吧。

访谈员：好的，谢谢！

访谈员：我想了解一下，您家几口人，都是本村村民吗？

被访者：我们家 3 口人，我，我爱人和我闺女。都是本村土生土长的。我闺女结婚了。

访谈员：您和家人现在是农业户口还是非农户口？

被访者：我和我老伴转非（农）了，我女儿上学转的户口。

访谈员：您家人都做什么工作的？

被访者：我没有固定工作；我爱人退休了；我闺女在厂子里上班。

访谈员：您爱人有退休金吧，一个月多少钱的退休金？

被访者：一个月 1300 多块钱。

访谈员：这 1300 多，够你们花吗？

被访者：够我们两个人花了。

访谈员：您女儿是否补贴你们老两口点钱？

被访者：不补。有时候给袋米面。要是给钱的话，就给个 300—500 块钱。孩子挣钱不多，给不了多少钱。

访谈员：那您现在还种地吗？

被访者：不种了。

访谈员：您之前做个什么工作？

被访者：种过地，算吗？

访谈员：算。

访谈员：还做过其他工作吗？有收入的？

被访者：做零活。刷过漆，（照）看过孩子和老人。

访谈员：您身体怎么样？以前干着活，没累坏身体吧？

被访者：身体很好。

访谈员：那您现在是不是什么都不干了？

被访者：有时候还干点零活。

访谈员：这个月干了吗？

被访者：干了几天。

访谈员：干什么零活？

被访者：刷油漆。

访谈员：不是每天都去，对吗？

被访者：不是每天都去，有活儿才叫你去呢。

访谈员：那谁给你消息呢？

被访者：一块刷油漆的伙伴相互联系的。

访谈员：那只要通知你就去吗？

被访者：只要我有空，我就去。我们俩只有一个退休工资，也没有存款，要节约开支。

访谈员：您干零活有多少年了？

被访者：干了有 10 多年了

访谈员：干这个零活，一般每天工作几个小时？能挣多少钱？累吗？

被访者：一天工作 9—10 个小时，一天 180 块钱的工资。以前活儿多，挺累的，也挺脏的。现在活少了。

访谈员：像这种零活，现在一个月能做几天？

被访者：一个月有 10 天吧。

访谈员：听说您参加了 4050 就业培训？是吗？

被访者：参加了。

访谈员：您学的什么课程？学会了吗？

被访者：我报的会计。太难了，没有学会。

访谈员：学会计将来能做什么？

被访者：能自己开超市，（或者）超市收银员。

访谈员：那您结课了吗？拿到证书了吗？

被访者：第一次没有考过，第二次考过了，拿到证书了。

访谈员：不是说，只要记住上课老师说的，就能通过考试吗？

被访者：我岁数大了，记性不好。没有秋华记性好。

访谈员：那您拿到证书后，是否找过工作？找到了吗？

被访者：找不到工作。我们年龄太大，人家厂子里都不要。我非农户口人家更不愿意要。

访谈员：做保洁都不行吗？

被访者：不要，嫌年龄太大。

访谈员：为什么非农户口不愿意要？

被访者：非农户口得给上保险，厂子不合算。不如招农业户口的，能少给点。要是外地的，给的就更少了。

访谈员：那你们参加的这个就业培训能给你们带来什么根本的帮助吗？

被访者：也就是培训一次能顶 8 个月的工龄，交基本养老金的时候能少交一大部分钱。

访谈员：是否希望有一个能够真正地交给你们一技之长的就业培训？解决你们的就业问题？

被访者：希望是希望。就是我们年龄太大了，就是学会了，厂子里也不要。

访谈员：那学会一技之长还可以自己创业啊？

被访者：哎呀，自己创业太麻烦了，要考虑的事情太多了。我年龄太大了，没那个能力了。也没有钱创业。

访谈员：现在创业不是可以免息贷款吗？

被访者：有，银行也不贷给老人啊？

被访者：像我们没文化、没知识、也没能力，就是真的自己开了超市，也不一定能盈利，说不定还赔钱呢。

访谈员：嗯，好的。我知道了。

访谈员：您女儿上的什么大学？

被访者：我女儿上的大专。

访谈员：上大学的时候，经济困难吗？用借钱吗？

被访者：大学学费一年 3000 多。我们两人的收入都给孩子了。倒是没有借过钱。

访谈员：那孩子毕业后好找工作吗？

被访者：好工作不好找。从毕业到现在换了四五份工作了。

访谈员：第一份工作是怎么找到的？做得什么？

被访者：第一份工作是亲戚介绍去的。在北京市里卖手机，做了两年。

访谈员：第二份工作呢？

被访者：第二份工作是同学介绍的。也在北京市。

访谈员：那现在她做什么工作？

被访者：现在就在这村边的西比西厂子里做包装工作。工作了两年了。

访谈员：在西比西每天工作几个小时？待遇怎么样？

被访者：一天工作 8 个小时。工资一个月 1600 多。有三险。

访谈员：在家边上工作，有什么好处吗？

被访者：离家近，照顾老人和孩子方便。

访谈员：您外孙女今年多大了？上幼儿园了吗？

被访者：今年 3 岁了。刚上幼儿园。

访谈员：上的公立的幼儿园，还是私立的？

被访者：公立的。镇中心幼儿园。

访谈员：公立幼儿园一个月多少钱？比私立的贵吗？

被访者：她刚去第一个月交了 1000 块钱。要是私立的，就交 700。

访谈员：为什么想着把孩子送到公立幼儿园，而不是私立幼儿园呢？

被访者：公立幼儿园教得好，以后她上小学也还方便，能跟上。私立幼儿园教得不好。

访谈员：好的，谢谢你们的配合。

个案 18：女，39 岁，本村村民；男，44 岁，本村村民，99 年落户本村

时间：2013 年 7 月 27 日下午 2：30

地点：村中

访谈员：戈艳霞

访谈员：您好！我能和您做个简短的访谈吗，在不影响您工作的情况下？

第一被访者：访谈什么？

访谈员：主要是针对咱们农村的基本公共服务状况。想通过您了解一下当前教育、就业、医疗、养老服务的基本情况，再看看您有什么意见和建议。

第一被访者：哦，那行。你问吧。

访谈员：好的，谢谢！

访谈员：我想了解一下，您家几口人，都是本村村民吗？

第一被访者：四口人，我，我老公，我大女儿和二女儿。我大女儿户口在密云，我们三个的户口都在本村。我老公的户口是99年从密云搬到本村的。

访谈员：您和您的家人是非农户口，还是农业的？

第一被访者：就我小女儿是农业户口，其他的都是非农户口。

访谈员：请问您的两个孩子都还上学吗？

第一被访者：上呢。老大上高二呢，在怀柔红螺寺中学，美术特长生。二女儿上小学，今年升六年级。

访谈员：家里父母都还健在吗？是否需要你们照顾？

第一被访者：都在。不需要照顾。

访谈员：父母都多大了？有收入吗？

第一被访者：我爸80了，我妈74。他们领农村养老金，一个月300多块钱。

访谈员：您和您老公现在都有工作吗？

第一被访者：他有，我没有。

访谈员：您不上学了，是一直没工作吗？

第一被访者：不是。我98年（20岁）高中毕业后，上过半年班。

访谈员：刚毕业的时候，做的什么工作？是什么找到那份工作的？

第一被访者：在密云做办公文员，是我表姐介绍去的。

访谈员：那份工作离家远吗？

第一被访者：远，骑车子上班得花45分钟。

访谈员：后来为什么不工作了？

第一被访者：结婚有孩子后，带两孩子，还得照顾家里老人，没时间上班。

访谈员：那现在孩子都上学了，不需要人看着了，您是否打算工作？

第一被访者：不打算工作。

访谈员：为什么？

第一被访者：工作没有按点儿下班的，跟孩子上学放学时间冲突，跟我老公上下班的时间也冲突。要是上班去，下班时间点不合适，没法儿给他们做饭。上半年，我还上了两个月的班，后来实在不行，就不干了。

访谈员：您那两个月在哪儿上班？找工作好找吗？

第一被访者：就在这开发区的药材厂分拣药材。工作不好找。厂子里招工的都只招 35 岁以下的，我 39 人家就不要。

访谈员：那您那份工作的待遇怎么样？

第一被访者：也就刚最低工资吧，一个月 1400 多块钱。

访谈员：给上保险了吗？

第一被访者：上了，五险。当时找工作，也就是为了非农上保险。

访谈员：参加村里的“4050”培训，不是可以代缴一大部分吗？

第一被访者：那个只给 40 岁以上的代交。

访谈员：那份工作，为什么后来不干了？

第一被访者：太累，一天得站 8 个小时，受不了。因为分活的事儿，跟劳动组长吵了一架，就不想干了。

访谈员：是劳动组长分活儿不均吗？

第一被访者：她给她亲戚朋友，认识的人，分的好干的活儿；给我们这新去的和不熟的，分的都是不好干的活。大家拿的钱都是一样的。她总这样，我就有意见。

访谈员：那您还打算再找工作吗？

第一被访者：暂时不打算找，家里翻盖房子呢，等弄好了，再说。

访谈员：翻盖房子得花不少钱吧？需要借钱吗？

第二被访者：得 10 万才能下来。借了四五万块钱。本来想申请危房改造补贴的，后来太麻烦了，没申请。

访谈员：跟谁借的钱？

第二被访者：我这边的亲戚都是山里的，都穷，没钱。都是跟我媳妇儿的亲戚借的钱。

访谈员：危房改造补贴申请需要什么条件？为什么后来又没有申请危房改造补贴了？

第二被访者：首先得写申请，还得让政府的人来考察这房子是不是危房，盖房的过程中，还得按照要求拍照。手续太麻烦，要申请下来得花好几个月的时间。我们的房子是七八十年代的，这夏天刮风下大雨就不敢住了。这哪能等的起啊，还是借钱翻盖吧。

访谈员：想您家这四大间房子，如果申请到危房改造补贴，可以拿到多少钱？

第二被访者：四五万吧。不能盖得太好，人家有标准的。盖得太好，超了标，人家也不给补。

访谈员：再聊聊您的工作吧？您现在在哪儿工作？

第二被访者：我在雁栖开发区的一个法国餐饮公司上班。

访谈员：每天工作几个小时？工资待遇怎么样？

第二被访者：一天工作 9 个小时。上午从 9：00—13：30；晚上从 21：00—01：30。工资一月 2000 多，有五险一金。

访谈员：晚上上夜班，您还适用吗？

第二被访者：还行，白天补会儿觉。

访谈员：您这份工作做了多久了？

第二被访者：刚 2 个月。

访谈员：您这份工作是通过什么途径找到的？

第二被访者：从怀柔区劳动局找的。劳动局有招工信息。

访谈员：是一次就找到的吗？

第二被访者：不是，跑了五六次才找到的。

访谈员：劳动局也不好找工作吗？

第二被访者：不好做，好多地方招工都有年龄限制，35 岁以下。我这 40 多的，好多地方都不要。

访谈员：那您对目前这份工作满意吗？

第二被访者：挺满意的。

访谈员：那您之前做什么工作？为什么不干了？换工作花了多长时间？

第二被访者：之前在镜片厂做了 4 个月的厨师，因为工资没谈好，不干了。中间找工作花了 8 个月。

访谈员：工资没谈好是怎么回事？后来是怎么解决的？

第二被访者：刚开始老板说的工资是 2500，四个月后结工资只给了 2000。跟老板谈，老板只补了 4 个人的工资，其他的 3 个人就是不给补。我们 3 人只能不干了。

访谈员：那你们当初是否签订过劳动合同？是否通过法律渠道解决问题？

第二被访者：没有签。给劳动局里反映，没有证据，也不管。

访谈员：镜片厂的那份工作是怎么找到的？

第二被访者：大街上贴的招工小广告，看见了，就去应聘的。

访谈员：那您现在的工作是否签了劳动合同？工资是否有保障？

第二被访者：这个是外资企业，有保障，挺正规的。有劳动合同，也有工资条。

访谈员：您除了这两份工作之外，还做过其他工作吗？

第二被访者：我在北京市四星环卫干过 8 年。

访谈员：那为什么不继续干了啊？

第二被访者：离家太远。结婚后有了孩子，她一个人带两个孩子，我不放心。（我）想天天回家，太远了，不方便。

访谈员：那您这次换工作花了多长时间啊？

第二被访者：这次 7 个月。后来找的眼镜片做厨师嘛。

访谈员：这次换工作，没有去劳动局看招工信息吗？

第二被访者：看了，没合适的。

访谈员：您是自学的厨师吗？我看您以前的做环卫的。

第二被访者：参加村里"4050"培训学的。

访谈员：学了多久学会的？

第二被访者：学了 2 个月

访谈员：你怎么学那么长时间？不是一次培训只学十几天吗？

第二被访者：要是只为了拿证，十几天就行。要是想真学点东西，就得多学段时间。

访谈员：那您后来学会了吗？

第二被访者：差不多学会了。

访谈员：学会了这门儿技术？是不是就好找工作了？

第二被访者：还好点。毕竟多了一个选择嘛。

访谈员：能问问您的教育经历吗？您上学上到什么程度？

第二被访者：这有啥不能的，你要问啥，我都好好给你答。我上到初一不上了的。

访谈员：当时为什么没有继续上学？

第二被访者：那会儿穷，上学晚。我八九岁了才上的 1 年级，后来老留级，17（岁）了才上初一。后来岁数大不好意思，就不上学了。

访谈员：为什么老留级？

第二被访者：那会儿老师教得不好。老师也不固定。老师走了，老师病了，老师老了，我们就得留级。

访谈员：那会儿老师有那么不好吗？

第二被访者：那会儿老师教学质量差的多，可不负责了。有个年轻的老师，跟我年纪差不多，还教我吸烟呢。

访谈员：您大女儿，二女儿都在上学，是吗？

第二被访者：嗯，是。大女儿上高二，二女儿升六年级。

访谈员：您大女儿的户口怎么没有跟你们在本村？

第二被访者：我和我媳妇是二婚。大女儿是我和前妻的，户口在密云。

访谈员：那她是什么时候开始跟着你们的？

第二被访者：二年级的时候转学过来跟着我们。

访谈员：像她这样户口在密云，现在在怀柔上学，将来高考的时候，还用回去考试吗？

第二被访者：不用，在怀柔考。

访谈员：现在她上的高中是公立的，还是私立的？学费贵吗？一年得花销多少钱？

第二被访者：红螺寺中学是公立的，北京师范大学附中。学费不贵，半年 800 块钱，一年 1600 元。就是书本费、美术材料费很贵，一年最少也得 6000 多块钱。

访谈员：怎么样？家里能够负担得起吗？

第二被访者：现在还行。再多点就不能了。

访谈员：学校老师教的怎么样，负责任吗？您了解吗？

第二被访者：教的还行。家长会一学期一次，孩子什么情况，哪门课成绩退步了，老师都给说，也给家长说该怎么教育孩子。我觉得老师挺负责任的。

访谈员：怎么想着让她学美术的？

第二被访者：她成绩不是特别好，就是中等成绩。学一门特长，考大学还容易一些。不走特长生，怕考不上本科。

访谈员：您大女儿上初中和小学的时候成绩怎么样？

第一被访者：一直就是中等吧，就那样。

访谈员：那她上初中和小学的时候，老师教的怎么样？负责任吗？

第一被访者：小学老师不怎么好，还骗钱呢。老师非要叫学生们报班，结果报了班，成绩也没有提高多少。

访谈员：是辅导班吗？成绩为什么没有提高？

第一被访者：她们老师自己办的辅导班。以复习为主，教得不好。

访谈员：是只有您孩子成绩没有提高，还是所有大部分报班的孩子成绩都没有提高？

第一被访者：好多学生都感觉没有进步，老师就是骗学生钱呢，后来好多学生都不学了。

访谈员：那您二女儿现在在哪儿上小学？成绩怎么样？

第一被访者：在镇小学上呢。成绩中上等。

访谈员：上小学有什么花销吗？

第一被访者：有个小饭桌，一个月 180（元钱）。

访谈员：180 块钱每天是只有中午饭吗？

第一被访者：嗯，只是中午饭在学校吃。

访谈员：那您孩子下午几点放学，几点能到家？用接送吗？

第一被访者：就在这北边，挺近的，不用接送。她们是下午3：50放学，到家一般是 5 点一刻。

访谈员：这么她到家这么晚啊？

第一被访者：她们音乐老师组织了一个体操队，每天下午放学后，在学校再练一个小时左右的体操。

访谈员：体操练了多长时间了？

第一被访者：练了有半年了。

访谈员：是她自愿去的吗？

第一被访者：她还挺喜欢去的。她是她们班的大队委员，表现挺积极的。

访谈员：那回到家以后，她都做什么？

第一被访者：先吃饭，吃完饭玩不到 1 个小时的电脑，然后开始做作业。

访谈员：她自己做作业困难吗？有没有遇到过不会做的题？

第一被访者：有时候数学有不会的题。

访谈员：那遇到了一般怎么解决？

第一被访者：有时候她就问我们，我们要是不会的话，她就上网查题，或者找她同学讨论。再解决不了的话，就留着明天到学校里问老师。

访谈员：您在指导他作业的时候，有没有困难？

第一被访者：有，现在的小学题，我们有的都不会。我们教她，她说我们教得太死板，听不懂。孩子不适应家长的教育方式。

访谈员：平常学生的作业多吗？

第一被访者：不太多。现在不是老说给学生减负吗？作业留的少的。

访谈员：作业留的少了好，还是留的多了好？

第一被访者：我也不知道。以前留的多，都是死题。现在留的少了，都是活题，也不好做。看着留的少了，孩子得多动脑筋。

访谈员：您小女儿的老师教的怎么样，负责任吗？您是否了解？

第一被访者：老师教的挺好的，有从市里来的支教老师。支教老师都年轻，教学方式生动活泼，学生们也爱听，成绩提高的也多。像村里的老老师，就教的死板，学生不爱听，教学效果不好。

访谈员：老师教的好坏，是否影响了您女儿的成绩？

第一被访者：有影响。支教老师在的时候，她的成绩就挺好的。等支教老师走了，她成绩就下降了。

访谈员：她有没有跟您说过支教老师教的怎么样？

第一被访者：问过。她说，妈妈，我们学校新来的支教老师，教的可生动了，我一下子就能记住。她们这小孩也挺关注人家老师穿啥样的衣服呢。也关注校长和新来的老师说啥呢。

访谈员：您清楚支教老师是从哪里调来的吗？一般支教多长时间？

第一被访者：支教是由定点学校派过来的。本村的支教老师是从北京第二实验小学过来的，支教1年。

访谈员：支教老师是在这儿连续待1年吗？

第一被访者：不是，断断续续的来和走。支教老师的家都在北京，一到周末，老师就回北京了。快考试的时候，支教老师还得回原来的学校，给原来的学生复习，（所以）快考试的时候，支教老师就请假不来了。

访谈员：支教老师从什么时候开始的？

第一被访者：这个我也不知道，不过我女儿上一年级的时候就有。

访谈员：那您女儿到目前为止一共经历过几个支教老师？她们都是怎么走的？

第一被访者：3个。第一个是一年级的时候，老师支教结束了就回去了。第二个是二年级的时候，支教老师教了不到3个月就被调换到其他年级去了。第三个四年级的时候，就是刚才我给你说的那个支教老师，也是交了1年就回去了。

访谈员：您知道为什么要设立支教老师吗？

第一被访者：为了提高这村里老师的教学水平吧。支教老师来了，可以交流教学经验啊。

访谈员：您觉得支教老师的流动，对孩子的成绩影响大吗？

第一被访者：挺大的。支教时间有点太短了。来一年就走人，孩子刚适应了老师的教学风格，就走了。来了新的还得再重新适应。

访谈员：那您认为支教时间定为多少年合适呢？

第一被访者：我觉得最好时间长点，3—4年吧。人家老师迟早也得回去，不能时间太长了。

访谈员：那您有没有将您的想法，给学校反映反映？

第一被访者：反映是反映，不过支教1年是市里规定的，学校说了不算。

访谈员：那您有没有向学校反映，希望老师不要换得太勤，希望老师能固定下来，从头带到尾？

第一被访者：好多家长都反映过。现在是五六年级的老师都是固定的，就是为了稳定学生的成绩。

访谈员：大姐，我还想了解一下，想你平常没事儿了？都干嘛？

第一被访者：串门聊天。跟朋友姐妹们聊天。

访谈员：你们都聊什么？

第一被访者：跟朋友姐妹们聊家长里短。

访谈员：您朋友家也有孩子在上学吗？聊不聊在教育孩子中遇到的问题？

第一被访者：有的有。不怎么聊教育孩子。

访谈员：您怎样看待孩子上大学的事？是一定要上吗？

第一被访者：只要能考上，再穷也要供孩子上学读书。

访谈员：好的，谢谢你们的配合。

个案19：女，54岁，本村村民；配偶，男，50岁，本村村民

时间：2013年7月27日下午5：00

地点：本村

访谈员：戈艳霞

访谈员：您好！我能和您做个简短的访谈吗，在不影响您工作的情况下？

被访者：访谈什么？

访谈员：主要是针对咱们农村的基本公共服务状况。想通过您了解一下当前教育、就业、医疗、养老服务的基本情况，再看看您有什么意见和建议。

被访者：哦，那行。你问吧。

访谈员：好的，谢谢！

访谈员：我想了解一下，您家几口人，都是本村村民吗？

被访者：我们家3口人，我，我老伴和我儿子。都是本村土生土长的。

访谈员：您家人都做什么工作的？

被访者：我和我老伴两人打小工零工呢。我儿子在顺义现代汽车厂里上班。

访谈员：您家现在还种地吗？

被访者：不种了。就几分地，种了点菜。

访谈员：您和您老伴打小工做零活，一个月的收入怎么样？

被访者：收入不好。一天收入十几块钱。活没准儿，也不是天天都有，有时候有，有时候没有。我们两人一个月能收入个2000多块钱吧。

访谈员：您和您老伴，有没有参加"4050"就业培训？

被访者："4050"就业培训，不去参加。

访谈员：为什么不去参加啊？

被访者：我们年纪大了，没单位要。培训也是白耽误时间。我身体也不好，给人家厂子里也干不了。

访谈员：您就这一个孩子，领独生子女证了吗？有什么福利吗？

被访者：领独生子女证了。高考的时候加了点分。一个月给60

块钱。物价上涨太快，这点钱跟没有差不多。

访谈员：曾经有没有想过再生一个？

被访者：想过，国家不让生。

访谈员：您儿子今年多大了？还上学吗？什么学历？

被访者：他 87 年的，今年 26 周岁了。大专毕业了。现在续了个成人本科。

访谈员：他大专学的什么专业，在哪儿上的学？

被访者：在房山上的学的电子商贸，拿了网络工程师的技术本。

访谈员：上大专的时候花费大吗？

被访者：花费挺大的，学费不贵 3000 多，伙食费和其他大些。一年得个 20000 多块钱。男孩子在外面吃个饭啊，玩个什么的，花销就还大。

访谈员：那家里能全部负担吗？是否需要借钱？

被访者：家里没有那么多钱。从亲戚朋友那儿借过点。

访谈员：续本是他自己的主意吗？您是否赞同？

被访者：他自己要续本的。我们做父母的也同意让他续本。

访谈员：为什么要续本？您看现在的工作和大专的专业也没啥关系？

被访者：他现在的工作是跟他大专学的专业不一样。可是没文凭毕竟不好找工作，找的工作工资也低。有文凭的话，工作也好找，工资也高，工资涨得也还快。他学历高，我们也能光耀门楣啊！

访谈员：续本的学费贵吗？是您帮他负担，还是他自己负担？

被访者：续本一年 5000 块钱，他自己出学费。

访谈员：您儿子现在的工资是多少？每天工作几个小时？工作待遇怎么样？

被访者：现在一个月 3000 多块钱。一天工作 12 个小时。给上着五险一金呢。

访谈员：他在顺义上班，离家也挺远的。每天都回来吗，几点到家？怎么上班？路上得花几个小时？

被访者：每天都回来。天天坐公交车上班，到家晚上9点。路上花1个小时左右。

访谈员：他每天回来得晚，是否给您和老伴的生活带来什么不方便？

被访者：就是每天晚上回来的太晚，我们得给他重新热饭。

访谈员：怎么想着去那么远的地方上班？附近的工业区里没有合适的工作吗？

被访者：附近没有好单位，挣钱也少。

访谈员：您儿子毕业后是一直做这份工作吗？是否做过其他的工作？

被访者：毕业后在统一上了一年多的班，中间歇了多半年，今年三月份才去的顺义现代汽车厂。

访谈员：以前在统一的工作待遇不好吗？为什么辞职？

被访者：待遇还行，一个月也能挣3000多块钱。后来是因为不喜欢那的工作环境，跟同事处的不好，工作不顺心，才不去的。

访谈员：现在他的工资补贴你们吗？

被访者：不补贴。（他的工资）还不够他自己花的呢。我们还得补贴他。

访谈员：您和您老伴一个月花销多少钱？

被访者：我们俩在家一个月也就花三四百块钱。

访谈员：那您补贴孩子多少钱？

被访者：有的时候不用给他。有的时候他就得给我们要个五六百块钱。

访谈员：挣死工资不够花，有没有想过自主创业？

被访者：没想过。自己没资金，也对创业没啥兴趣。

访谈员：好的，谢谢你们的配合。

附件 2

调研现场照片

调研村民照片：

基本公共服务设施

村庄面貌

宣传管理

治安巡逻

参 考 文 献

北京市怀柔区统计局：《2013 北京怀柔区统计年鉴》，中国统计局出版社 2013 年版。

柴志凯：《对新型农村合作医疗可持续发展的思考》，《卫生经济研究》2003 年第 9 期。

《城乡居民基本养老金将设立调整机制》，《北京日报》2014 年 3 月 26 日。

房桂枝、董礼刚：《农村基础设施管理存在问题的制度分析》，《农村经济》2010 年第 1 期。

费孝通：《城乡和边区发展的思考》，转引自魏宏聚《偏失与匡正——义务教育经费投入政策失真现象研究》，中国社会科学出版社 2008 年版。

费孝通：《江村经济》，上海人民出版社 2007 年版。

古建芹、段国旭、孙健夫主编：《均等化理论与财政政策》，中国财政经济出版社 2010 年版。

顾昕、方黎明：《农村医疗服务体系的能力建设与新型农村合作医疗的运行》，《河南社会科学》2007 年第 11 期。

《关于印发〈北京市低收入家庭认定暂行办法〉》的通知京民

救发〔2009〕443号北京市民政局关于印发《北京市低收入家庭认定暂行办法》的通知 http：//www.bjmzj.gov.cn/templet/mzj/ShowArticle.jsp？id＝101025。

韩静、李晓清等：《湛江市农村地区社会稳定和治安问题研究》，《政法学刊》2013年第6期。

怀柔区北房镇中心小学：《怀柔区北房镇中心小学"十二五"发展规划（2011—2015）》，2010年。

冀人杰：《浅谈社会转型期我国社会治安秩序的建立》，《辽宁警专学报》2004年第2期。

李爱：《农村新型合作医疗体系的建设问题的研究》，《理论学刊》2005年。

李宁：《中国农村医疗保障制度研究》，博士学位论文，中国农业大学，2005年。

李香云：《农村用水和管理现状调研与对策建议—对吐鲁番地区鄯善县典型农户调查分析》，《水利发展研究》2011年第5期。

历年北京市职工年平均工资 http：//www.bjld.gov.cn/gzcx/other/200510/t20051007_19735.html。

龙兴海、曾伏秋等：《农村公共服务研究》，湖南人民出版社2009年版。

陆学艺主编：《当代中国社会阶层研究报告》，社会科学文献出版社2002年版。

吕新发：《农村基本公共服务制度创新——基于均等化目标下的研究》，光明日报出版社2012年版。

马海涛、姜爱华、程岚、赵国春等：《中国基本公共服务均等化问题研究》，经济科学出版社2011年版。

潘乃穆、潘乃和编：《潘光旦文集》第5卷，北京大学出版社1997年版。

史亚楠：《浅议农村土地与农民的社会保障的几个问题》，《财经界》2014 年第 5 期。

唐建新、黄霞、郑春美：《农村基础设施供给体制：现状、形成原因与重构》，《华东理工大学学报》2009 年第 5 期。

唐有财、符平：《"同类相斥"？——中国城市居民与外来人口的社会距离问题》，《华东理工大学学报》2011 年第 5 期。

王建富、黄春海：《怀柔县地名志》，北京出版社 1993 年版。

王谦：《城乡公共服务均等化问题研究》，山东人民出版社 2009 年版。

谢垚凡、申鹏：《基于流动视角的农民工社会保障问题研究》，《广东农业科学》2014 年第 1 期。

杨方方：《中国转型期社会保障中的政府责任》，《中国软件科学》2004 年第 8 期。

尹晓明：《刍议企业社会责任与企业雇主品牌》，《人口与经济》2009 年增刊。

于光君：《农村城镇化与环境问题——以于庄的个案研究为例》，光明日报出版社 2010 年版。

余佶：《我国农村基础设施：政府、社区与市场供给——基于公共品供给的理论分析》，《农业经济问题》2006 年第 10 期。

张志元：《农民工医疗保障制度的路径选择探析》，《当代经济管理》2010 年第 1 期。